班主任管理新策略

王洪春　杨宏杰　编著

主　编　王洪春　杨宏杰

副主编　肖　凯　张慧芳

编　委　管宗珍　张爱敏　曹新燕　李玉英
　　　　向太国　冯太余　王东光　乐绍林
　　　　邓　凯　郭力众　张金传　钟发全

天津教育出版社

内容简介

　　这是一本旨在探讨班级管理策略的论著。全书六讲,围绕"信息协控、规则订制、权力自控、人际交往、活动开发、个性培育"六大关键词,提及三十六条原规则,三十八个经典案例、三十篇一线反思、三十六则建议。全书旨在引领读者开拓新视野,生成新思维,产生新对策,迎接新挑战,实现新突破,适应新趋势。全书多层次、多渠道、多维度地指出班级管理贵在与时俱进的创新管理策略。

图书在版编目(CIP)数据

　　班主任管理新策略／王洪春,杨宏杰主编
．—天津:天津教育出版社,2013.6
　　ISBN 978 - 7 - 5309 - 7257 - 1

　　Ⅰ.①班…　Ⅱ.①钟…　②王…　③杨…　Ⅲ.①班主任
工作　Ⅳ.①G451.6

　　中国版本图书馆 CIP 数据核字(2013)第 126570 号

班主任管理新策略

出 版 人	胡振泰
主　　编	王洪春　杨宏杰
责任编辑	张婧雯　王轶冰
出版发行	天津教育出版社
	天津市和平区西康路 35 号
	邮政编码 300051
经　　销	全国新华书店
印　　刷	北京龙展印刷有限公司
版　　次	2013 年 7 月第 1 版
印　　次	2014 年 3 月第 1 次印刷
规　　格	32 开（880×1230）
字　　数	225 千字
印　　张	9
定　　价	20.00 元

前　言

相对于教育管理,笔者更关注班主任的命运。其实,影响一位班主任成长的不是校园的阻隔,不是班级的限制,不是学历的低下,也不是职业的卑微,而是自己的人生定位和心理需求,是自己对教育的理想和追求! 面对人生命运的考题,作为智慧的班主任,真还不能让自己始终处于恍惚、徘徊之中,始终平庸而卑微地过着教育生活。身处这个时代的教师,社会转型期的班主任,处于社会急剧变化,我们应该响亮地喊出:"再也不能这样过,再也不能这样活。"要勇于开拓出自己的管理之路,成就学生的发展之路。

一本《班主任管理新策略》,从班级信息协控、班级规则订制、班级权力自控、班级人际交往、班级活动开发和班级个性培育等六个方面着手探讨,表面上看涉及班级管理,其实更关系着班主任的人生。真希望这一书能成为您的影子,相伴于您的工作之中,让您在班级管理中生成更多的快乐与幸福。

（一）

班级作为实施教育的最小但最重要的单位,它对学生的成长与发展,对学校的整体推进也是十分重要的。班级管理看似简单,却需要班主任有丰富的经历,有无尽的智慧,有适切的操作性强的管理策略,然而,现实中,更多的班主任依然处在迷茫之中,依然墨守成规,日复一日地做着自己感觉到很累的事情。

时代巨变,各种信息充斥着社会各个角落。班级工作无时无刻不在受着其影响,也在跟随着社会的变化而变化。要想紧跟时代的步伐做好班级管理工作,班主任就必须"变",变观念,变思维,变方法,变策略。怎么"变"? 自然是与时俱进地变,变得有理,有利,有力。

（二）

努力学习，敢于创新，是干好工作永远的两大主题。在每个日日夜夜的求索之路上，笔者深深地感受到不学习的悲哀——盲目忘我的工作使得班级管理如老牛拉破车，累了老牛，荒了"土地"。正如全书第一章节所论述的，哪怕我们的管理中充塞着丰富的信息，但如果我们没有与时俱进提升自我的构建信息的能力，没有对信息的协控和掌握能力，没有对信息的整合能力和对教育力量的聚合，那可说是自己的教育管理十分落后却又不自知。也许是因为不想再看见身边无数教师虽呕心沥血，而最终仍走向平庸的现实，才有了我们完成此书的动力。当然，一位教师的好学之路，也并不是那么平坦的，其中往往有更多的曲折和坎坷。为此，由师者向着学者方向嬗变，更需要他人的指点。

我们心里清楚，一位教师真要由师者向学者转变，做到可以平凡但不平庸，也不是一件容易的事。现实中，不少人十年寒窗一举成名，可成名之后就开始与学习绝缘，而终至默默无闻，甚至滑入平庸的阶层，这是十分令人痛心的。我们写此书并不在于王婆卖瓜，而更在于我们胸怀几分"书生意气"，也真希望天下班主任朋友们将读书学习进行到底，给自己一台前行的发动机，让自己在管理的路途中高歌前行。

（三）

"功夫在诗外！"班主任的主阵地在班级，而要获得成功，却往往在班级之外。

班主任教师的专业发展最怕的就是走进死胡同。有师父的指点，对于一个班主任的成长，可谓是举足轻重。在当下，抓住网络求发展，无不是班主任朋友们谋求专业发展的一条通天大道。

在当今这开放的时代，打不开死结，就谋求不到发展。除了向书本学习，我们更是主张能走出书斋，或拜师，或与专家面对面，要给自我发展更广阔的空间。

爱默生曾说："一个朝着自己目标永远前进的人，整个世界都给他

让路。"在笔者看来,拥有目标,就是拥有未来。拥有教育理想,就拥有前行的动力。带着一颗开放之心去思考教育吧!在我们急需指点时,我们深信,昨天、今天不曾企盼的指点,明天不但可遇,也可求。

(四)

为什么魏书生、李镇西等能成为全国有名的教育大家和名班主任?而我们更多的班主任却整天为班级琐事焦头烂额?

作为一位新时代的班主任,管理中您的"长板"在哪里,清晰吗?真希望您能顺着我们的指引,真正开始思索属于自己的优势,在自己的优势上更进一步的发展,让自己更像一个班主任。

这是一本旨在探讨班级管理策略的论著。也许这当中的某些策略您已经在运用,那我们则希望您能在自己的管理中,更加丰富这些策略的内涵。如果这些策略您还在苦苦寻求,我们真希望能给您以引领。当然,任何一个策略都不是放之四海而皆准的。当您发现这些策略于你的班级管理有价值时,我们仍希望您能结合孩子和自己的班级,考量如何用,即选择好切入点。总的来说,我们希望这本书能发挥它抛砖引玉的作用。

(五)

班主任工作累,更多的便是机械重复后看不到未来的心累。生活需要一个阳光的心态!让发展自我与成就学生成为工作的出发点吧!

"秋天并非收获时,只有辛劳早准备。"世事仿佛就那么乖戾,稻穗压弯了头才见证收获,农民累弯了腰才见证好年头,一位班主任如若笑着躬身来管理班级,肯定会迎来人生发展的高峰期。

作为班主任,其发展离不开笑着教书这一关键条件。

真希望我们能把班级管理与生活相关联。能笑着生活,笑着工作,笑着教书,笑着沟通。笑着是一种心态,笑着是一种过程,笑着是一种结果,笑着是一种策略,笑着是一种反映,笑着是一种幸福……希望笑着教书,成为天下教师成长的座右铭。

心态改变了,心里的管理空间定会拓宽,便会融入更多的新理念,

使班级良性发展。在这样的管理中,也才会探索出自己的管理新策略。探索出新,探索求变,班级管理策略在探索中应时而变,应需而变,班级管理才能真正驶入和谐的快车道。那么,我们的笑,才可真正算得上有内涵,充满幸福。

(六)

无论什么时候,个人的力量总是微薄的,即使是某方面有着超出常人的特长。在现代社会中,学会合作才会使自己的特长得以超常发挥,其力量才会成几何级数增长,成功机会也才会大大地增加。

班级是一个集体,任何一项工作的开展必须依靠集体的力量合作完成。合作已成为新时代生存的一项基本技能,希望班主任老师真正能走出狭小的自我空间,与更多的人谋求合作,从而走上班级管理专业发展的道路。当然,这合作,不仅是与专家,与班主任,更要善于与学生合作。不要小看学生,一个真正善于与学生合作的班主任,会从中发现许许多多的管理契机、管理信息、管理资源,这些鲜活的内容能极大助推班主任的管理。

合作的过程便是我们迅速成长的过程。我们的研究团队真的希望天下班主任能从繁琐的班级工作中解脱出来,真正学会与人合作,与学生合作、与老师合作、与一切利于自己专业发展的个人和组织合作。

(七)

班级管理是一种理念,或许高远,或许渺小。

班级管理是一条路,或许平坦,或许崎岖。

真诚地希望天下班主任,能够带着理想上路。

钟发全

二〇一三年三月

目　录

第一讲 班级信息协控新视野

班级有效管理的根据是什么？——班级信息。

班级信息的源头活水如何引来？——信息协控。

班级信息最大化发挥作用的点在哪里？——信息整合的新视野。

一声惊雷划破长空，一阵春雨细细洒下，一丝斜风撩起枝头，一抹新绿悄然成簇，一束蓓蕾傲然绽放，一池春水顿然荡漾，一幅春图豁然铺开。春姑娘及时向我们送来了春的信息、春的味道、春的色彩。春的怀抱之间的茫茫行者中，包括你，也包括我。毫无例外，我们都被这匆匆的岁月追赶着。此时，作为班主任的我们，必须清醒地认清我们所面临的现实，并及时自问：

我们已经有计划吗？

我们有新的执行力吗？

……

春天里，牵扯出管理的话题，更多地带有生命的气息。肯定地说，只要你拥有足够的信息，新的征程中一切便会充盈着美丽而又富有魅力的憧憬。亲爱的班主任朋友，在此，我们敞开心扉谈论的班级管理的话题。在我们看来，这一切便是春天般的话题。诸如，我们选择从信息力构建的角度开始畅谈，全源于这更能引起你的"惊觉"——原来这一切就在身边，原来这一切竟如此简单，原来这一切充满了智慧又如此神秘。

（一）

信息化时代，又一次伴随着春天悄然来临。人们谈到信息，必然会想到网络搜索和数据库，这些信息资源对于提高班主任素质有着非常重要的作用。但更值得注意的是，班级本身是一个庞大的信息源，每一名学生、每一位教师都是信息的载体。如何让这些数量巨大的信息转化为教育资源为班主任所用，是当今班主任首先需要思考的问题。

其实，一位班主任对信息的掌握、构建、应用等能力，无不反应出教师优秀与否的本质。

（二）

一个高效的信息社会的信息交流应该是活跃、快速和多元的，优秀的班级往往是信息畅通的班级。充足的信息，将会帮助教师和学生制订更完备的学习和生活计划，而不完全或者缺损的信息会造成人与人之间的误会、隔阂，甚至有损我们对前景的信心和对未来的预测。数学家香农提出，"信息是用于消除不定性的东西"。可以肯定地说，一个有信息意识的班主任，必然会养成根据实际掌握的信息去处理不同的教育问题的习惯，而缺乏信息意识者往往在行为上缺乏足够的精确性。

（三）

社会飞速发展，各种信息泥沙俱下。班主任如何从这些复杂的信息中筛选出适合自己的管理方式，是需要擦亮眼睛的，也是需要智慧的。但有的信息，本身并无好坏之分，班主任的选择，更多地应该服务于班级及学生的发展。然而，其中也不乏不良的信息。我们的印象中，似乎这些不良的信息具有很大的危害性，唯恐避之不及。然而，不良的信息并非如洪水猛兽般可怕，其中也含有可利用的的信息。关键

在于班主任如何运用,如何使这样的信息与学生的行为和思想进行一定效度上的沟通,从而转化为供学生发展的信息资源。所以,面对方方面面的信息,班主任既需要直觉,更需要嗅觉,嗅出其中对自己管理有用的资源;面对方方面面的信息,更需要师生、生生、家校社会之间的信息协控。

(四)

信息,其实是无处不在,无时不有的。各种各样的信息随时在滋生,随时在更新。当班主任面临来自社会、网络、家庭、学校、教师及学生间的信息海洋时,是否在管理上有"春暖花开"的感觉,这完全取决于班主任对信息的协控、沟通与组织能力的高低。因此,全新信息时代,必然要求班主任善于把握信息、应对信息、管理信息、处理信息;必须善于构建一种大信息观念,将社会、家庭、集体及学生个体等信息集于一身,直面学生及班级的发展和未来,协控信息,整合信息,互通有无,对班级管理做出准确的判断和高效的指导。

本章将围绕信息展开论述,期望我们的班主任老师,能具有强烈的信息意识,善于协控信息,用新视野来经营自己的班级,成就学生的同时,自己的教育智慧也随之提高,最终达到借用信息实现双赢的目的,让我们的教育因此而更井然有序。

第一节　提升班主任信息的掌控能力

可以肯定地说,信息掌控能力是现代教师必须具备的一项能力,不只是掌握现代技术,更多地涉及教育教学和人本等信息的处理应用能力。现代班级管理,对于信息的掌握能力的依赖程度越来越高。诸如,管理好一个班级,与学生进行有效的信息沟通是必不可少的。信

息交流顺畅了,对学生以及班级事务有了准确把握,就能够有力地掌握和掌控整个班级的前行。当然,掌握和掌控,并不是控制,而是根据相关的信息使班级在自然状态下发展。唯有这样,班级的管理才会顺畅,各项工作就能较好落实,班级积极向上的整体精神风貌方能实现。一个班级,师生之间、学生之间必然有活动,教育教学过程其实就是活动的过程。而这个过程中,大量的信息会随之产生,不断更新。这些信息虽然源自教育现场,却不能保证绝对逼真。当然,其中真实的信息,它对班级发展能产生积极影响;同时也避免不了有虚假的信息,它对班级的发展会带来消极的影响。积极的信息是班级发展不可缺失的,它的传递有助于促生正能量,但消极的信息好比流感病毒侵蚀健康的肌体一样有害于班级发展。利用积极信息的同时,不可忽视其中的消极信息。对消极信息不应简单抛弃,而应从信息融通的角度加以分析,把握其产生的背景,以及如何加以转化,从而为我所用。

挑战与机遇并存。信息化向班级管理提出挑战的同时,也带来了一些新的机遇,利用信息技术来改造我们的班级,大有可为。信息技术为师生的交流搭建了良好的平台,丰富了德育形式,促进了学生之间的互动,丰盈了学生的业余生活。班主任作为班级发展的领头人,一定要做好信息的收集和掌控,让正面的信息得到及时强化,让消极的信息得到摒弃或转化。所以,班主任在班级管理中有必要深入研究并善于运用信息沟通的方式。做好班级基础工作,在基础工作中渗透信息管理,营造良好的信息氛围,让学生明白什么该做,什么不该做。

师生借助信息进行交流,必须深入学生的内心。也就是说,班主任对信息的掌控能力不可忽视信息背后的"人"。眼中有信息,心中有"人",才能确保教育工作真正发挥应有的作用。

1. 将基础信息工作做在前面

不了解学生,如何管好一个班级? 不明白一个班级发展状态,如

何推动班级的进一步发展？这是班主任必须深入思考，必须不时关注的问题。不要在两眼一抹黑的时候，才想起"信息"的重要。全面把握基础信息，及时跟踪信息，去伪存真地掌控信息，管理启动，班级才能起航。因为，随意的班级管理定会遭遇滑铁卢。我们必须学会捕捉信息，在萌芽之初全力推动，在露头之时及时预防，方才定然会收到事半功倍之效。

俗话说："万丈高楼平地起。"班主任工作也是如此，如果没有扎实地做好班级基础事务，班级工作很难做好，出了问题就会措手不及，自然班级发展也就无从谈起了。这不仅会影响班级的正常秩序，而且会耽误学生的大好前途。对班级基础信息的了解，是一个非常重要的过程，如学生的家庭情况、身体状况、兴趣爱好、性格气质等。统计家庭困难的学生、残疾智障学生、问题学生甚至是失足少年、单亲家庭及父母离异家庭的孩子、少数民族学生等情况，以便开展班级管理时，及时全面地关注到他们，才不会失去对这些学生的尊重。对方方面面基础信息的获得与更新，无不是开展教育工作最原始的依据，是学生真切感受到班主任对其关注、尊重的基础。

原规则：教育基础信息工作，一项与时俱进的工作。

众所周知，班主任工作头绪多，事务杂，倘若没有预见性，就不能提前做好应对工作；但是仅有预见性也只是空中楼阁，因为信息的变化性和模糊性常常会让我们应对工作搁浅的状况。因此，我们尤其需要做好基础工作，收集完善学生信息，为班级发展提供必要的参考。

一个优秀的班主任，必善于如此行事：事前思考——思行结合——事后反思。很多事情实施之前需周密的思考安排，这就需要班主任对一些工作有预见性（当然，其中也包括预设的一些可能性）。三思而后行，应该是班主任工作中的基本准则，因为我们的工作对象是发展的人、独特的人、具有独立意义的人而非其他事物。人的变化性，

决定了班主任必然会面对很多防不胜防、措手不及的突发事件。这不但需要班主任有处理突发事件的能力，还要有预见性。遇事沉着，站在学生的角度思考问题，努力将大事化小、小事化无，达到教育无痕是最好不过的了。事情发生后，总结是必要的，很多班主任就是在不断地总结和反思中提高的。事前，对现有的信息进行杂糅和分析，像备课一样进行预设；事中，面对即时的信息及时掌控和分析；事后，综合整个过程中的所有信息进行整理分析，进而提出相应的策略。班主任只有在基础工作中多收集信息，多反思，教育智慧才会随之增长。

班级纪实
BAN JI JI SHI

很多班主任上任初期，都对班级管理满怀信心，对班级各项工作都能制订出详细的规划，实际操作中却很难达到预期效果，不是计划夭折，便是与计划背道而驰，原因何在？一方面是计划缺乏可执行性，过于理想化；另一方面便是班主任忽视了班级基础工作，忽视了信息的收集、整理和分析，因而需要有针对性地进行整改。

有人说："计划没有变化快，变化没有电话快。"很多时候，计划里的内容往往随着变化而必须加以更改。而有时，一个电话，也昭示着信息的来临和问题的呈现，这些因素都可能涉及计划的改变或者更新。可以说，没有哪一项计划是按照制订者的初衷一成不变地加以实施的，何况班级是由几十名学生组成的，而且每一个学生都是有思想、有个性的人，再周全的计划都难保证适合每一个人。班主任需要在执行过程中随时掌握学生动态，及时调整班级发展计划，而这一切，都需要班主任准确地搜集班级信息，让所有信息皆为我所用。

→ **案例1-1**

小信息,大学问

经过一阶段的运行,班级博客得到了同学们的积极响应,尤其是孩子的作品在班级博客发表后,他们个个兴奋异常。看到其他同学作品得到更多人的认可,很多孩子暗暗较劲,一有空闲都抢着找我修改稿件,班里的写作氛围空前高涨。

在阅读同学们的评价时,我意外地发现了一个化名"孙安"的孩子,他在评价小飞的文章时这样写道,"再华丽的文字都无法掩饰你虚伪的内心,我为你的卑劣感到耻辱。"看到这样一句话,立刻引起了我的注意,学生之间肯定有误会。于是,我立刻将此现象拿到班上让学生讨论:虽然博客上可以匿名,但我们究竟该留下怎样的言行?

孩子们纷纷发言后,我总结道:"赠人玫瑰,手留余香。我们要善用欣赏的眼光看待同学的作品,多鼓励同学。评价尽可能委婉,让人乐意接受。尽管同学不知道你到底是谁,但是你美好的言行永远地留了痕迹,给别人以美的熏陶、启迪,同时你自己也得到了升华,这是两全其美的事情呀!"说完这些,我顿了顿,继续告诉孩子们:"马克·吐温就曾说过,'听到一句得体的赞美,能使我陶醉两个月。'学会赞美他人,养成随时发现别人的优点并及时给予赞美的习惯,是为人处世的一个好习惯。"同时,我将这个故事推荐在博客中,供孩子们进一步消化。孩子们之后的留言很让人欣慰。有的孩子留言:"学会赞美别人,也就是提升自己!""赞美他人,也是学到了别人的优点,我一定会记住,多多赞美他人。""其实同学之间有误会很正常,相互说开了就好了,在集体场合中伤他人只能表现自己素质的低下。"

就在我将这件事几乎完全忘却时,一个学生与我QQ交流:"老师,您怎么不批评那个孙安呢?"

我很好奇："你为什么这么希望老师批评他呢？"很显然，真正的孙安是不会傻到如此地步，留下明显的"罪证"，特意留下自己的大名，让老师批评的。我也压根儿就没想到追究责任。我知道孩子在成长的过程中，难免会出现这样那样的问题，犯些错误其实都是很正常的。

"在原来的班上，他老是欺负我，所以我想让他尝尝被老师批评的滋味，出出气。"还未等我说什么，机灵早熟的她立刻接着说："不过，老师，我已经知道自己错了，不该这样做，我要在网上留下美好的言行，不会再这样了，您放心好了！"

看着如此懂事的孩子，我还能说什么呢。

一个小小的信息，一个对同学之间误会的成功转化，也让更多孩子从中受到教育，一举多得，何乐而不为？

一线解读
YI XIAN JIE DU

以上是一位班主任成功运用网络信息转化学生的实例。班主任工作千头万绪，注重收集基础信息，并从简单的信息中得到有价值的资源，是一个优秀班主任必备的素质。基础性的信息往往会在不经意间出现，更会在不知不觉间消失，班主任必须留意并及时抓住，发挥其应有的作用。所以，有效把握并利用基础信息，就能够更好地消除班级管理中存在的隐患，把问题消除在萌芽状态，为班级发展指明方向。

案例中的班主任，当她发现班级博客中出现不和谐的音符时，及时就此事召开班会，让学生有针对性地展开讨论，及时捕捉新的信息，并再次回归网络，让此信息发挥后续的积极的教育作用。事实上，后续的作用非常大。虽然这是一件在别人看来很小的事情，充其量也只是一个再微小不过的信息，但班主任及时捕捉到了。她的成功之处在于及时收集微不足道的信息，并从中提取益于学生成长的智慧。学生

讨论后一致认为这种不好的行为,不利于班级团结,不利于同学友好相处,学生之间有误会其实也正常,但需要真诚交往。通过探讨,在班级中形成了良好的舆论氛围,使同学们知道任何时候都要学会正确表达自己的看法,同时让"肇事者"深受教育,真正达到两全其美的效果。

现实生活中,很多班主任不注重班级发生的细小问题,总认为这些小事不影响大局,无关紧要,殊不知,小处也不可忽视,"千里之堤毁于蚁穴"就是明证。班级重大问题的出现,往往都是细小问题的积累。诸如学生矛盾的激化,可能导致相互的人身攻击;学生偶尔与不良青年接触,可能从此会误入歧途……因此,班主任需要明察秋毫,时时关注学生动态,及时收集信息并进行切合班级及学生实际的处理,让此信息成为学生前行路上的铺路石。当然,班主任对所有生发的信息并非必须都亲自过问追究,而要在纷杂的信息中提取有价值的,可能影响班级发展的重要信息。例如案例中学生的一个评论,看似微小,但其实隐藏着更大的问题,处理不好,学生就可能在班级博客上相互攻击,相互猜测,从而演化为现实中的猜测和攻击。这样,整个班级就会陷入困境,以前建立的秩序就会遭到破坏,结果是既违背了建立班级博客的初衷,又伤害了同学的情感,而要想再恢复班级良好的秩序就比较困难了。

了解学生的传统方式,更多的是收集信息、调查了解之类,但这很难把握鲜活而充满动态的信息,往往触及不到学生真实的内心需求。我们之所以苦于缺乏了解学生的机会,往往是由于我们没有给予学生表达和展现的机会。今天的班级博客、论坛、QQ 群等网络交流平台,则给予了学生多侧面展示自己的机会。因此,只要我们有心,搭建起学生敢于表现的平台,何愁不懂学生的心理?

行动指南
XING DONG ZHI NAN

班级管理中,善于留意细小情节,往往能捕获到重要信息,从而对班级工作做出超前的预设。所以,班主任应该做的就是能根据细小的信息,预测各阶段班级及学生可能出现的状况,提前采取预防措施,把工作做在前面,变被动为主动,这样才能从繁杂的工作中解脱出来。做好班级基础工作,需要班主任从以下几方面努力:

一是利用新媒体建立班级信息交流平台。QQ群、飞信群、论坛、博客、微博、百度贴吧、微信等,已成为当下流行的信息工具,也是青少年日常网络生活中比较感兴趣的交流方式。根据班级需要,适当选择建立班级新媒体,对班级信息畅通有着非常重要的作用。一方面,学生可以通过这些途径增加与同学、老师交流、沟通的机会;另一方面,老师也能通过这些学生成长的痕迹,去发现和了解学生成长中的问题,了解学生兴趣的变化和思想动向。一些优秀班主任的经验表明,新媒体要想真正成为优势信息平台,通常是将班级博客、论坛做成品牌,成为师生及家长之间心灵的"家园"。班主任的积极参与吸引了学生自我展示、自我管理、多项交流的热情。有了如此良性的信息渠道,学生往往更乐意与班主任沟通,那么,班主任又何愁不能充分掌握班级的信息呢?

二是通过学生的作品挖掘教育信息。学生日记和班级日记,是实现班主任与学生有效沟通、班级自主管理、学生自我教育的重要途径之一。而班级博客、论坛等又为教师、学生、家长提供了广阔的互动交流平台。学生的日志、作文,甚至学生在论坛、群组的发言、留在微博上的互动言论都可以作为学生的作品。只要留心,许多班主任都能在阅读学生的博文、收听学生微博的过程中掌握丰富的教育信息。这些学生的作品,往往能够提供更真实、更全面的信息,但前提是班主任必

须赢得学生的信赖，成为学生可信任的朋友。日志往往讲述了一个人的"心路历程"，通过阅读能及时懂得学生的需要，更能理解学生所面临的痛苦，在此基础上给予的教育既是可信任的锦上添花，更是有效力的雪中送炭。

三是教师要学会主动发布信息。获得信息和发布信息往往是相互关联的，当学生乐意在班主任的私人博客留言时，可以肯定地说，这样的班主任一定不会差到哪里去。"酒香也怕巷子深"，其实讲述的是一个关于信息的话题。信息也是一种能量。当班主任的信息能量能够有效击中学生的内心，并和学生产生能量交流的时候，信息沟通已经不再是一个多大多难的问题了。因此，教师要学会展示自己，敞开自己的心扉。很多时候，学生对教师的批评或者说教都已经麻木，但班主任一篇写在日志里中肯的长信，或一篇忧心忡忡的日志往往可能会触动学生的心灵，班主任的一个真挚愿望也许会成为学生向上的动力。当然，我们也不要对一篇日志，一段文字抱有太大希望，因为这些基础的信息工作，只是所有工作的开始。如果班主任长期坚持主动发布信息，一定会勾起学生敞开心胸与老师交流的欲望。当师生之间由交流发展到相互信任时，班主任就能获取更全面、丰富的信息，从而成为班级管理向前推进的必要助力。

2. 让信息交流深入学生内心

为何许多学生总在抱怨"老师根本不懂我?"为向许多老师也在抱怨"我为学生付出了那么多，而学生一点都没感动过"？这其实已涉及信息交流的问题。怎样的信息交流才富有成效？怎样才能实现高效的信息交流？关注信息问题，我们很有必要花一点时间好好思量关于"交流"的问题。

班级管理的实效性不高，最突出的问题便来自于信息交流，也就是班主任没有彻底弄清事情的来龙去脉，就开始着手处理事件，并且

偏执行事。自然,错误的概率肯定就非常高。其实,我们不是不想弄明白,而是在特定的环境中没有搞清楚特定的信息就开始胡乱地进行处理,其实就是缺乏信息运用的技巧。

诸如,企业管理程度的高低,取决于信息化管理程度的高低。往往信息化管理会整合多方资源,提高工作质量和效率,把最好的服务快捷地展示给客户,从而获取最大的经济效益。班主任必须整合信息资源,学会利用信息管理学生,并由此构建一种信息模式,把信息交流深入开展下去。

原规则:信息交流触及心灵,班级管理才会事半功倍。

班主任的工作对象是有思想、有个性、自尊心较强的学生,实践证明,要做好班级工作,必须从了解和研究学生入手。究竟了解和研究哪些信息呢? 诸如,学生个体的家庭环境、成长经历、思想品质、学业成绩、爱好特长、性格特征等,都是我们应该着手研究的内容。了解学生,进行成功的教育取决于多项因素,其中一个重要的因素是师生之间深入心灵的信息沟通,这是做好一切班级工作的重中之重。调查显示,教育的不成功有近70%源自教师的无效沟通。无效沟通是没有把教育工作做到学生心坎上,没有深入触及学生的内心世界,恰似隔靴搔痒。有效的信息交流不在于多,而在于能否抓住关键点触及学生的灵魂,唤醒学生成长的欲望,唤醒学生"我是一个好孩子"的感觉,从而使学生积极参与到班级的发展和建设中,参与到自我管束和教育中,使班级工作驶入健康发展的快车道。

班级纪实
BAN JI JI SHI

几乎所有的老师都坦言爱学生,可很多老师却在抱怨自己辛勤付出很多却没有好回报,好心时常被学生当成了驴肝肺。照实说,这样的抱怨声不绝于耳,笔者也曾有过。其实,身为班主任,光有爱心是不

够的,更重要的是"会爱"。也就是要智慧地去爱,缺少了智慧,往往事倍功半,达不到良好的教育效果,甚至好心办成坏事。而对学生的充分了解(即对信息的把握与交流),则是教育智慧产生的一个重要源泉。常言道:"知己知彼,百战不殆。"班主任只有在深入了解学生的基础上,才能因材施教。只有了解学生的社会、家庭背景、个性差异、兴趣爱好、心理变化、发展等信息,做到有的放矢,才能智慧地爱学生,学生才能感受到爱,才会产生"亲其师,信其道"的正效应。了解的前提就是走进学生的心灵,但实际情况是更多班主任的工作常常处于被动中,主要原因就在于不能对班级信息进行合理掌控,往往只看到表面现象就开始自己的教育之旅。诸如看到自习纪律混乱,就对全班学生发脾气;感觉有学生早恋现象,就禁止男女同学近距离接触;发现学生上网现象,就禁止学生接触网络等等。这一切都是对信息掌握不透,没有从表象中看到本质,从而没能有效处置,方才适得其反,学生消极抵制故意唱反调,班主任自然就会体现出"好心没好报"的委屈。

优秀的班主任很注重信息的全面收集,和学生沟通,并在信息的交流与沟通中增进了解,增进友谊,树立威信,从而赢得学生和家长们的理解和信赖。

案例1-2

用心博得"晓荷"开

从事班主任工作 19 年来,班主任管老师十分注重与学生贴心地交流。在她的班级管理中,除了进行传统的家访、书信交流外,最得意的便是自己与学生共写博客。班级博客打开了学生的心灵,让沟通畅通无阻,在长期的互动交流中,赢得了学生的爱戴和家长的理解与支持,也大大提高了班级工作的效率。

2006 年,她担任实验班的班主任。这个班是当年学校开设的第一个创新实验班。她有意识地引导学生养成多阅读、乐表达、勤学习、善

积累的好习惯。到了高年级,条件相对成熟了,她鼓励学生将各自的日记习作发表在班级博客"晓荷"中。

她擅长写博文,既有教学随笔,也有她处理班级事务时的一些反思,甚至包含由于处理失当而向孩子们表达歉意的文章——有意通过博客让学生真正了解、体察她的感受,"偷窥"班主任的内心世界。

当发现有的学生不善于赞美别人时,她通过故事《决定命运的一句赞美》,使他们懂得赠人玫瑰,手留余香;当发现有的学生因缺乏改错的意识而进步不明显时,她特地写上博文《进步的秘密》,用身边的榜样,引领他们学会知错就改;当发现有的学生意志品质薄弱时,她通过美文《苏格拉底成功的秘诀》、《白色的金盏花》使他们明白持之以恒的力量……放假前,她精心为孩子们准备假期寄语,引导他们过一个充实有意义的假期;开学前,她又及时换上充满期望的新学期寄语,激励孩子们积极进取,做最好的自己!

学生小轩,是一位个性极强却不善于和父母沟通的小姑娘,常常为小事和父母的关系搞得很僵。知道她的情况后,管老师鼓励她不妨通过博文与家长交流,她的博文《爸爸妈妈我想对你们说》感动了大家,也感动了她的父母。家长通过这个交流平台,逐渐了解了孩子,和孩子的心贴得更近了,孩子有了明显的进步。渐渐地,孩子脸上的笑容也越来越多了,学习成绩明显提升。家长会上,小轩妈妈在经验介绍《博客对我和孩子的影响》一文说:"博客打开了母女交流的隔阂,让我更懂得女儿的内心,使自己在教育孩子时不再是一味说教,而是讲事实、摆道理,效果大不一样……"

难怪很多人总是由衷地跟管老师说,你的"晓荷"博客真像一本"家谱",记载着你和班级学生成长的点点滴滴,做你的学生真的很幸福!

一线解读
YI XIAN JIE DU

案例中班主任管老师的工作能与时俱进，其创新之处就在于建立"晓荷"博客，借此开展班级工作，注重与学生在沟通中更全面、深入地了解对方。"晓荷"博客以其开放性、互动性、保存性等优点成为师生之间、孩子之间，甚至家长和孩子之间交流和成长的重要平台，有效地促进了贴心交流，并由这个平台创建起了民主、开放、平等的班级管理方式，构建起了学生自主、教师引导、家长参与的开放式德育工作模式。

"晓荷"博客的开通，使班主任与孩子们之间发生了戏剧性的角色变换，再不是单纯的师生关系，而是可亲可爱的良师益友，搭建起友谊连接的"通途"；而家长的参与又实现了家校教育的紧密融合，成为家长与老师交流的"直通车"；同时，学生在博客写作中，自己的内心世界及思想能力得到了展现与提升，他们在博客上的习作实际上是被"广义发表"，进入了更为广阔的公共领域，使师生、家长引以为自豪。

参与"晓荷"博客互动的师生，增进了彼此间的了解，形成了班级良好的成长氛围。学生学习、生活的良好情绪，很大程度来源于师生之间良好感情的交流和沟通。通过沟通，能在了解的基础上建立良好的师生关系，顺利地开展教育工作。班主任只有熟悉学生，了解学生，才能在谈话时把握分寸；才能在处理问题时区别对待，做到理解学生、爱护学生。

所有的方式中，凡是能够帮助班主任走进学生心灵的，就是成功的、有效的。显然，良好的信息交流与沟通在于对方的回应，无论 QQ、飞信也好，亦或博客、贴吧也罢，甚至是面对面的谈话，良好的沟通是要说对方想听的，听对方想说的。这样看来，教育中的信息交流固然有教育和说服的成分，但真正有效的也许在"消除隔阂"和"相互信任"上。而只有对学生心灵的唤醒，才不失为有效的信息交流。

行动指南
XING DONG ZHI NAN

信息交流,是一门心灵与心灵对话的艺术。只有深入内心,才能消除心灵之间的"壁垒",搭起理解的桥梁。在班主任工作的主动环节中,确保信息交流顺畅,直达学生内心,切准思想脉搏,对症下药,及时地解决问题,真正做到传道、授业、解惑,这样的管理才是开启学生心灵的良方。如何做到教育走进学生的心灵?笔者提出如下几点建议:

一是主动了解学生。作为一名班主任,能否做好班级管理工作,主要看你对学生的了解程度。了解学生,方能深刻理解学生。而只有在互相理解的基础上,才能达到心理上的共鸣。班主任要多方了解学生的家庭、性格、学习情况、兴趣爱好等,因为只有这样,才能使后续的沟通有一个良好的基础。了解学生不能局限于这些表面工作,走进孩子内心才是更重要的。为此,我们可以通过座谈会、书信、利用班级博客、飞信群、论坛贴吧、QQ群等,让学生敞开心扉的。了解孩子内心,切忌以一个"偷窥"者的角色出现,要根据班级实际凸显针对性。一旦学生发现老师并非真诚地参与交流,彼此的信任就会被破坏,信息交流就会归于失败。即使有所收获,也只能获取虚假的信息,不利对学生的教育。

二是用心交流。交流需要艺术,更需要真诚。教师必须真诚地付出自己的情感,因为交流时,学生往往开始并不注意你讲的道理,而是看你的态度和感情。如果不首先搭起感情的"桥梁",心中就会筑起一道无形的"高墙",再好的道理学生也听不进去。因此,信息的交流首先是交流感情。只有给学生真挚的爱,给学生亲近感、信任感、期望感,学生才会信赖老师,其内心世界才会向老师敞开,班主任才能收集到有用的信息。正所谓,教育只有"对症下药",才能收到应有的疗效。李镇西老师教育的成功,就在于他的爱心以及民主教育思想的实践。

因此,班主任必须用自己的爱心和智慧去感化学生,做到动之以情、晓之以理、寓理于情、情理结合,从而产生动情效应,收到良好的教育效果。

三是沟通因人而异。班级沟通的过程中难免有分歧,因为学生在成长过程中时时都可能会犯错误,也会经历挫折而出现烦躁心理。班主任与学生、学生与学生之间的隔阂、疑虑不能单靠在班上解决,帮助学生成长也不是凭靠一招一式就能达到教育作用的。学生的思想基础、觉悟程度、知识水平、所处环境、性格特点等都是有差异的,解决学生的问题,需要具体情况具体分析。对有缺点有错误的学生,要诚恳劝导,切忌简单急躁,急于求成,要不怕麻烦,像绵绵细雨、涓涓流水去一点点地滋润其干涸的心灵,彻底纠正"久旱不管,一下就满"的方式,有的放矢,"对症下药"才是正道;对性格内向的学生可采取"拉家常"的方法,由远而近,先轻后重,循循善诱地谈出真感情;对性情耿直爽快的学生,最好直截了当把问题点透,不转弯子,不兜圈子,他们喜欢接受这样直接的方式;对觉悟较低、性格独特的学生,要善于从对方的内心情绪和要求谈起,先回避"烦恼"、"卡壳"的问题,从侧面迂回曲折地引导,进而引向我们想要触及的话题。

第二节　增强信息沟通的实效性

经济学里有一个基本的假设:人的决定总是在信息不充分的情况下做出的,当赖以做出决定的信息越充分,人做出的选择就越明智。这似乎给我们的班级管理工作以有益启示。回想我们的班级管理,我们曾经忽视了多少学生,我们曾经误解了多少学生,我们曾经做出了多少错误的教育行为,恐怕每一个为人师者回想起来都会感到有些发憷。教育专业水平的提高,是一个不断消除随意性而寻求确定性和可

靠性的过程,确定性与可靠性的保障,便是信息的获取与沟通。

班级是学校管理的基础单位,其管理水平的高低,对学生的未来发展起着至关重要的作用。能否充分利用信息管理班级,构建信息畅通、交流顺畅的班级管理模式,是考量一个班主任工作能力的主要指标。利用现代信息化模式实施班级管理,确保师生沟通顺畅,及时将班主任需要表达的信息传递给孩子们,让他们从中受到启发、感染,自觉参与到班级管理中,让班级建设成为每个成员的义务和责任。

沟通是情绪的转移、信息的传达、感情的互动。通用电器公司总裁杰克·韦尔奇有个理念,"管理就是沟通、沟通再沟通";沃尔玛公司总裁萨姆·沃尔顿也认为,"沟通是管理的浓缩"。这种理念,放在班级管理中也是完全准确,值得认可的。这一节中,我们想探讨的是班主任如何在信息沟通中提高自己的信息沟通能力。作为一名班级教育管理者,要积极展示自己,通过信息的展示让学生看到自己优秀的一面,更需要不断提升自我增强内涵,提升人格魅力,做一个表里如一的老师,从而让沟通更实在,更有实效。

1. 借用信息展示优秀

一个有魅力、受欢迎的班主任,一定会注意树立自己良好的形象,借用自身信息展示最优秀的一面,从而与学生建立良好的关系。借用信息其实很容易,比如建立良好的第一印象,上好第一堂课,认真处理和学生的第一次交锋,开好第一次家长会,适时地秀出自己的拿手绝活,让学生信服。

孔子说:"其身正,不令则行;其身不正,虽令不从。"魅力投射在班级管理中,能产生积极的"魅力"效应。广大班主任老师真需要有足够的勇气和能力,在学生面前展示自己,让学生看清老师的优秀,"亲其师,信其道"。这无疑会给班主任工作带来极大的主动性。

原规则：传递良好的外部信息，树立威信更能增强学生对教师的认同感。

班主任的外部形象，在班级管理的过程中具有十分重要的意义，不仅影响和感染着每位学生，而且也是管理好班级的重要因素。班主任的一言一行，班主任的一举一动，熔铸成的人格魅力是吸引学生的主要源泉，一位人格高尚、循循善诱的班主任，会使学生受益终生。

但是，班主任所传递的外部信息必须是真实的，因为天真的学生最容易触摸到教师呈现出的信息的脉搏，脉搏跳动有异，学生是会感觉出来的。所以，班主任呈现给学生的外部信息，必须真正源于内心。而内心必须是真实的、真诚的，是源自对教育的热情，对学生的尊重和爱。有魅力的外部信息才能产生一种"万有引力"，把学生牢牢地抓住，从而使班级管理呈现出欣欣向荣的景象。

班级纪实
BAN JI JI SHI

班主任的工作有序开展，来自平常有效的沟通，外部形象的展示，是重要的第一步。目前，很多班主任老师不注重自己的外部形象，不仅穿戴随意，且一言一行、一举一动都不符合为人师者的身份。例如随地吐痰，学生面前吸烟，公共场合大声说话……殊不知这些看似很小的事情，往往会严重影响班主任形象，为以后与学生的沟通埋下隐患。还有一些班主任表里不一，说话颠三倒四，展现给学生的信息其真实性值得考究。自然，学生也就不会信服班主任。俗话说："亲其师，信其道。"如果老师呈现出来的外部信息虚假成份居多，学生又如何信服其管理呢？

师生关系融洽，班级管理工作自然如鱼得水。其实，外部形象绝非教师的个人事情，因为它会时时向学生传递着教育信息，并时时以"润物细无声"的姿态教育着学生。诸如，班主任要十分注意和学生沟

通,好消息及时与学生分享;有事外出,提前告诉学生顺便问问需要代销什么东西;遭遇困难,解决棘手问题,及时寻求学生一起商量……班长任坚持与学生沟通,不但能赢得学生的信赖与尊敬,无形中还会树起自身在学生心目中的威信。

➡ 案例1-3

不妨适时秀秀自己

下午,有我的课。走进教室,笑容满面的我开心地和孩子们说:"今天,老师有个好消息和同学们分享。"

情绪是能传染的,看着满脸喜色的我,孩子们也兴奋起来,在期待中,不约而同发出热烈的掌声,眼巴巴地望着我,很想知道下文。

我故意卖个关子:"猜猜看,会是什么呢?"

"我们班又受表扬了!"

"不对——"

"老师的文章又获奖了。"

我笑着摇了摇头。

"那就是……老师又要外出作报告了。"

"你们对老师的期望值可真高! 不是!"

"我猜老师要出书了!"

"也不是,不过比较接近。看样子,老师在你们心目中的地位还是很高的。谢谢你对老师的鼓励!"

聪明的潘子豪马上说:"那我猜,老师的文章一定上了报纸或者杂志。"

"恭喜你! 答对了——"我模仿着主持人的语调,愉快地说着。

举着手中的《中国教育报》,我对孩子们说:"看! 就是这份报纸!今天刚刊登的。"

"哇! 我要看,我要看。""我也要看……"就像自己的名字变成了

铅字一般激动。顾不上上课,有些急不可待的孩子忍不住想冲到前面来,一饱眼福,先睹为快。

我一看情形不对,赶紧正色说:"那可不行,这节是作文课,我要看哪组的作文写得最好,就给哪组看!"

骚动的孩子们迅速安静下来,这节作文课就写——我心目中的好老师。

教室里静极了,孩子们开始了自己思考,一会便传来笔在纸上划过的"沙沙"声。这节作文课,学生用时最少,文章质量最高。我几乎没有来得及排出谁先谁后。

"哇! 还有老师的照片呢!"

……

"孩子们,其实,老师最高兴最在意的是你们的文章能够发表!"

"我们?"

"对呀! 青出于蓝而胜于蓝!"我不失时机地激励着孩子们:"不想当元帅的士兵不是好士兵,不想超过老师的学生不是好学生!"

每每有好消息,我常常和学生分享。就在这样简单地沟通和激励中,不知不觉,老师良好形象就树立起来了。通过这样的方式,让孩子们有了效法的欲望。看着身边的榜样——身边最亲近的老师,从未放弃过追求,对孩子来说,就是最好的触动。于是,向往优秀,奋发努力,一种无声的激励作用,相信就这样慢慢地蔓延开来。

一线解读
YI XIAN JIE DU

这样的一位班主任老师,在与学生分享自己收获的同时,也把一种自强不息、乐观向上的精神播撒在班级里。她通常会在不经意间亮一些小绝招,比如,用声情并茂的课文朗诵,打动学生;发表作品了,及时与学生分享;论文获奖了,也不忘展示一下同乐……不仅经常在孩

子们面前"秀"自己的精彩,让孩子们效仿,而且也及时发现身边的榜样,树立身边实实在在的榜样,大力宣扬,让所有努力、进步的孩子都尽可能体验到成功的快乐与幸福。总之,身为一名班主任,就得让学生都喜欢你,敬佩你,信赖你,你就有了威信。有了威信,教育效果就会事半功倍,自然容易建立一个有序的班级。

天性淳朴的学生,很容易受到其他人的影响,尤其是班主任的影响。我们不得不承认,班主任在班级中有着特殊的象征意义——班主任所期待的行为,往往就是班级提倡的行为;班主任所反感的行为,往往是班级所反对的行为。显然,这种支持与反对就是班级群体心理所构成的一种秩序,班主任总是用自己的言行来引导班级群体良性心理的形成。教师令学生信服,其教育才能对他们产生积极的影响。深受学生敬重和爱戴的班主任,其教育要求常会使学生深信不疑,自然会使学生言听计从。有威信的班主任,能唤起学生积极的情感体验,他们的表达能激起学生的愉快和自豪,引发其进一步努力的愿望,他们的批评能引起学生的内疚、悔悟和自责。故而,有威信的班主任会被学生视为理想的榜样和行为的楷模。笔者喜欢朗诵,读师范时,就是口语课的科代表。上班后,曾在全校教师朗诵大赛中获得了第一名的好成绩。孩子们大都比较崇拜我吧,普遍喜欢读书,班级会读书、善朗诵的特点早已名声远扬,这是否验证了这样一句话——"有什么样的老师,就会有什么样的学生"呢? 笔者喜欢写作,文章时不时也能见诸报端,每每有好消息,总喜欢和学生分享,在分享中激励他们。如此地让在孩子们在接近、追寻和效仿中,创造了属于他们的精彩!

事实告诉我们,没有内向的教师。或许,人有内向和外向之分,但教师必须是掌握表达技巧的人。当你爱学生时,你要通过信息的释放让学生感受到你由衷的爱;当你为班级付出时,你要让学生理解你的辛苦和奉献;当你用自己的行为积极释放"优秀的信息",激励学生成

长时,也应该让学生及时接收你勤奋向上的正能量。上述故事中的老师,看似"炫耀"的行为,实际上是撕破了传统上"正经严肃有点刻板"的班主任形象,破除了班主任和学生之间一种形式上的屏风,亲切、自然地给学生传达出一种面对人生积极昂扬的教育信息。

行动指南
XING DONG ZHI NAN

展示班主任形象需要一个平台,但主角并非是班主任,而是学生,我们必须弄清楚之所以这样做,不是为凸显班主任的优秀,而是为了更好地与学生沟通,激发学生上进的潜能。鉴于此,我们必须尽可能地利用、挖掘多种活动条件,整合、组织安排多种活动,让学生去经历、感受、体验、感悟、成长。在和学生一起沟通、成长的过程中,自然而然地就会赢得学生的信赖,无形中树立自身的威信。对于具体的实践策略,我们建议如下:

一是在读书中分享心得。读书最能提升人的素质,班主任不妨通过分享读书心得树立自身形象,培养学生对书籍的热爱和对阅读的兴趣。读书活动形式很多,可以指定篇目让学生精读,然后集体分享读书感悟;学生也可以自由阅读,摘抄精彩并写出读书心得;还可以限定书目,师生、家长一起共读,分享彼此不同的阅读感受,家长和学生的亲子共读也增进了感情。最重要的是这个过程中,老师的指点、评价至关重要,一句中肯、恰当的评语就有可能激发学生读书的热情;和学生一起读、写,让学生感受到老师的精彩,不仅更好地丰富了教师的形象,更重要的是让他们看到自己的差距迎头赶上。这种沟通,表面上来看不是有意而为之,实则是暗藏教育信息,所以,它必然会起到意想不到的作用,我们的班级也在这样的潜移默化中变得更优秀更具潜力。

二是在书写中感受力量。班级是大家集体生活的场所,每天都会

发生很多有趣的故事,如果能记载这些故事,加之班主任的点评,无疑是促进班级沟通的一种有效方式。班级日记就是很好的呈现方式,其内容就是当天在班级里发生的最难忘的事情。日记可长可短,后面一名同学写之前要先阅读前面一名同学的日记,写出自己的感受,然后再写。这种日记接力的方式便是一种良好的信息沟通的方式。这种沟通的面是广的,是及时的,是有效的。

"生活中往往不是缺少美,而是缺乏发现美的眼睛。"坚持书写班级日记,逐渐改变了同学们互相抱怨,不注重班级细小问题等不良习惯。渐渐地,他们变得越来越留心观察身边的事,也逐渐练就了一双善于发现美的眼睛。这个过程其实是在阅读中,在欣赏中,在碰撞中的沟通和交流。

三是在活动中体验收获。"班级无小事,事事可育人。"班主任要想和学生打成一片,树立自己的良好形象,不妨走到学生中去,多多参与班级活动。不妨坚持和学生一起晨跑,一起参与体育活动,一起参加户外拓展活动;不妨整合校内外资源,开展家校活动,开展社会实践和职业体验活动等等。这些精彩而丰富的活动,不仅让学生体质得到增强,班级凝聚力得到提升,还让学生接受自我挑战,磨炼了自己,促进了人与人之间情感的交流。班主任的亲自参与,必然会增进对学生的了解,促使师生彼此的信任,当然也能树立老师良好的形象。

2. 提升信息掌控能力

班级信息时时存在,但信息有时却是孤零零地存在,需要班主任主动获取,采取一定的方式让信息进入自己的视野。比如,建立信息报告制度,师生及生生的沟通和协控,协控体现的是相互性,但协控不是"控",重在"协",相互协助,互通有无。在信息化时代全面到来的今天,班主任如能提升信息的掌控能力,实现与学生真诚、有效地协控与沟通,定是管好班级的关键。

班主任作为学生身心健康成长的领路人,一味盲目地忙碌劳累,不讲究教育的方式方法,必将一事无成。真正的教育和管理必然是从心与心的对话开始的,班主任不仅需要善于与学生沟通,以便教育形成合力,而且需要通过协控这一形式,有效把握学生成长中所显露出来的方方面面的信息,与家长共同培养孩子健康成长。

班主任每天都在和学生打交道,无时无刻不在进行信息交流,但班级管理的效果为何会出现巨大的差别呢?很大程度上,根源于班主任管理能力的高低。这其中也包括对班级信息的掌握能力,以及将班级管理与现代信息管理实现有机结合的能力。融汇现代信息管理技术到班级管理中,我们又似乎回到一个原点——提升班主任的素质。

原规则:强化班级信息协控力,锤炼班级信息掌控力,更有助于班级良性发展。

教师素养不提高,就很难达成有效的班级管理,更别说发展学生了。所以,做好班级各项工作的前提,就是班主任必须加强自身建设,而班主任自身建设的关键,是提高班主任自身的素质,树立班主任的威信。这种威信不同于上下级之间形成的行政权力,而是班主任知识丰富、能力超众、人格高尚而形成的人格魅力,从而在学生心目中树立起使人敬服的声誉和威望,它是做好班主任工作的无形资本。借用信息化提升班级管理能力,实现协控与沟通的有效化,确实是当下班主任应掌握的一门学问。

那么,如何才能有效提升素质,凸显信息化让协控与沟通更具实效性呢?这就需要班主任善于研究儿童心理,懂得如何进行信息的协控,同时还需补充自己的信息化知识,思索信息化时代下如何与学生进行交流,让信息化的沟通更有人情味,这样便会在信息化的环境中更好实现育人的目的,更快更好实现班级发展的目标。

班级纪实
BAN JI JI SHI

每位班主任都渴望自己能带出优秀的班级,能教出更多优秀的学生,如此良好的愿望值得肯定。事实上,很多人的愿望在很多时候仅仅是愿望而已,没有变成现实。更多的问题在于班主任的目光只锁定在了传统的管理中,而且往往是老师说学生听,而且必须无条件听,必须完全按照班主任的安排去做。至于过程怎样,他们则很少考虑,甚至一概不管。因此,就导致了不良的结果。所以,靠传统的说教、班规的约束,很难让信息化时代的学生得到信服,班级管理也容易陷入被动的局面,自然,很多老师抱怨学生难于管理无法管理,学生也抱怨老师过于庸俗和专权。

充分发挥信息化的作用会给班级管理带来诸多的便利,让师生协控与交流每时每刻都在发生,班主任所获取的信息越丰富,管理也就越贴近学生的心灵。班级信息的协控,很大程度上让教育的真实过程得以还原,师生坦诚面对,交流更易达成。而今,许多班主任往往忽视了获取丰富的班级信息,并从中发现问题、分析问题、解决问题这一途径。国家管理尚且讲究"政令畅通",班级管理更需保证"信息畅通"。

→ 案例1-4

进步的秘密

身为学生成长道路上的引路人,长期的实践中,我发现利用班级网站进行引导,是帮助学生成长有效的方法。

当发现有的学生进步不明显,是因为没有改错的意识时,我特地在网站撰文《进步的秘密》,用身边的榜样,引领他们学会及时改错。四年级时,我班从四川转来了一个叫小艺的学生,家境较好,但父母离异,他随父亲来到了武汉,分进了我们班。为了熟悉了解孩子,我曾试

着主动关心他,和他聊天,可是无论我怎么问,他就是不肯说一个字,让站在旁边的爸爸特别尴尬。

随后的学习中,我发现这个孩子爱读课外书,思维敏捷。为了树立他的信心,尽快帮他适应新环境,我常在全班学生面前表扬他:"小艺爱看课外书,说话很有条理,值得我们每一位同学好好学习!"每每他回答问题后,我都会及时给予适当的激励。我特意让他担任班级网站的"和老师说说心里话"版块的负责人,慢慢地,我俩逐渐有了更多的交流机会。在我不断地鼓励下,孩子活泼的天性终于在他身上逐渐复苏了。他渐渐变得开朗了许多,跟刚来我们班怎么问也不说一个字的那个内向拘谨的孩子相比,简直是天壤之别。有一次,在阶梯教室上一节作文公开课,他居然在那么多师生面前很自然大方地展现自己,一点也没有怯场,简直让人不敢相信自己的眼睛!

我把身边的例子一个个写给学生看,学生从我撰写的这些身边的例子中,终于明白了进步的秘诀,那就是:发现问题并及时解决,就能不断进步!

学生在我为他们撰写的文章后面纷纷留言:"原来进步的秘密这么简单!而我却喜欢'拖堂',我终于知道我的不足了!谢谢您!我一定改正缺点!""没想到进步的秘密原来挺简单的,只是我平时没有注意这些细节,忽视了要及时改正自己的错误,因此看了一系列《进步的秘密》后,我要及时虚心地改掉自己的坏毛病,这样我便能'更上一层楼',我相信自己一定能行!"

一线解读
YI XIAN JIE DU

案例中的班主任老师,借用现代网络对班级进行管理,与时俱进。建立班级网站便是信息化管理的一种很好的方式,用身边大家所熟悉

和了解的例子撰写文章,让学生从这些文章中认真感悟,对照自己,改正不足。身边的例子,平实的话语,真真切切、实实在在,让大家看得见、摸得着。采取学生喜欢的、易接受的方式,引领他们不断取得进步。

作为一名班主任,首先必须体察学生的思想、情感、需求,捕捉学生的思想信息,把握他们的真实态度,锤炼知人知面知心的能力、启迪学生心灵的能力、教育和管理相结合的能力、较高的演讲和对话能力等综合素养。借用信息化管理,便能用心品读学生。如何品读?就是运用有效的方式进行协控,比如借助班级网站,相互坦露心境。真诚地与学生进行感情交流。用心去倾听学生、观察学生、理解学生,这样就能走进学生的内心。了解他们的内心活动,班级管理才能做到有的放矢、对症下药。如此,这样的沟通不能不说是最有效的。

如何进行有效的协控?借用信息化管理便能用情去感化学生。用老师爱学生的一片真情,调动、发掘和提高学生的情商。网络之间的交流有助于让学生及时消除隔阂,吐露自己真实的内心。用老师的爱心换得学生的真情,让师生间的情缘成为打开孩子心扉的催化剂,能够收到事半功倍的效果。一个内向、沉默不语的孩子,通过一个阶段的努力,能在几百人的大会场落落大方地展示自己,就是最好的证明。

行动指南
XING DONG ZHI NAN

班主任,是知识的传播者,是智慧的化身,是灵魂的感召者,是学生前进道路上的引路人。班主任要管理好班级,必须适应现代信息化的大局势,不断提升自身素质,掌握信息化的必要知识,开拓性地开展工作。为此,我们给出如下建议:

一是不断学习信息化知识。教师的天职是"传道、授业、解惑",而学生最不能原谅的是教师的一知半解。在知识更新加快、传播渠道多样化的今天,教师已不再是学生获取知识的唯一途径,尤其是信息化日益普及的今天,学生可以借助电视、广播、学习机、网络等媒介获得更多知识。班主任如果不提升自己相关的能力,就无法与学生进行长效交流,因而便保证不了对学生的管理。班主任要从读休闲杂志、看影视、聊天、玩游戏的低层级状态及时走出来,更好地掌握信息化的知识,了解、关注学生在网络中关注的问题,利用信息化的手段,引导学生回到班级管理的常态,把他们的注意力转移到班级发展和自我成长上来。现实中,引领学生参加班级 QQ 群、飞信群、班级博客、班级网站、班级网刊、班报等活动,都是很好的途径。要吸引学生做这些事情,班主任必须首先熟练掌握这些技能,从而更好地引导学生。班主任信息化技能的提升,能直接作用于班主任的协控现场,让学生能与班主任在互动对话中,实现心灵的交流、情感的交融,班主任由此所获取的信息就更鲜活,更有生命力,开展班级管理工作更得心应手。

二是借鉴信息化理念经营班级。熟悉企业信息化管理,我们发现有很多理念值得借鉴,尤其是"信息化日清"理念、"零基预算"、"成本利润"、"成果分享"等都可以嫁接在班级管理中。班级工作计划即使再全面,也难免会出现这样那样的不足。"零基预算",就是如何在以后的工作中弥补以前失误的利润。那么,我们何尝不可在今后的班级工作中弥补以前的失误呢?"成本利润",则是花最少的钱做最多的事情。而班主任也是想花最少的精力,付出最小的代价,来取得最好的教育效果。"成果分享",则是指企业认同"让顾客做大,才能让员工、企业做大"。其实,班级管理中就是把学生培养得更优秀,老师才能更出色。当然,其理念的移植,不是简单、机械的照搬,它必须与班级及学生紧密结合,当其"水土不服"时,及时作相应调整。当其无法使班

级信息更明晰地展现在班主任的管理视野时,必须重新寻找切入点。

三是综合各种技术,提升对信息化条件的协控能力。信息化时代要求教师具备一定的信息技术能力,但绝非要求教师在教育教学中时时处处都要采用信息手段,传统教育手段同样具备一定的优势。优秀的班主任,要把传统与现代信息很好地结合起来,综合各种技术提升自己的管理能力,更好地为班级服务。班主任提高自身的信息素养,首先要培养自己对信息的敏感度和关注度。再则,需要知道一些信息知识,如计算机检索知识、网络搜索技巧等。最后,还要培养自己的信息掌控能力、专业知识与信息技术结合的能力等。信息的掌控,首先在于协控。协控得当,信息会呈几何级数显现出来,给班主任展现一片十分广阔的视野;其次在于对丰富的信息进行取舍、分析和处理。只有如此不断学习和实践,才能提升自己对信息的掌控能力。

第三节 全力构建家校信息协控能力

有些学生,在校各方面表现都很积极,回到家中却要家长端饭、倒水伺候;有些学生在家里很孝顺乖巧,在学校却很不守纪律,这种现象被称为"两面性"。有关调查显示,三分之一的孩子存在这种两面性的现象。家校协控及沟通,已经成为现代教育关注的重要问题,而增进家校良性协控和沟通的人选则是班主任。

苏霍姆林斯基说:"有许多力量参与人的教育过程,第一是家庭,第二是老师,第三是集体,第四是孩子……如果这些起教育作用的雕塑活动有始有终,行动得像一个组织得很好的交响乐队一样,它产生的将是多么美妙动人的作品。然而,每个雕塑家都有自己的性格、风格和长处、短处,有时一个雕塑家对另一个雕塑家的技艺和创造持批

评态度,不仅力图用刀子在未加工的大理石上精心雕刻,而且总想对另一个巧匠刚刚做好了的地方乱加修补……刀子犹如利剑相互交锋,碎屑飞舞,有时整片整片从洁白的大理石上劈落下来……"成功的教育,是家庭教育和学校教育和谐一致的教育。信息沟通的不顺畅,协控的断档,最终受害的是学生。归根结底,所有参与教育的人都会成为最终的受害者。

加强家庭与学校联系,获取最一线的信息,就能镕铸教育合力,增强学校教育的有效性和针对性。现代社会,随着信息传递方式的优化,许多传统的家校沟通方式被更快捷的信息技术取代,如电话家访、QQ交谈、校讯通、飞信及手机邮箱等。然而,正因为信息传递的改变,教师采取了简单的处理方式,使班级管理产生了一些新的问题,比如电话家访真的具有实效性吗?QQ交谈是否传达了太多的非理智信息?可见,今天的家校沟通已经不同于往日,一方面,我们尽量避免家校信息沟通的思想误区和技术误区;另一方面重新整合信息资源,让学校教育和家庭教育形成合力,从而确保教育效果达到最优化。如果我们引入协控的思想,让家长与教师进行充分的交流,信息的源头便会更丰足、更洁净,管理班级便会少走些弯路。

1. 走出家校信息协控的误区

许多人认为,教师和家长的最终目的是一致的,都是教育孩子成人、成才。事实上,家长的利益诉求相对简单,就是为了自己孩子的成长;而班主任及科任教师的利益诉求则比较复杂,在公平和效益之间摇摆,他们既要保障班级整体的发展,又要兼顾每一个学生的特殊利益,这就意味着矛盾的产生带有某种必然性。当然,如果不存在任何矛盾,只是表明家长和教师中的一方对学生的关注不够,或者所掌握的某个学生的信息相当少,甚至没有。

这种矛盾的产生，意味着班主任和家长必须同时走到教育这一条线上来，为教育好孩子担负共同的责任。保持信息的通畅，才能不断消除家长和学校（包括教师）之间的误会，从而达成目标上的协调。从这个意义上讲，家校信息沟通应该成为一种常态。而成为常态，则要求班主任走出沟通的误区，进行有效的协控。班主任和家长真正走到一起，时时交流着孩子的相关信息，才能真正促使班主任和家长共同提高、不断磨合，站在相同的高度教育孩子。传统意义上，把家校沟通理解为"一次沟通"或者产生严重问题才沟通的思路，已经不合时宜。唯有协控，才能真正让家校沟通无处不在。

原规则：集家长之力开启信息之源，信息构建会更有基础。

教育家苏霍姆林斯基有句名言："没有家庭教育的学校教育和没有学校教育的家庭教育，都不可能完成培养人这样一个极其细微的任务。"一个人的成长、发育和发展过程，都是学校、家庭和社会三位一体的综合作用的辨证发展过程。教师与家长必须做到互相配合，和谐施教，共育新人。积极利用信息化的优势开展家校合作，必然会使沟通走上快车道。

今天，由于社会交往的逐渐增多，由于通讯的便捷、通畅，致使传统的家访退出了历史舞台，教师获取孩子在家里的信息往往依靠电话进行了解（家长打探学生在学校的表现也是如此）。这样的了解是单薄的，片面的。只有加强班主任与家长的协控，教师才能更多地了解学生在家里的一些信息，以及家长的教育情况，家长也能由此了解孩子在学校的表现情况、学校近期或近一段时间的活动开展状况，以及学校的教育现状。这样，才能真正实现 $1+1>2$ 的教育效果。

班级纪实
BAN JI JI SHI

家校沟通在现实生活中,演绎着或经历着三个阶段:

第一阶段,学校与学生家庭间的沟通比较少。教师与家长交流的主要内容,局限于学生学业成绩的高低,在校表现的好坏等等。交流的形式以教师一对一地向家长"告状"为主。

第二阶段,呈现"学校指导家庭,教师教育家长"的方式。学校定期将家长请进校园,为家长推介、传授教育理论,让家长了解学校的办学情况及学生的学习、活动情况。但这仅是一种单向的传输活动,以传统的家长会形式举例便可见一斑:都是老师站在讲台上侃侃而谈,家长拿着小本子埋头记录,交流的内容通常用"你要怎样","你应该怎样"的句式贯通。学校、教师很难或者根本没有想过要站在家庭、家长的角度来看待孩子的教育和成长问题。

第三阶段,构建一种良性的家校合作方式,使学校教育更健康地融入家庭、走向社会。学校、家庭互通信息,共同制订学生发展计划,共同参与学生的教育过程,对学生的教育达成共识,就会产生教育合力。

目前,家校沟通更多停留在第一、第二阶段,如何取得突破进入第三阶段,需要学校、家长实现真正意义上的协控,这就更需要我们班主任做大量建设性的工作。

案例1-5

班级博客串起家校沟通"心"方式

近日,在北京教育科学研究院德育研究中心主办的北京市网上家长学校亲子共创作品颁奖仪式暨"班级博客促进家校沟通"培训会上,老师、家长、学生纷纷表示,博客的确是个比较好的沟通平台。

家长及时了解孩子

崇文区革新里小学四（2）班的班主任朱老师，就在北京市中小学网上家长学校开设了班级博客，点击进入后，班级信息、学生作品、转载文章、图书走廊、开博感言、获奖感言和经验之谈等栏目的内容丰富多彩。

该班蔡萌的家长表示，这个博客是家长及时了解孩子在校情况和学校教育的一个窗口，家长可以在这里交流育子经验；而对老师而言，班级博客让老师和学生之间的关系更加亲密，得到了家长更多的理解和支持。"博客的诞生让老师、学生、家长三者之间的互动交流变得更频繁、更容易。"

西城区三里河第三小学郝副校长说，当面对面沟通比较困难时，通过写博客这种形式来交流是很好的。很多时候，同样的意思，当面说可能语气比较重，但用网络文字来表达，就显得柔和多了，孩子也比较容易接受。

家长参与博客管理

班级博客的牵头人虽然是班主任，但管理员工作大都由电脑技术好、自控力强、遵守网络文明规范的学生担任。他们在协助班主任进行班级博客的日常维护与更新的同时，积极鼓励同学多多在博客留言。

班级博客因其担当未成年人教育的特殊功能，有别于其他完全开放的网络媒介。因此，班级博客提倡实名制，鼓励学生为自己的言行承担相应的责任，并聘请家长代表担任管理员，引领学生过健康的网络生活。

最近，班主任老师又把几位家长请到学校，有针对性地在博客中开设了一系列对学生成长有利的栏目。赵萌的家长主要负责"健康指南"栏目，"说实话我对孩子健康方面的知识还是很陌生的，但是，通过

在网上或报纸杂志上查阅相关健康资料,现在掌握了不少儿童健康知识。""通过参与博客管理,不仅使孩子增长知识,也使家长受益匪浅。"赵先生说。

郝副校长表示,通过班级博客可以让家长参与博客的管理工作,家长在管理博客的同时可以更多地了解孩子,接近孩子。

一线解读
YI XIAN JIE DU

学生的教育是学校、社会、家庭共同的责任,只有家校合力,才会让教育效果趋向最优化。家校合力最基本的就是信息共享,达成教育共识。作为家长,最关心的莫过于自己的孩子,但作为教师尤其是班主任,则要着眼班级几十个孩子的未来,突破狭隘的小圈子,更好地利用信息联系孩子背后的家长。只有家长积极参与到学校管理中来,参与到孩子的教育中来,班主任的管理理念有效实施才能获得保证。

上面所描述的例子,其成功之处在于突破了教师作为唯一信息源的情况,家长的参与使得教育信息批量增加——班主任做不到的,或许家长有能力去完成。而班主任应该成为家校合力的倡导者、实施者和引领者。但家校合力存在着更多误区,社会风气浮躁,人们工作压力日益增大。所以,家校的协控可谓势在必行。家长不懂教育可以理解,但作为教育工作者如果不能走出误区,必然是给自己套上教育的枷锁,使教育难以有效开展。当前,家校协控的最大误区,是沟通不平等和消极信息的沟通。

从沟通不平等的方面讲,教师采取了高于家长的姿态,使家长处于给班主任及教师服务的地位,这就意味着家长的信息流和能量流不能主动释放,而教师的这类行为无疑是传递了教师承担无限责任的信息。"班级博客的牵头人虽然是班主任,但管理员工作大都由电脑技

术好、自控力强、遵守网络文明规范的学生担任。"这首先让班主任和学生在信息发布、分享和使用上处于同等地位，从而启动学生这样一群信息源。"班主任又把几位家长请到学校，有针对性地在博客中开设了一系列对学生成长有利的栏目。"这是第二个层次，让家长的参与使家长也成了信息源。

从信息的沟通上讲，家长常常是这样认为，教育应该是老师的事情，要不然把孩子送到学校去干吗；而教师则认为，孩子的许多的问题是因为家长方面的原因造成的。于是，双方互相采取消极语言表达，甚至班主任一遇到问题就告状、请家长，使得双方不能共同理性地面对孩子的教育和成长。其实出路很明白，但又很复杂，如魏智渊所提出，"在师生关系方面，我们讲彼此驯养；在家校关系方面，最好的状态也是彼此驯养。"所谓驯养不在一日之功，而班主任能做的，首先是提供这样一个驯养的空间和机遇。家校的协控，班主任和家长都应成为信息的主体以及信息的源头。让彼此间的信息充分展现，最终双方都成为信息的集装箱，都成为聚集信息、分析信息、处理信息及解决问题的主导者。这样，才能真正把教育落到实处。

创新策略
CHUANG XIN CE LVE

实现家校有效沟通，关键在于班主任与家长在协控上达成一致的认识，让家长充分认识到自己的教育主体地位，需要家长认同班主任的管理理念，需要家长会用现代化的信息技术，也需要班主任老师积极地引导，有效地帮助家长理解、掌握、运用信息化技术。当然，更需要家长与班主任有一双会走路、善于走路的脚。为此，我们给出如下建议：

一是理念先导，提升家长认识。对待新鲜事物，家长认识肯定存

在局限性,班主任不妨花点时间和家长沟通,让他们认同这种模式。理念的疏导不妨从两条线开始:一条线是由班主任利用家长会的机会,对家长们进行培训。培训的内容主要是针对班里孩子出现的问题该如何解决。培训形式既可有面对面的交流,也可有校讯通金点子的发布、飞信群培训,及班级 QQ 群论坛。另一条线是借助家长学校对全体家长进行培训。由家校合作指导员上课,并多次邀请特、高级教师,专业辅导老师来校为家长作专题讲座,就如何做好孩子沟通,如何解决网瘾,批评与表扬的艺术,如何消除代沟,如何进行心理健康教育等话题与家长进行探讨,以提高全体家长的教育水平。同时,也要积极发现和邀请优秀家长现身说法,介绍他们科学有效的教子经。

二是搭建平台,让家长深入了解班主任的管理理念。家校沟通要实现三边互动,即教师和学生、父母和子女、家长和老师之间都应有不断的对话,让先进的理念、创新的思维、鲜活的知识伴随着思想和情感,在彼此间的交流互动中积极有效地沟通渗透。可以通过定期召开家长会,设立家长开放日,开展家校沙龙活动等多种形式,让家长了解班级,让班级管理理念赢得家长的认同,从根本上实现家庭教育与学校教育走向融合。

三是充分发挥互联网的优势。学校充分利用网络,建立家校通,营造良好的学习氛围。为家长——学校、家长——家长之间搭建一个平台,探讨家教形式、方法、效果。学校网站开设"家校互动"栏目,分设"家长学校"、"教子随笔"、"生活百科"、"家教之窗"等多个专栏,教师将每周家校联系卡、一些生活常识、教子经验、问题处理方法等等,及时放在上面,为家长提供实用的教育子女的经验,为家长了解学生、了解学校提供最有价值的参考信息。

四是保障协控的落实。家校互通有无,会使孩子的教育问题落在实处。家校协控,利用网络资源只是其中一个方面,毕竟网络是虚拟

的,存在着一定的局限。它必须和家校面对面地交流有机地结合起来。为此,除了请家长走进学校,感受教师的教学、班级管理以及参与班级管理外,教师必须不时走进学生的家庭,与家长面对面地交流和沟通,了解孩子在家和社区的表现、家长的教育方式和教育现状,有针对性地适时指导家长的家庭教育。通过这样的协控,对学生的了解就比较全面,开展起教育和班级管理就会有针对性,有准确的切入点。发挥教师和家长"两双脚"的作用,是协控达成的基础,也是教育合力的体现。

2. 整合信息资源是出路

其实,家校合作中的许多问题,都是简单处理教育信息的结果,是缺乏信息管理思想所致。这需要我们的教师,学会将信息与现代教育学有机融入,做到管理与时俱进,在传统的管理中渗透与现代教育相符合的东西。真正做到这些,需要我们在管理中有崭新的思路,有好的改革方向,有创新的举措,工作中能借助新鲜的信息打开一方全新的天地。

在信息化十分发达的今天,教育必须寻求学校与家庭的合作。因为,学校和家庭是学生不可回避的、必须面对的社会群体,是学生健康成长和未来发展的双重需要,也是教育成败的关键因素之一。如何进行家校合作,形成教育合力,促进学生的健康成长,是摆在我们每一个教育工作者面前的严峻课题。班主任要善用信息形成教育合力,提高教育和管理的成效。

原规则:协控不只是信息的多向输出与接收,更在于对信息的整合力。

整合信息,即网聚家校合力,整合教育学生的合力。从建构主义理论来看,信息化技术为建构主义理论学习提供了广阔的空间,也在

很大程度上拓宽了信息交流的广度,促使人的观念从根本上加以变革。而信息技术在家校联系中的应用,具有传统交流所不具备的优势,其开放性、广域性、交互性让信息源头更活、更持久。家校的协控,使得教育资源取之不尽,用之不竭。

面对多样的信息,如何取舍,如何整合,则是摆在家长与班主任面前迫切需要解决的问题。寻找哪些信息进行整合?从哪个角度进行整合?整合要达到一个什么高度?只有这些问题的解决,才能使班级管理合力倍增,效益凸显。

班级纪实
BAN JI JI SHI

随着社会的发展,人的素质逐渐在提高,就业压力也越来越大,家长越来越注重孩子的教育。这为家校共育提供了良好的基础。但现实是,一部分班主任没有很好地抓住这一契机,班主任管理理念的滞后,使班级管理始终处于被动应付的地位。那么,学生在班级、在学校也仅仅是过了一天,没有感受到教育的真实与充实,没有倾听到自己成长的拔节声。

班主任除了深入了解信息,运用信息,还必须借助信息,整合信息,集家长之力,游刃有余地开展班级管理工作。今天的班主任,面对从有效的协控中所获取的方方面面的信息,去粗取精,进行有效的整合,使班级及学生步入正常的、常规化的发展轨道。班主任需要良好的信息源,通过各种途径开展家校活动,让家长积极参与到班级活动中来,把各种资源充分集中到班级管理中去,既取得家长的信任,提升了自我形象,又为班级管理注入了活力,可谓一举多得。

班主任老师肩负着多重职责,真该为班级管理多费心思,多花力气,多形式整合教育资源,为孩子美好的明天铺平道路。

→ 案例1—6

小雨又上学了

看了小雨留下的纸条,我真是无地自容!在孩子的教育问题上,我付出了100%的努力,在教育方式上我也是各种方法用尽,可还是成效不大。更让人着急的是,他竟留下一张纸条离家出走了。好不容易找到了,可他死活不愿意上学。很多人劝我放弃,'这孩子不是读书的料,就不用那么操心了。'可是我能放心吗?他还是一个孩子呀!这样下去,将来可怎么办啊?!想到这些,我就头皮发麻,我该怎么办?

以上,这是一位家的求助信。我把家长的求助信发在家长群,期待各位家长能够群策群力,集思广益,寻找对策。

很快,就有了家长的回复。一夫妈妈这样说:孩子出现问题,得找到症结呀,是和学生、教师的矛盾,还是家庭矛盾?"解铃还须系铃人",时下最要紧的是搞清楚他为什么不愿意上学。

是的,这个孩子家庭有些特殊,父母离异后跟再婚的父亲生活。但父亲常年在外做生意,很少照顾到他。倔强的他希望自己打工挣钱,为了小事和继母吵了几句就离家出走了。

小平爸爸这样说:对待离异家庭的孩子,他们最缺少的是亲情。唯有亲情,才能让他们得到温暖。不妨请他父亲或者孩子亲生母亲做做工作!

于是我想尽办法,总算联系到小雨的母亲。可不管她怎么劝说,孩子还是坚持不去上学。

最后,小英的爸爸无奈地说,如果家长同意让他到外面公司先干一阶段,我们会想法劝劝孩子,再说男孩子在社会上经历一段时间,自然会体会到读书的重要性。

群策群力中,于是小雨便真的进了公司,做些杂活。虽然小雨不

再是我的学生,但我更注重与他的交流。在他上班不到一个月的时候,我终于等到了机会。

"老师,我想上学可以吗?"

"不是已经上班了吗?"

"可是我什么都不会呀? 我要学习!"

其实,一切都在我的意料之中,小雨被公司推荐跟随到外地学习三天,接手新的工作,可他无从做起。公司的叔叔、阿姨对他的耐心开导,让他明白了学习的重要性。

小雨又上学了,大家都很高兴。

一线解读
YI XIAN JIE DU

家庭、学校、社会,是孩子生活中重要的组成部分,三者缺一不可。三者之间需要形成合力,才有助于孩子的成长,否则,则会出现 $5+2\geq0$ 和 $5-2\leq0$ 的现象。所以,这三者需要足够的互动,才能促进孩子更好地成长。现实中,由于种种原因,使得家庭与学校之间少有往来。即使有短暂的接触,双方也不能在第一时间进行有效而充分的交流。因此,尤其需要家校之间的有效协控。

家庭和学校需要一个纽带,可以让孩子顺利实现在生活中两个重要场景的切换。不仅如此,家庭中或是学校里发生的事情,只有及时地反馈给对方,并加以必要的关注,才能在问题产生时及时解决。社会是孩子未来必需的立足场所,一定的社会经历会为孩子一生带来巨大影响。往往是家庭、学校和社会很难有效地结合,从而使学生的培养出现问题。当丰富的信息进入家长和教师的视野后,如何开展教育则往往需要家庭、学校、社会三方教育的进一步联动。

案例中的小雨成功地回归学校教育,便是这三者有机的结合。班

主任也是常人,再智慧的班主任都很难保证自己的教育适合每一个学生。小雨是特殊家庭成长起来的学生,有着倔强的个性和特殊的经历,班主任尽管掌握了丰富的教育信息,却很难对其达成有效的教育。而对他的教育,则不仅需要班主任用心,家长配合,更需要社会的关爱。正是这三方信息的互通、力量的聚合(如班主任的教育、亲情的回归、社会的帮助),才让他在经历一段生活后恍然大悟:"原来没有知识寸步难行。"这虽然是他自身的体验,是任何外来教育都得不到的,但没有三方的共同教育,恐怕小雨再想上学也只是一场梦而已。三方教育信息的整合,才有三方教育力量的整合,孩子也会在这多重影响下受到心灵的触动,从而真正回归到学校教育上来。我们相信,并且是深信不疑,经历了切身体会,小雨会更加努力地投入到学习上来。

很多时候,三方力量的整合,会让孩子有更切身的经历,成长得也会更快。我们完全有理由相信,整合信息资源会让我们的教育更加有效。

行动指南
XING DONG ZHI NAN

如今,随着电视媒体、通讯工具、互联网络的发达,使得信息充分进入每一个人的视野,社会、家长、学校的接触也因此而变得十分快捷。可以这样说,是信息化让一切变得触手可及。凡事有利有弊,这样的信息化也使得教育的难度与日俱增。信息化时代的班主任要想管理出优秀的班级,真需要具有教育家的智慧。让家长参与到班级管理中来,积极协助实施班级管理理念,让学生步入社会接受历练。唯有如此,才会真正让社会、家庭、学校教育达到最佳结合,才会让学生得到一生受用的东西。为此,我们给出如下建议:

一是通过传播和交流解决观念的冲突。在家校关系中,教师是真

正地"懂教育者"（至少理论上是），学校和教师永远要倾听家长的呼声，并不断调整自己的教育行为，但轻易迎合家长的班主任是专业不成熟的表现。家长无论在选择学校前还是选择之后，有了解班主任管理班级思想的需要，有了解各科教师教学风格的必要。当然，家长也不是完全被动的学习者，家长也有呈现自己观念的机会，教师了解了家长的教育观念，也可以结合自己所获取的信息对家长进行指导。同时，班主任通过澄清不同家长的观念，在相互的矛盾中进行反思和自我修正，使自己的班级管理转向有序发展。班级信息的协控，其中一个方面即是家长和班主任要实现相互学习，而这学习的过程需要的就是一个传播和交流信息的机会。

二是通过信息透明来解决情感的冲突。信息的整合，还在于信息的公开与透明。尽管班级信息的协控，能使班主任及家长获取到更多的信息，但很大程度上说，这些信息只在家长和班主任的心里存在着。尤其是相互了解信息，如何处理这些信息，以及解决问题的办法往往都具有排他性。这样，十分不利于合力真正意义上的形成。所以，信息的透明十分重要。信息透明不简简单单是信息的公开，更重要的是想方设法使对方理解你所要表达的信息。比如，家长要理解班主任真心爱学生，真正关心他的孩子，并非单单靠一个电话、几条短信或者几条微博回复就能够实现的。教师在与家长沟通交流时，要真诚友好，不卑不亢，把自己对学生的那份浓浓的爱心、耐心和责任心，充分地流露给家长。教师把自己对孩子的教育办法透露给家长，自然，教师才能得到家长的教育方法，从而实现方法的碰撞、交融与修正。当然，也可以通过组织活动，让自己的付出赢得家长的信任和支持，让学生读懂自己，让家长明白班主任工作的具体过程，在积极参与班级活动中凝聚人心，找到更多问题解决的途径和办法。这样一来，信息的整合才算是真正达成。

三是通过民主协商来解决利益的冲突。民主协商的方法,并不是靠权力和特权来解决问题,而是靠公众的理性能力来解决问题。民主协商方法是公开的、民主的、审慎的、理性的、科学的教育决策过程。首先,它把班主任和家长引导到沟通的平台上来,这种沟通就是解决问题的起点,将问题凸显出来。其次,在沟通的平台上把尖锐的利益冲突,引导为一种以学生发展为基本前提的利益调整问题。再次,在处理教育利益上,民主协商把它引导为一种量化问题,一种实际中如何操作的问题,一种可以讨价还价的问题,各方都能够表达自己的意愿和看法,都能够争取自己的利益。

四是把信息整合融入新的视野。解决教育信息整合的广度与高度的问题,才能真正解决教育学生的问题。学生是变化中的人,班级是动态中的集体,昨天的教育方法不能用于今天的学生。面对丰足的信息,必须结合学生的现状,直面学生的发展,放眼学生的明天来整合。不能有了"头发长"的信息,却在整合上让自己"见识短"起来。站在新的视野,立于新的高度来整合信息,才能真正集合教育因素之力,让学生的教育、学生的成长少些失误多些成功。

第二讲　班级规则订制新思维

班级管理是技术,更是艺术;

班级目标是终点,更是起点;

规则制订促成功,更促成长;

规则实施有学问,更富情蕴!

(一)

大多数老师都曾做过或现在仍在做班主任。但是,做班主任的感受却是截然不同:有的老师不情愿做班主任,但是被领导授命,不得不为之,虽然想应付一下了事,可是事与愿违,他们的班主任工作却做得甚为费神,越不想管理班级越容易出事,再加上师生间互不友好,处理一些班级事务简直就是一种沉重的负担;有的老师很欣然成为班主任,他们的工作不仅做得轻松快乐,而且师生关系融洽,班级管理工作有条不紊、成效显著。我们对这两类老师做了较小样本的访谈和调查,发现他们对于“班级规则”的认识、运用以及相应的班级管理思想与方法有着显著的差别。这促使我们单辟本章,对班级规则做一个微专题研究。

调查中,有一些缺少实践经验的班主任理想地认为,如果每一位学生都能做到该干嘛就干嘛,每一位学生都是遵纪守法的好学生,那样的班级该是多么好管理啊,那样的学生该有多么可爱啊! 不可否

认,这种愿望是十分美好的。但事实往往不是这样,学生来自于不同的家庭,先天就受不同的遗传因素的影响,后天还受到不同的家庭影响和不同教育的影响,再加上现在的学生受网络、影视以及社会的影响也很大,所以,总会有一些学生持不同的看法、有不同的想法和做法。另一方面,一些学生因班主任管理方法不科学导致他们不服管教,从而使得班级管理难度增大。由此,我们必须明确,班级管理是一件非常复杂的、系统的、科学的工程。那么,如何管理班级呢?说得明晰点,就是一句话,班级管理最实用的方法是利用班级规则进行管理。

(二)

俗话说:"无规矩、不成方圆"。好的班规,可以有效地引导学生健康成长,让他们树立规则意识,养成遵纪守法的习惯,这是保证学生学习进步、克服不良习惯、全面发展的有效手段和形成良好班风的有力保障。

为此,我们应明白制定规则的目的,以静待花开的心态,创造性地利用班级资源,挖掘每一个孩子的潜能,赋予班级新的生命活力,让班集体成为学生健康成长的乐园,方可称其为有意义的行动。

(三)

"让班规看守班级的一切,比让道德看守班级更完全有效。"(哈佛大学校长亨利·邓斯特)好班规往往造就好班级!作为班主任,要依据班级规则,建立和谐的班级秩序,协调科任教师,邀请家长参与班务。这样,既让学生在班级制度规则中健康发展和成长,又使其在成长和发展中不断增强与完善规则意识。

下面,我们将围绕班级规则,探讨班级共同愿景的构建以及班级规则的制定;结合班级实情和学生学情,构筑一整套行之有效的班级管理体系,并以案例的形式与大家分享、交流,在思维碰撞中引发新思维,让班级规则彰显魅力。

第一节　内化规则,关注养成教育

　　尽管我们已经有了较系统的交通规则,却依旧有很多人违章出行,违规驾驶,置生命安全于不顾,悲剧不断在上演;尽管我们已出台了众多的法律法规,却依然是骗子屡治不绝,违法乱纪者如雨后春笋不断涌现,让人们觉得"诚信失范,安全有恙"。也许,有人会说这是规则本身的问题,寄希望能够制订"让坏人变好的规则"。在身为教育者的笔者看来,这同样也是人本身的问题。

　　教育是什么? 教育是以灵魂唤醒灵魂,以思想影响思想,以行动引领行动的事业。而规则,正是为了使这项伟大的事业开足马力向前的助力。班级是什么? 班级是学校教育管理的基本单位,是学生发展个性、施展才能、演绎人生的大舞台,是学生成长的土壤和必要的养分。

　　俗话说,十年树木,百年树人。以培养创新人才为目的的班主任工作是一项艰辛而负责、繁琐而特殊的工作。它对班主任的挑战层出不穷,绝无止境,班主任必须要有足够的心理准备和教育智慧去应对班级管理。班级管理,就是班主任按照一定的要求和原则,采取科学有序的方法,建构良好的班集体,从而保证班级教育教学和班级逐项事务达到预期目标的过程;而有效的班级管理,则是维护学校秩序、保证教学质量、实现教书育人目标的基本保障。

　　其中,合理有效的班级规则有着极其重要的作用,可以增强班级凝聚力,可以充分发挥学生的主人翁精神,可以培养学生的规则意识,让学生养成主动学习的习惯,提高个人综合素质。

　　为此,本节我们将引领大家关注学生的习惯与素养,注重养成教

育,以科学合理的规则把班集体打造成心灵的家园、精神的港湾和诗意的栖息地,使之成为师生一起成长的摇篮。

1. 变"规则要我"为"我要规则"

谈起规则,不仅部分学生反感,就是部分老师也有些反感。这是为什么呢? 其根本原因在于我们对"规则"存在着很大的误解。因为现实生活中,有很多"规则"被某些站在"规则"之外的人乱用了,某些制订规则者、掌握规则者往往置自己于规则之外,从而使得"规则"与"管人"甚至与"奴役"成了同义语。事实上,规则就是一种规范,是人与人之间进行沟通、交流、共处或者是人们共同处理与解决问题时达成一致的方式与方法。规则必须合情合理合法,所有参与者都是规则的受益者,也都是规则的约束者,都必须参与规则、维护规则、坚持规则。

班级规则是什么? 班级规则是一种行为准则,对班级所有成员具有普遍约束力,不断树立起学生的自律意识、法制意识;班级规则是一种精神引领,是班主任理念和设想的充分体现,是培养学生的规则意识,从而内化为习惯和素养的重要途径;班级规则是一种文化缩影,它彰显出一个学校的管理理念与教育文化底蕴,有利于构筑一个具有较强团队意识而又色彩斑斓富有个性的班集体。

简单地说,班级规则就是班级内部制订并实施的法治条款。班级是个"小社会",班主任个人的意志代表不了每一名学生的意志,也左右不了他们的意志和行为。开放的社会、开放的教育需要班主任在班级管理中实行开放的"法治"管理。因此,班级制度建设是班主任的基本功,如何利用班级制度建设来培养学生的规则意识,是我们每位班主任必须认真思考的问题。

原规则:变"规则要我"为"我要规则",构建规则应有的意识前提。

什么是规则意识? 规则意识是一种发自内心的、以规则为行为准绳的自主管理意识。

日常学习生活过程中,制订科学、合理的规则,并对其严格执行,就是最好的规则意识教育。

举个例子,如果把"学生在教室不吃零食"作为班级规则,在教室吃零食者是不讲规则,想吃零食但自控而不在教室吃零食者是守规则,认为在教室不该吃零食且不带零食入教室就叫做有规则意识。

如果没有规则意识,班级规则的执行力势必遭到严重挑战;如果没有规则意识,我们学生素养的认可度也将受到严重质疑;如果没有规则意识,我们班级管理的规范性也会受到严重制约。因此,我们的学生一旦走上社会,就会导致社会管理的无序,"明规则"失效,"潜规则"盛行。所以,学校教育和班级管理对此绝对不能等闲视之。

班级管理中,班主任不妨引导学生进行观察、体验和讨论,看他们需要怎样的班级学习生活环境,引导学生思考规则的内容;认真考虑这样的环境如何才能得以实现,引导学生明确规则的重要意义以及规则的管理办法等问题。要让学生充分意识到,规则是为每一位同学的健康成长服务的,尽管规则有一定的约束力,但是却是约束全体人员的,并非针对个体进行限制。倘若大家都遵守规则,我们的学习生活环境会变得更好,我们的人际关系会更和谐,我们的心态也会更阳光,我们的班集体才会更温暖,我们的潜力就会得到更深的挖掘……这样的话,试问,谁又会不积极拥护、参与制定规则并坚守规则呢?

现象纪实

现实工作中,总有这样的班主任,他们自己并没有意识到规则的重要性,没有制订完善的班级细则,班主任随心所欲的要求就成了班规。班主任在场,学生是一种积极的表现;班主任不在场,学生则是另一种颓废的表现——这就是典型的人治。有的班主任是机械抄袭、仿效别人的班级规则,自己并不了解班规的内容,也没有考量是否适用于自己的班级,实施起来自然也不大有效。所以,班规若只在墙上,它不认识班里的学生,学生也不认识班规。没有让学生从内心认可和在意班规,班规只是一种形式。所以,当班主任风风火火地突然执行班规时,班主任这才发现出了问题,甚至喊哑了喉咙跑细了腿,他们的学生或我行我素或无动于衷,班主任只能是一声叹息!

根源何在? 就在于班级规则的制订不科学不合理。说得具体一点,就是班主任没有规则意识,学生也没有规则意识,既然大家都没有规则意识,谈何规则管理?

➡ 案例2-1

规则意识今日始
——致全体同学的一封信

亲爱的同学们:

大家好!

这是新学期的第一封家书,老师我和大家交流一个话题——班级规则! 期待可爱的你们读了这封信后,让"规则"这颗种子在心间生根、发芽,让我们梦想一班因坚守规则而枝叶繁茂,焕发出勃勃生机!

首先,老师讲一个听来的小故事:

在瑞士,我国一部长去厕所,听到旁边有响动,他过去一看,是一

个小孩正在吃力地鼓捣冲水箱。原来这个孩子解完手要冲水,可水箱坏了,自己又弄不好,便焦急地请求帮助。这位部长很感慨!瑞士就是这样对孩子进行规则教育的,如每所小学都要求孩子在教室门口写有自己名字的鞋架上放一双干净的鞋,这是环境卫生规则意识;再如垃圾分类,这是公共规则意识;还有交通规则意识等等。这些规则,瑞士的家长们会不厌其烦地教孩子认真去做。假如一个孩子忽略了一次,假如这个孩子有许多理由说"因为……",家长都会很明确地对孩子讲:"没有因为,规则就是规则。"

再说一个事例。美国德克萨斯州,一名中学生在课堂上对老师出言不逊,然后被带至校长办公室,校方向她开具 340 美元罚单。学生不服,辩称自己无罪。于是,她将学校告上法庭,法院裁定其需缴纳罚金。该名学生总共承担合计 637 美元的罚款,她说:"我真不知道该怎么办,我没那么多钱!"为此,她自己只有在餐馆打工挣钱来"还债"。

这,就是西方人的规则意识,这就是西方人对规则的执行力!然而,规则在国内有时就像一块抹布,想用就用,不想用就弃置一边。

比如"红灯停,绿灯行"、"行人请走人行横道"等等,这可是人人耳熟能详的交通规则吧。但每天置身街上,依然能看到由人与车流交织而成的点线凌乱的风景,特别是夹杂其中的那些自行其是、乱行乱闯的中小学生,翻越交通隔离防护栏,不顾危险硬闯红灯……

比如:"入学校,不迟到、不早退、不旷课"、"坐姿端正、书写工整、独立作业"等等,这可是人人如数家珍的校纪班规吧。但每天上课铃响后,总能看到教学楼上或飞奔的或悠闲的不知道着急进班的身影;批改作业本、练习册及试卷时,那惨不忍睹、不堪入目的鬼画符似的字迹,让老师不由得连连摇头!

此时此刻,我不免心生隐忧:从小不懂得遵守规则的人,他将来会成为合格的公民吗?走上社会,他们能否成为优秀的建设者?

俗话说，无规矩不成方圆。班级是我们共同的家。家有家法，班有班规。依法治班，有法可依，有规可循，按章办事，公正合理，共筑梦想一班和谐美好的未来，那该是多么令人期待的境界！

一线解读
YI XIAN JIE DU

说到规则，不得不提德国。在德国，按规则做事已然成为人们基本的行为习惯。从小事做起是德国人的为人之道，他们善于把每个过程都设计得十分精密，用细节和持久让人敬畏。

严谨的意思是严密谨慎或严密细致，它经常指人们的作风和习惯。在生活、工作和待人接物方面，无论从哪个角度，它都是一种优点。"世界上怕就怕认真二字"，这句曾经流行的语录说的也是严谨。在这个地球上，无论哪个地区要找些作风严谨的人并不难，难的是一个民族以至于一个国家都是这样风格的人。德国就是这样的地方，从小事做起是他们的为人之道。德国人善于把一切事情都做得十分周全，把每个过程都设计得十分精密，用细节和持久让世人敬畏。这就是为什么很多人愿意和德国人打交道的原因，因为他们诚实地遵守做人和做事的规则。

德国人这样，瑞士人也是如此。为什么他们这么守规则？是因为他们有自觉遵守规则的意识，是因为他们从小在孩子心中播下规则这颗种子，是他们家校携手，一起铸就孩子的规则大厦，为孩子的成长保驾护航。

假如美国的这一事件发生在中国，会出现什么情形？可以推想的局面是，舆论会对学校的做法口诛笔伐，家长也会去找学校理论甚至闹事——这么点小事，就"上纲上线"，罚这么多钱，学校是不是想钱想疯了？难道没有比罚款更好的教育方式吗？大致结果会是学校取消

对学生的罚款,同时向学生真诚地赔礼道歉。接着,下一次,学生在课堂上更大胆地对教师不敬,教师对不敬者只有强忍着,而效仿此法冒犯老师的学生队伍却在迅速增大。长此以往,我们不敢想了……其实,这就是眼下我国一些中小学的实际情况。学生们在课堂上"无法无天",而老师也只能睁一只眼闭一只眼,忍辱度日。道德意识之模糊,自制力之差可见一斑。更有甚者,有的中学生把遵守社会公德看作是"老实犯傻",把尊敬师长看作是"溜须拍马",把不按规则做事看作"有胆量有个性"。于是,在学校大错不犯,小错不断,对老师批评也是口服心不服,只见决心不见行动。

进入 21 世纪的中国孩子怎么了?艰苦奋斗的概念已日趋淡薄,比吃、比穿、比阔气;手机、名牌、高消费;尊老爱幼置之度外,父母关心理所当然,不服管教已是常态;在学校我行我素,在家里唯我独尊,在公共场所肆无忌惮;吃饭得人端上桌,起床更是喊几回,房间从来不打扫,衣服也是妈妈洗……如此下去,少年之中国令人担忧!

不是吗?小事不小,细节决定成败;小孩事大,习惯决定未来。也许,我们的孩子身上最能反映一个人、一个国家的规则意识水准了吧。

张老师的一封信,朴素的语言,深情的诉说,也许会唤醒孩子们内心深处的规则意识,点燃孩子们关注规则、遵守规则的热情。我们也呼吁更多的有识之士注重孩子的习惯和素养的培育,让好习惯成就好未来!

行动指南
XING DONG ZHI NAN

作为班主任,我们应明确规则意识是教育的基础,没有基本的规则意识,学生就无法养成不需他人约束而约定俗成达到自觉的文明习惯,更谈不上走上社会去遵守规则去承担属于自己的责任了。

那么,我们如何利用班集体培养学生的规则意识呢?

一是发扬民主,引导学生参与创建班级规范,明确规则的"法治"力量。首先,班主任要召开动员大会,向所有同学介绍国家的教育方针、教育目标及学校的工作思路,介绍教育发展形势,引导学生学习领悟学生守则、规范及学生一日常规等,为制订班级规则奠定基础。其次,发动全体同学参与班级规范的制订。面向全体学生,能够确保班级规范成为班级全体同学能自觉遵照执行的行为准则。让每一名学生写出喜欢和不喜欢的班级规范及原因,以保证每一条规范都能体现学生的意志和意愿。当然,班主任可以提前搜集资料,结合具体的班级情况列出班规制订考虑的项目,从道德、学习、纪律、生活等方面确立相关的规则,比如,爱国守法、明礼诚信、团结友善、勤俭自强、敬业奉献、爱护环境、讲究卫生、遵守学校纪律、尊敬师长等等。第三,由班干部及学生代表汇集、整理、归纳学生意见,结合规则提纲酝酿拟定新的班级规范初稿。班主任结合科任教师及家长的意见修改建议,分发给每个学生并充分展开讨论。最后,班干部认真总结讨论后的意见,完成班级规则的定稿,再一次提交全班学生讨论通过后予以实施。

值得说明的是,班级规则不必面面俱到,要针对学生中存在的、普遍需要解决的问题来确定条款。比如,班上同学已经养成了上课不迟到、不早退、不旷课的习惯,但有些学生的确身体素质较差,锻炼身体的意识不强,这时就不要列出"上课不迟到、不早退、不旷课"的条款了。学生守则对此已经有要求,不必担心学生不去遵守,而是要对学生提高身体素质提出更明确的规范要求。符合班级实际的规则,富有班级个性,也更有操作性,更能产生实际效果。所以,全体师生一定会无条件地按章办事,共同遵守。若违反规则,无论是谁,包括班主任,也得接受惩戒,真正实现"班规面前,人人平等"的愿景。

二是创设班级管理工作岗位,点燃学生强烈的遵守意愿,造就规

则习惯,培养管理能力。孔子曰:己所不欲,勿施于人。想拥有一个安静的学习环境,每个人必须先遵守班级秩序,不大声喧哗,宜轻声慢步;想得到别人的尊重,每个人都要文明有礼,不急不躁,有度有节;想享受良好秩序带来的和谐空间,每个人就该努力创造属于自己的那份和谐,"我为人人,人人为我"。鉴于此,可以实行"全民皆仕",譬如竞选班长,选举班级管理常务委员会,实行首席值日管理制度及班干部轮换制,增设德智体美劳等方面的实干组织,开发管理小岗位等等。让班级的每一个人都参与督促、管理等工作中,可以分解任务,降低工作强度,也利于学生学习和生活。人人有事做,事事有人做,使每一个学生在管理与被管理中体味管理的苦辣酸甜,增强遵守班级规范的意识,提高"法治"管理的水平。让学生轮流做班级首席管理员(每日一名,负责全面的班级日常管理工作,也叫"执行班长"),在实际操作中锻炼每一名同学处理班务的综合能力,利于其今后的发展。

规则培养不是一朝一夕的事,要常提醒,多引导,特别是对待规则意识淡漠,以自我为中心的学生,更应该树立起打持久战、反复战的心理准备,长期引导,耐心锤炼。

三是放手发动,激发内在的遵守需求,强化规则意识,让学生成为班级管理和活动的主人。孔子曰:从心所欲不逾矩。规则无处不在,无时不有。大到国家法律、法规,小到学校规章制度、班级管理条例以及社会道德准则等。我把"四个学会"——"学会做人、学会做事、学会共处、学会学习"作为三年规划目标,把加强对学生进行规则意识的教育与培养作为第一阶段的目标。在班级中长效开展寓教于乐的活动,既是班集体凝聚力促成学生各项能力和素质形成的重要手段,也是班级管理民主化、个性化、法制化的重要形式。我认为只有让学生在实际生活中参与规则的制订,参与活动的开展,切实感受规则和活动带来的愉快和成功,"规则意识"才能真正走入每个学生的内心深

处,融入每个学生的实际生活,从而激发学生主动遵守和维护规则的内在需求,在实际行动中不断强化规则意识。

在班级各项活动和管理中,班主任绝对不能越俎代庖,要相信各个岗位的管理者的能力,大胆放手让他们策划、组织、实施各项活动,使他们有公平参与的机会,有表现自己能力的平台,使每个学生在班级活动中锻炼成长。一些大的综合性活动,比如校运会、校艺术节、班级风采展示月等,可以点拨他积极招贤纳士,组建专项活动筹委会和组委会,分工合作。因为人员充足,即便活动内容多,活动时间长,他们也能够各负其责,各尽其能。班主任不干预,一切是学生唱主角,切实增强了管理性活动的透明度,杜绝了"暗箱操作",给每一个学生以公平、公正、公开的展示机会。这些组织机构因活动的开展而生成,随活动的落幕而撤销,涌现出了不少的活动组织能手,都能独当一面。所以,在评选优秀学生、优秀团员、优秀班干部、活动能手等时,大家都能十分爽快地就完成选举,没有一人提出异议。

四是建立健全民主、科学、规范的激发监督机制,引导学生参与"法治"班务工程,培养学生自理、自治、自强的能力。现实社会,有"法"不依,违"法"不究,执"法"不严,"法治"建设就是空谈。同理,班级的管理过程中,也要引导学生参与班务"法治"工程。班主任、科任老师及班级每一个岗位的管理人员都要严于加强自律,乐于接受监督,养成自觉接受监督的良好习惯。具体来说,班务"法治"工程建设包括以下方面:

设立班务建议箱或班级民主管理信箱,广开言路,及时献言献策,及时质疑和批评,这样就能及时获得建设班务"法治"工程的各项信息,使班务执法监督、执法检查有据可依。

设立班务"法治"合议庭,由班长、纪检委员、值日班长、及学生代表等组成,是一个动态的监督组织。遇有违纪现象进行处理时,合议

庭依据调查取证——对照校纪班规合议——提出处理意见——处理意见书面通知违纪者——书面报告班主任——违纪者上诉至班主任（绝大多数没有上诉）——监督执行违纪处理——违纪处理机要建档等规定程序公正行使职权。

设立班务"法治"仲裁委员会，由班主任、团支书、值日班长及学生仲裁代表等组成，负责班务"法治"合议庭对违纪学生处理意见或上诉进行的审核、复议，既维护被处理学生的合"法"权利，又维护校纪班规的严肃性，减少和杜绝了人为因素，消除了冤假错案，使得违纪者积极主动配合，监督执行违纪处理的学生进行改错，迅速回归到遵纪守规的班级公民队伍中，努力进步。

设立民主评议机制。班主任定期召开班级民主生活会，是班务"法治"工程建设的重要组成部分。组织学生交流，组织师生开展深度反思，进行批评与自我批评，提高师生的"免疫力"，努力促进每一名学生在相互交流中对照校纪班规发现自己的缺点和不足，并及时提出对近期班风、学风建设的认识和建议。通过民主评议，可以共同发现班集体学习、生活、管理、实践等方面出现的问题，及时落实，有效改进并尽快完善，防微杜渐，使班务"法治"工程建设更加民主、科学、规范，也对校风建设有很大的促进！

2. 唤醒比履行制度更重要

无论是制订班级规则还是遵守班级规则，实质都是为了保障学生的权益，都是为促进其健康成长提供充分的条件和保障。班级是教育教学的重要组成单位，是教书育人的基本阵地，是学生自我成长和自我完善的摇篮。华东师范大学叶澜教授曾撰文指出："把班级还给学生，让班级充满成长的气息；把创造还给学生，把精神生命的主动权还给学生，让学校充满勃勃生机。"

作为班主任,我们应建设一个让学生刻骨铭心的班集体,而非让学生匆匆逃离的"牢笼",更非一个有苦涩回忆的"魔窟"!为此,我们不能把班级规则作为一条绳索,将学生牢牢"绑定",不是把自己的意志作为班规强加到学生身上,而是在民主和谐的氛围中与学生互动,达成共识共同遵守。如此这般,学生才会对班规具有深刻的理解和强化认识,从而唤醒其内心深处的主人翁意识,将班规内化为自我需求并自觉执行,以达到由班级管理到自我教育管理的转变。

同时,我们必须达成共识——班规是班主任管理班级的依据,是形成良好班风的保障,是保证学生学习进步、克服不良习惯,促其全面发展的有效手段。制订班规的目的不是为了惩罚违纪者,而是在每一个孩子灵魂深处播下并唤醒一颗美丽的求真向善养和成好习惯的种子,更是为了教育孩子,让孩子在日常学习生活中学会自我教育、自我管理,从而逐渐内化为习惯与素养。因此,班规的教育性要求,应该是所有班规最终目的和根本要求。

原规则:在执行依法治班的规则时,唤醒心灵比履行制度更重要。

从班级管理角度看,最好的管理是学生尊重自己;从学生保障自己权益角度来看,最好的准则是遵守规则。教育的目的是培养一个能够自治的人,而不是一个等待别人管理的人。让规则内化为习惯与素养,是我们教育的过程目标。

现在的广大中小学生,是未来社会现代化建设的主力军。我国依法治国的战略能否真正实现,社会主义现代化建设的发展目标能否如期达到,很大程度上取决于每个公民尤其是在校中小学生的法治意识和依法办事的能力。因此,班主任工作依法治班责无旁贷,树立"法治"意识应该成为班级所有成员的共识。

"真正的教育是自主教育,是实现自主管理的前提和基础,自主管

理则是高水平的自主教育的成就和标志。"作为班主任,我们应让学生明确:每一个同学都是组成班集体的一分子,是班级的主人,应积极主动地参与到班级管理中来,以主人翁的责任感审视班规,热爱、关心班集体,为班集体走上秩序化的轨道出谋划策,与集体一起成长。但是,班规不是将老师的意志强加给学生,而是民主和谐的氛围下师生之间、生生之间互相协商的结果。其班规的权威性不是通过强硬的惩戒得以实现,而是唤醒内心的主人翁意识。

同时,班主任在班级管理中应当强化自身的"法治"意识,引导学生制订班级规则,指导学生开展班级法制教育活动,引导学生在执行班级规范的日常行为中受到潜移默化的熏陶,使他们形成强烈的法制意识,养成遵纪守法的良好习惯,更好地完成"社会化"进程!这也是践行《中共中央、国务院关于深化教育改革全面推进素质教育的决定》的要求及精神。该文件中明确要求在各级各类学校德育工作中要有针对性地开展"民主法治教育",作为基础教育阶段的中小学校自然首当其冲。

所以,打造认同的心理环境尤为重要,在班规出台之前最好能让学生认识到"只有人人都遵守班规,才能保证我们每位同学的权益"的观念,形成一种对班规的"尊重"心态。这样,有了主动的坚守,才会对班规持久地遵守,才会将班规内化并自觉执行,从而达到自我教育的境界。

班级纪实
BAN JI JI SHI

好班规成就好班级。好的班级规则是学生健康成长的方方面面的条件和保障!比如,不乱扔垃圾,能够维护大家生活的良好环境,能够保持大家专心学习的良好习惯等等。

我们反对将规则变成冰冷的东西，变成班主任的"一言堂"，变成惩罚的"指挥棒"。为使学生生动活泼、积极主动地得到发展，我们更是主张要把"以学生自主发展为本，建立自主的班集体"作为管理理念。在日常生活学习中，应当千方百计地调动学生参与班级管理的主动性和积极性，多给学生一些民主和自主，少一些包办和压制；多一些信任和鼓励，少一些担忧和否定。这样，让学生自主管理班级，以规则为起点，以内化的班规守护学生心灵，使之成为学习、生活、班务管理的有"法治"观念的新主人。

➡ 案例2-2

唤醒心灵

"老师，旭东同学今天违反班规，我依照班规扣了他10分。"下午第一节课后，班长全胜同学来我办公室告诉我说，"刚刚这节英语课上，老师要求大家听写单词时不要抄袭他人，更不要抄书作弊。但是在听写的时候，旭东同学在抽屉里打开英语书。英语老师把他的书收上来，旭东猛踹了一下凳子，就冲出教室，老师叫也叫不住，出门时还故意把教室门摔得震天响。老师一怒之下，把他的英语书从窗口扔了出去，结果掉在脏水里没法用了……"

从带这个班以来，短短三周的时间，旭东就多次触犯班规，还给刚转来的同学写恐吓性纸条，家长都找到校长那里了，我真是伤透了脑筋。根据全班同学制订的班规，他被罚过做值日，写情况说明书……可是罚归罚，坏习惯总不改。我甚至怀疑过：班规在他身上究竟有没有约束力？

我决定换种方式，来了解他内心深处对班规的认识。

第二天早读，我来到教室，转了一圈后，在旭东座位前停了下来。旭东坐在位置上，明显地不安，不停地摆弄手中的圆珠笔。我知道他

此刻心里肯定很紧张，过了一会儿，我又不动声色地走了出去。眼睛的余光里，我发现他长舒了一口气。

接下来的两天，我每天都在关键的时刻让他看到我，或者故意在他身边逗留。终于在第三天的时候，他自己跑到教师办公室找到我："老师，那件事情你就快点处理吧。"

"哪件事情啊？"我微笑着说。

"我听写时抄英语书，还顶撞了老师……"

"哦，认识到错误了，还有什么想法吗？"我鼓励他把自己的思想继续解剖下去。

"我原来认为英语老师伤了我的自尊，但是这几天你没有处理我，我仔细想了想，我也伤害了英语老师的尊严。"旭东嗫嗫嚅嚅地说，"我抄书的时候没有想过尊重老师的要求，纯粹是为了自己的面子，怕听写不好受到老师批评；老师没收了我的书，我只是埋怨老师不对，就摔门而去，也没有想过尊重老师和其他同学……"

咦？还自我批评了，真是意想不到啊！"那好啊，能够认识问题了，跟我走吧。"我站起来，边说边往门外走去。

"高老师，去哪里？"旭东的声音里明显透着心虚："不会是去德育处吧？"——德育处是我校学生德育机构，兼管给予违纪学生的处分，只要是被班主任领到那里，基本没有"囫囵"出来的。

我"噗"地笑出声来："你的英语书不是没法用了吗，我带你去领本英语教材！"旭东感激地跟在后边。一路上，我又给他讲了一些平常他根本不愿意听也听不进去的道理，他竟然频频点头。领过书，快到教室门口的时候，他对我很认真地说："老师，以前给您添了很多麻烦，对不起！我一定会努力的，不会让您失望！"我点了点头，示意他赶紧进去上课。

这次，我没有在形式上处罚旭东。但是我想，我的不处理已经在

他思想上引起震撼了。唤起他心灵上的顿悟，比什么都重要！后来，英语老师告诉我，旭东竟然主动找他道歉了，还交了一份英语学习计划书，让老师监督帮助自己；陆陆续续，其他科任老师也都反映旭东好像变了个人，上课的劲头很是令人吃惊；再后来，旭东的期中考试成绩前进了十几名，期末考试时旭东被大家推选为"进步之星"……

处理旭东的这次事件，让我深深地体会到：依法治班，唤醒心灵比履行制度更重要！

一线解读
YI XIAN JIE DU

依法治班，唤醒心灵比履行制度更重要！这也就是"口服心服"。不由得使我想起了大家耳熟能详的《七擒孟获》的故事。诸葛亮真是太有智慧了，他巧用计谋，七擒七纵，最终使孟获心服口服。不仅擒了孟获收了他的心，还收了他部下的心，使得边境不再有战火，一举数得。在班级管理中，班主任也应该时刻独具慧眼，用智慧唤醒心灵，依法治班。

教育是什么？教育是以爱培植爱，以灵魂唤醒灵魂，以智慧启迪智慧的事业。

上述案例中，高老师在实施了多次"冰冷的班级规则"之后，意识到这样下去不是办法，于是没有以处罚作为事件的结束，而是巧妙地顺应儿童道德认识内化规律，即"顺从、认同、内化"的转化，以静待花开的姿态唤醒一颗沉睡的顽石——他觉醒了！

然而，实际工作中，大多数班主任往往把规范养成演绎成了把"班级规则"视为"文字化的规章制定"。机械的规范，严格的执行，严厉的纪律训诫，严密的监控督察，单一的评价控制等，导致学生不是发自内心对规范认同与接纳，而是对相应惩罚手段的惧怕或者反叛，此举

不利于学生个性和人格的培养,甚至容易形成学生双重人格,培养出来的只能是伪道德。

为此,作为班主任,我们要甩掉头顶上的"光环"——保姆式的老师妈妈、警察式的老师爸爸的角色,以一双发现美丽的眼睛,以一颗体验成长的爱心,审视自己班级中的每一个孩子,引领他们走过人生的阴霾,从而营造他们诗意的港湾——优秀的班集体!

行动指南
XING DONG ZHI NAN

我是谁?我能把我的学生带到哪里去?我该怎样把我的学生带到那里?这是值得班主任永远思考的问题。作为班主任的我们,要不断建立健全班规管理体系,树立民主法治的管理理念,为学生的发展提供并创造宽松、自主的教育空间,让学生自由翱翔在培养其规则意识的精神港湾。为此,我们给出如下建议:

一是尊重发言权,唤醒学生的自我教育意识。苏霍姆林斯基说过:"教育者应当深刻了解正在成长的人的心灵……只有在自己的整个教育生涯中不断地研究学生的心理,加深自己的心理学知识,他才能够成为教育工作的真正能手。"作为班主任,我们要善于俯下身来,学会倾听,以童心赢得童心,以民主赢得尊重和信任。真正的师爱,不是一味地迁就,也并非一厢情愿,而是理解学生的感情,尊重学生的人格,在平等的对话、交往中摸准其脉搏,掌握规律,捕捉教育时机。在此基础上,创设条件,诱发自尊心和上进心,引发情感上的共鸣和心灵的震撼,以期达到"随风潜入夜,润物细无声"的效果。

二是设立成长袋,唤醒学生的自我诊断意识。让学生参与了规则的制订,每天坚持"道德长跑",并设立"成长袋"来作为完善自己的行动指南。然而,要使这些规则真正内化为学生的个人行为,还需要依

靠适当的评价体系来保障。针对学生的成长袋,我们在新学期初要求每个同学针对自己的实际情况和班规写出计划书,在学期中实施周星级与月星级评价制(达标星),当然评价方包括学生个人、小组互评,家长和老师评价。首先是学生个人总结式书面评价"这个月我有哪方面的进步?哪方面还存在有问题?"小组交流评价主要对照条款打出组员达标项目,在班级内进行"找优点"活动。家长和班主任主要是给予寄语式评价,减少了量化对学生的伤害性,强化了语言的激励功能,使学生获得更多的成就感,更有利于唤起他们道德上的自律。

同时,也要求学生对教师提出建议,教师(尤其是班主任)也需要对个人言行进行反思,并写出改进方案,可以在班级博客上发表个人感言,以身示范,拉近师生距离,实现师生的共同成长。

三是构筑班级文化,激励学生的自我管理意识。一个有着独特内涵的班级,总比平平泛泛的班级更能引起学生的自豪感和归宿感。班主任在构思班级建设时,要渗透班级文化意识,要善于利用各种渠道构筑班级文化,以使班集体形成积极向上的精神状态,激励全体学生挑战新目标。如利用主题班会创设道德情境,预设班级发展过程中遇到的问题,并尝试通过讨论寻找解决的途径;利用班旗、班徽、班歌、班训等增强班级向心力、凝聚力;利用校讯通、班级飞信群、班级博客、微信加强师生、家校沟通交流,激发学生的主人翁精神和自我管理的责任感。

亲爱的教师朋友,学生的心灵是块神奇的土地。你播下一个行动,会收获一种习惯;播下一个习惯,会收获一种性格;播下一种性格,会收获一种命运。教育就是引导学生一起向着明亮那方奔去,达到师生共赢双向发展的目标。

第二节　订制规则构筑法治空间

我们的教育对象是一个个鲜活的生命,他们有思想,有个性,有民主意识。

于是,班级管理已不再是班主任一个人说了算,其权威性已不再仅仅依靠教师气质、才华和人格魅力等对学生的吸引,而是将体现集体意志的班规作为集体行动的指南。

于是,班级管理已不再是学生干部的单打独斗,其执行力已不再是仅仅依靠学生要求上进的自觉性,而已转化成参与班级管理的义务和权利。

于是,班集体所有成员都成了管理者,同时又都是被管理者,班级管理便由"人治"走向了"法治",由"外在管理"转变为"自觉行动"。

那么,本小节,我们将一起探讨班级规则的制订与实施的一系列问题,强调一个好班规必须是在班级共同愿景的引领下,在全体学生酝酿中,在不断修改完善中撰写成文,公布于众的。它向全体学生传递一个理念——

我是班主任,你是班主人;

师生一起来,共同拟班规。

班级无小事,管理靠大家;

大家一起来,共创最优班。

1. 人人都是制订者和管理者

我们在调查中发现,那些班级管理工作做得轻松却富有成效的班主任,其班级规则都是充满着人文关怀的,都是不需要班主任亲自执行的。在特别调查了部分班级的学生对班级规则的了解程度后,我们

发现,班级管理很优秀的班级的学生对班级规则都了如指掌。这启发我们:其实,班级规则应该完全由学生制订,而且尽量让学生经过相对较长时间的酝酿,从而保证班级规则的制订尽量完善、完美一些,并保证他们人人都尊重规则,人人都能够接受规则,人人能够坚守规则。这样,不管谁作为监督和执行者,都不会在监督时遇到困难,都不会在执行时遇到麻烦。这也就是说,班级里的成员,人人都是制订者,人人都是管理者,人人都在约束别人的时候约束着自己,也在约束着自己时约束着别人。总之,通过班规,让每一位学生都走向文明、健康成长!

原规则:"班级规则为了我,保护规则为了我,遵守规则还是为了我"为订制规则的第一要务。

班级管理中,需要人人都积极参与制订规则,人人都遵守班级规则,人人都是班级管理者。教育家魏书生说,如果他能为这个世界多教育一个好人,或者能让某人多一点真善美的品质,那就是一种贡献,一种幸福,就算是不枉此生。如果让国家少一个坏人,或让某人的思想少一点假恶丑的成分,同样也是一种幸福,一种贡献……他感到从成年人再开始做教育太难了,最好的选择是从孩子们做起,自然最适合的职业就是教师。孙维刚老师常说的两句话是:浇菜要浇根,教人要教心;宁可做笨蛋,也不做混蛋。作为一种以育人为首要目的的职业,班主任应有一种大慈大悲、普度众生的宗教精神,面向全体学生,以班级规则为有效途径,引领学生学会做人,学会在民主中健康成长,从小培养其公民意识。

为此,班级规则制订中,班主任应尊重每一个学生的发言权,接纳每一个学生的建议,倾听每一个学生的心声,充分发扬每一名学生的主人翁精神,树立我为人人,人人为我的服务意识。让学生真正体验到当家做主的权利和义务,在民主中学习和使用民主,在民主的自觉纪律中学做主人翁。

班级纪实
BAN JI JI SHI

有的学生特别爱卫生,不仅衣服洗得干干净净,穿得整整齐齐,而且看到教室里不卫生时就积极主动地打扫,他们不喜欢自己的生活环境里有脏的一面,在制订班规时对班级卫生要求特别高。这样的班级,往往会因为这部分学生的坚守与坚持,最后让全班学生都养成爱卫生的好习惯。

有的学生特别爱专心学习,他们不喜欢学习时有丝毫的不专心,当然也不喜欢周围有同学讲话、听歌,上课时也不喜欢周围的同学讨论问题,他们在制订班规时对课堂纪律要求特别高。这样的班级,往往会因为这部分学生的坚守与坚持,最后让全班学生都养成专心学生的好习惯。

有的学生拥有一颗善良的心,他们希望更多的同学能够跟他们一样,关心社会、有所担当,他们在制订班规时对社会实践特别是慈善行动做出相应的建议。这样的班级,往往会因为这部分学生的坚守与坚持,最后让全班学生都养成关心社会、敢于担当的好习惯。

……

但是,另一方面,由于我国当前的教育多年受应试教育的影响,许多班主任、教师只知道教书不在意育人,因缺乏育人意识,致使很多学生身心健康出现偏差。特别是某些班主任,其多年的班级管理模式也一直沿袭"一元化"——"人治",不仅落后而且低效,还产生一系列的负效应,已经远远跟不上新课程新教育的要求。

这,不能不给我们敲响警钟。亲爱的老师们,是该觉醒的时候了!

➡ 案例2-3

参与管理，让生命主动成长

新学期，由于不了解学生，我随意点了几位学生负责班级事务，班干部就这样在没有斟酌、缺少推荐、忽视选举的情况下产生了。

下午放学，接到马超妈妈的电话，她说孩子当了值日小组长特别兴奋。由于孩子学习不太好，从未担任过班级的任何职务。她感谢我对孩子的关注和信任，为孩子提供了锻炼的机会，让他少了点自卑，多了些自信。

通话结束，我陷入了沉思：仅仅是老师一个随意的决定，竟让学生和家长如此兴奋和感动。班上又有多少学生从未担任过班级的任何职务呢？又有多少学生渴望能担任一个哪怕很小的职务、承担一些小小的责任呢？何不让更多的学生担任班级职务，让更多的学生分担班级事务，让更多的学生得到锻炼呢？让每个学生都成为班级的管理者，这样既能调动学生的积极性，又能让大家更好地为班级服务，何乐而不为呢？就算有的学生当"官"为了名，教师何不投其所好，给他个"官衔"，赋他点责任，给他点阳光，让其灿烂呢？

我把学生按座位分成四人小组，每组四个学生分别担任学习小组长、卫生小组长、纪律小组长、礼仪小组长，构成最基层的管理组织。班级成立了一个常务管理委员会，职位有班长、副班长、体育委员、文娱委员、学（习）实（践）委员、纪律委员、宣传委员、生活委员、劳（卫环）保委员、车管委员（负责寄宿生车辆的摆放和安全管理）、班级文化委员（负责班报和班级日志）、执法委员（负责违纪的处理和执行监督）。为了给更多的学生提供锻炼的机会，我们还组建了四个轮流值周班级管理委员会，常务班委负责指导、监督对应的值周班委。我带的是语文课，就语文学科设有男女课代表两个、课堂作业小组长、家庭作业小组长、教师得力小助手以及不固定的学习帮扶小分队。同时，

我和任课教师交流、沟通，得到他们的支持和配合，也这样设置和安排人员，为学生提供了更多的锻炼机会。

职务的任命"扬长不避短"，既要"择优而用"，又要"择劣而用"。

"择优而用"，就是根据学生的特长、优势任用，促使学生发挥特长、优势为班级服务。如让足球迷高飞担任足球队队长，组织相关活动；让喜欢画画的张波负责组织画展、出黑板报、办手抄报、文学社社刊等。

"择劣而用"，就是根据学生的不足、缺点，反其道而行，让其承担相应的职务，逼着学生去克服困难、改进不足、不断进步，使学生在管理他人的同时进行自我管理，其实就是促其进行自我教育。

我让总忘摆放桌凳的张永亮担任督促检查桌凳摆放的监督员；让自制力较差的王聪担任纪律委员等。对于此类班干部，一定要注意维护他们的尊严，公开场合不断当众表扬他们的进步，哪怕他们有不当之处，也要先肯定他们的好意、优点或进步之处，引导学生用动态发展的标准去看待他们的进步，帮他们树立威信，给他们坚定的信心与前进的动力；私下里，我经常与他们交流，明确指出他们的问题和不足，指导他们改进工作方法，促使他们不断进步，坚持以身作则，率先垂范，从而达到在管理别人的过程中学会自我管束、不断完善自我。

同学们的自主管理能力不断提高，做班主任的我也省心不少，学纪、卫生、宿管流动红旗经常悬挂在我班教室门口，任课老师都说给我班学生上课感觉很好，同学们学习劲头也很足。第二年，由于工作安排，张老师接任了我班的班主任，她说担任班主任十几年，从来没有接过这么顺的班。学生们自豪地告诉我，一切职务、管理方法都没有改动，仍然是大家齐抓共管，张老师还经常夸他们很有本事呢！

一线解读

被任命为班干部的学生有责任做好班干部,这本身就是班级规则。所以,利用任命班干部和班级规则,有针对性地对孩子进行个性化的教育,是班级管理的艺术。而宋老师在班级管理中把任命班干部的方式做了创新,很有效果。

好一个"择优录用"来激励!好一个"择劣录用"来鞭策!好一个"当众鼓励"和"私下提醒"来督导!这真是一个精彩的班级管理案例,班主任老师激发了学生人人参与管理的热情,有效地提高了同学们的管理能力,让班级管理进入自主自发和无为而治的状态,让学生在民主中学民主,在管理中学管理。

这样的班主任便是智慧的班主任!他没有把班级当做官场,让大家去过"官"瘾,而是把它经营成学生管理能力的修炼场,让每个同学都享有参与班级管理的权利;当班干部,不应只是个别优秀学生的特权,班级的每个学生都有承担班级事务的责任;"择优录用"和"择劣录用"的配合使用,既使得同学们的管理潜能得到了最大限度地发挥,又使得班级管理保持了一定的质量。

作为班主任,我们有责任、有义务为每个学生提供锻炼的机会。让每一个孩子都成为管理者,让孩子们在管理班级中学会管理自己。班主任朋友,您做到了吗?

行动指南

中国新教育的使命是培养健全而适用的人才,而班主任就是完成这个使命的核心人物,我们应义不容辞地承担起这个使命,以班级规则作为管理依据,为祖国输送优秀的人才。那么,我们该怎样培养学生自主合作、主动探究和创新进取的精神呢?为此,我们给出如下

建议:

一是构建班级共同愿景,有规可依。每迎接一届新生,我们总是先引导全体学生勾画班级共同愿景,激发其对新集体的憧憬与热爱。然后与大家一起讨论三个问题:第一,你们是否希望咱班最终成为一个最好的集体?第二,若要让咱班成为最好的集体,需不需要每个人都克服自身的弱点?第三,为了创建同学们为集体的利益而克服自身的弱点的优良环境,咱班需不需要制订班规。

答案是肯定的,也是意料之中的。班主任目中有人,强化民主,全班同学的思想有了统一认识,自主管理意识就会逐渐形成。

二是深入了解学情班情,有规必依。首先,了解学生基本情况。要求学生填写基本情况调查表,包括自我介绍(明确说明生日、QQ、参加重要活动的获奖情况、担任过何种职务、原学校和班级等)、家庭情况(明确说明家庭地址、家长姓名、父母工作及单位、联系电话等)、学习兴趣、个性特长、交友范围、健康状况以及家教方式等。其次,引导全体同学学习讨论《中学生守则》《中学生日常行为规范》和校规校纪,使学生充分认识国家对中学生的基本要求和学校德育处的管理意图,明确班级规则创建的必要性。第三,每一个学生不仅是"立法者",也是"执法者"。放手让学生集体讨论,征集"金点子",制订班规,认识到班规不仅仅是道德提倡,而应是行为强制,具有法律地位的约束力,使之真正切实可行。

三是明确班规制订原则,执规必严。班规制订要体现三个原则:可行性、广泛性、平等性。所谓可行性,是指班规所提要求符合实情,简单易行,便于监督。同时,若违规,必然承担相应的责任,即有相应的强制惩戒措施。

所谓广泛性,是指班规制订要周到细致。它是优良习惯行为的倡导者,是坏习惯的警报器。所以,班规不完全是学生违纪的罚款单,更是引领学生自主管理,养成好习惯的指示仪。规则中提倡的努力去

做,禁止的坚决不做,任何人违规必须受罚。

所谓平等性,是指班规面前人人平等。它不仅仅管理学生,对班主任也具有责任监督、权力限制。没有平等,就没有民主可言。任何人都是有弱点的,"总统是靠不住的","班主任是"靠不住"的。

四是人人起草《班规》,违规必究。首先,让学生人人成为"立法"者,人人起草班规,学生便不知不觉地进入了自我教育、自我管理的角色;其次,让学生干部和学生代表进行归纳、整理、加工,形成初稿,然后交给全班同学讨论修改,字斟句酌地推敲。第三,班规内容详实,涉及"学习"、"寝室"、"实践公益"、"卫生"、"体育"、"值日班长"、"班干部"、"班主任"等八个部分,每一部分中又有若干具体细则,基本上可覆盖班级管理的各个方面、各个环节。同时,《班规》的每一条都写明了执行者,做到"违规必究",如:"在教室里随地吐痰、乱扔纸屑脏物者,一经发现,罚其扫教室并参与创办一期黑板报。此项由生活班委监督执行。如生活班委监督执行不严,罚生活班委扫教室并参与创办一期手抄报。"班规就是班级"法律"。"法律"面前人人平等,人人都有权利,同时人人都没有特权。

总之,班级规则的制订过程,就是一个良好班级形成的过程,学生开始自我发现,走向自律、自我约束的过程。同时,也是培养学生的团队意识和集体精神,锻炼学生解决问题的能力,形成学生的自主管理能力的过程。学生通过自我描述、自我分析、自我选择,在班级规则的制订过程中,不仅发现自己的长处和不足,充分认识到自我的主体地位,明确了自我在集体中的角色,而且也感受到了生命的尊严和价值。

2. 当违纪遭遇"规则空白"

班级管理应该关注什么? 是学生在校三年的考试成绩,还是未来几十年的成长意义? 雅斯贝尔斯告诉我:"教育本身就是意味着一棵树摇动另一棵树,一朵云推动另一朵云,一个灵魂唤醒另一个灵魂。"

所以,在班级管理中,班主任应关注学生的生命需求,激发学生内在的生命潜能,以自己的人格引导学生发现自我、唤醒自我、超越自我,并以积极的生命形态引领学生的生命成长。

上一讲,我们已经明确了制订班规的根本目的,是从小培养学生规则意识,内化习惯与素养。明确了班级规则的制订原则,成立了班级管理委员会,并在民主讨论的基础上起草了班规,为依法治班奠定了基础。现在,我们是不是就可以高枕无忧,静待花开,抵达诗意的理想港湾了?我们是不是就可以依法治班,注重养成,轰轰烈烈地实施民主管理了?

非也!伟大教育家杜威曾经说过,教育即生活,学校即社会。作为学生成长最重要的社会背景环境,民主参与和管理的班级生活,实际上是民主社会公民生活的演练。但目前还没有任何一部班规,可以包治班级一切问题,正如世界上还没有任何一部法律包治社会百病一样。

我们不完美,但我们是一群始终追求完美的人,我们的班规就是在学生们的一次次违纪和我的一次次宽恕中逐步完善起来的。也许,多年的班主任工作经验的积累,并没有让我们完全制订一套完善的、没有"空白"的班规。但在对学生的一次次宽恕中,培养了学生们很多良好的生活、学习习惯,身为班主任,何乐而不为呢!

原规则:"管"不是目的,"人的发展"才是宗旨。

班规不能仅仅只表现为奖惩条例和量化规则,"管"不是目的,"发展人"才是目的。班级规则,是美好班级生活的支柱,是通向美好班级生活的桥梁。良好而实用的班规,可以有效地约束学生,让他们形成遵守纪律的习惯,而还是保证学生学习进步、克服不良习惯,促其全面发展的有效手段和形成良好班风的保障。

班级规则,本质上是创立一种理性的教育环境,树立一种规则意识、契约意识,体现的是科学与民主,宣扬的是爱心与责任。

对班主任来说,制订并执行班级规则管理,最大的好处就是让学生学会依法自治,学会民主管理,从而把老师最大限度地解放出来,专心研究教育管理中的其他问题,避免成为学生的高级保姆。对我们社会来说,依法治班最大的好处,就是培养了一大批富有科学、民主、爱心和责任意识的公民。对于学生来说,他们从学生时代就认识到个人的权威是最不足信的,要建设一个和谐社会,必须养成人人按规则办事的好习惯。

为此,当违纪遭遇"规则空白"时,要学会不断完善我们的班级规则制度,而不是一味地想方设法惩处违纪学生,既然不是什么大错,又是遭遇空白,原谅一次又何妨?

所以,当违纪遭遇"规则空白"时,班主任重视与学生进行心理沟通,以心灵感染心灵,以心灵打动心灵,许多矛盾就会迎刃而解,就会使班级工作收到实效。

班级纪实
BAN JI JI SHI

建立一个秩序井然的班集体,需要不断完善班级制度,全员参与,依法管理。

接手一个新班级,每个班主任都会将制订班规、监督落实方面的工作,建立在学生广泛参与的基础上,让学生明确自己是班集体中的一员,树立"班荣我荣、班辱我耻"的思想,实现班级管理的"全员参与"。拟订班级规则,班主任都会发动学生集思广益、群策群力,根据班情去修改完善班级的规章制度,完善班级的监督机制,从而实现"我爱班级我管我"。总之,有法可依,制订切实可行的班规,是班级日常管理依章办事的有效保证。

再完善的班规也有遭遇规则空白时,如何处理违纪行为? 有人主张不能对孩子进行过多的惩罚;有人强调要依据制度来宽恕;还有人

说班主任、班干部说了算。此情此景,谁说了算? 笔者认为,谁说了都不算! 因为我们既不能够让处于成长中的孩子来承担因为制度的欠缺而造成的意外后果,也不能大事化小,小事化了,睁一只眼闭一只眼,不了了之。唯有灵活地运用智慧,以塑造美好心灵为宗旨,完善处理艺术,真正呵护学生的成长,才是处理之道。一树苍葱,却无法调节气候。班主任在班级管理工作中,要不断完善班级制度,关爱每一名同学,关心每一颗成长的心灵。

➡ 案例2-4

规则的空白

班上曾经发生过这样一件事情:有一次,学生安丹丹偷偷把她妈妈的手机带到教室,并在上课的时候拿出来玩,同学报告了我。

在制订班规的时候,我和学生们都没有想到有同学会把手机带到教室里来,所以没有规定学生不能带手机到教室。这件事情该怎么处理呢? 我把纪律委员找来,她是我们班的"法律专家",我问她怎么办?

她说:我们可以按班规里的有关学习方面的第一条"上课(晚自修)不准睡觉、说话、倒水、吃东西、听MP3、转书、转笔、做小动作、随处走动、看课外书、不认真听讲。违者每项扣2分。传纸条的按每一个字扣0.5分"来处理,安丹丹晚修玩手机,可比照这条处理。

对啊! 我把安丹丹叫到教室外面,问明情况属实,然后对她说:按照班规处理。

她一水雾水:班规没有规定不能带手机啊?

我告诉她:"我们制订班规时没有想到这个方面,然而学校明文规定不准带手机进学校,而且你晚修时玩手机。所以是比照第一条处理的。以后不要带手机进学校,万一手机丢了就麻烦了。"

她想了想,是这么个理,班规是有这么一条,也就接受了处罚决定,同时对我没有追究她带手机的事很是感激,表示以后一定认真听

课,再也不会把手机带到学校里来了。

这件事发生后,我让纪律委员组织全班同学利用一点时间一起讨论针对同学带手机的事情修改班规。修改后的班规规定:"手机尽量不带到学校里;如果父母允许使用手机,上课期间一律关机,更不得用手机玩游戏。"同时,班规里没有明确规定的,其他可能出现的一些情况,也做了必要的修改和补充,从而使我班的班规进一步完善。

一线解读
YI XIAN JIE DU

过去,我们有一个错误的观念,认为制订制度的目的仅仅是为了管束人。其实,一个好的制度,不仅仅能够管理人,更能够发展人。当我们的制度遭遇规则空白时,谁说了算?答案不是我也不是你,而是全体同学的集体决议,是让我们的班规逐步完善。班主任要善于抓住这次对学生进行规则教育的极好机会,通过和学生讨论、补充班规,让孩子们接受正确的规则教育。让所有孩子都认识到,规则是我们这个契约社会必不可少的法则,每个人都必须接受规则的约束。同时,规则还应该为人服务,当我们遭遇规则空白时,可以先用相关规定来处理,然后完善我们班级的规章制度。

上述案例中,老师依法治班,尊重学生的发言权,以民主培养民主。在班级规则实施中,让丹丹切身地体会到:这个班规是给他们创建一个优良的成长环境的需要,是塑造他们良好的人格,塑造高尚心灵的需要。它从学生中来,到学生中去,某些强制性的措施正是为了克服一些人性中的缺点,而不仅仅是为了整治他们的。于是,有了统一的思想认识,也就有了用规则坚守美好心灵的自觉行为。

行动指南
XING DONG ZHI NAN

经验告诉我们:"班主任应该是坚定的领导者,细致的管理者,学

生成长的保护者和班级丰富生活的开发者。"那么,班主任怎样构筑学生自主管理、自主成长的空间呢? 为此,我们给出以下几点建议:

一是无规矩不成方圆——构筑班级制度文化。作为一位班级管理者,要善于把每一个教育教学细节都转变为文化。首要工作就是要建立一支高素质的队伍,构建一个科学合理、权责明确的班级管理体系,这是班级文化的载体,是班级文化的宣讲队,更是班级文化的播种机。班级理事会由班主任、班长、团支书和学生公推代表组成。下设学习、劳卫、财政、文体、宣传、实践等几个部,各设部长一名。明确各部分工,权责到人。良好的班级制度文化,使班级形成了"事事有人做,人人有事做,时时有事做,事事有时做"的良好局面。

二是有心插柳意满园——构筑班级精神文化。"播下一种文化,收获一种习惯;播下一种习惯,收获一种性格;播下一种性格,收获一种命运"。努力营造积极、健康向上的班级文化,触动学生的心灵,是我们提高班级管理水平,促进学生发展的一个重要举措。

优秀的班级精神文化,使学生耳濡目染,时刻撞击学生心灵,形成了优秀的班风学风。如让先进的班级理念决定行走的道路,"让优秀成为习惯,让学习充满激情"的标语激励着每一位学子,班训"成功无捷径,失败无借口",班歌《飞得更高》,班徽是亮丽的"七彩太阳花",还有班级承诺和宣誓词,等等。

三是腹有诗书气自华——班级书香文化。爱读书的孩子,不一定成绩好,但不爱读书的孩子一定成绩不好。分数赢得一时,读书赢得一世。一个人的精神发育史,就是一个人的阅读史。为了营造积极向上、健康文明的班级文化氛围,加强班级文化建设,每学期都要坚持开展读书活动。不仅激发学生阅读的兴趣,让孩子们遨游在知识的海洋,让课外阅读为同学们打开一扇扇窗,开启一道道门,丰富孩子们的知识,开阔孩子们的视野,活跃其思维,陶冶其情操,真正实现"阅读点亮童年,书香浸润人生"。

班级犹如一条缓缓流淌着的情感溪流，满载着喜怒哀乐，收获着成败得失；班级文化犹如撒满瓣瓣馨香的清澄碧水，一路散发芬芳，一路浸染心灵，直到汇入汪洋大海。到那时，蓦然回首，这里的风景依旧独好！成人后的他们也会发现，这里的风景依旧独好！这就是我们能给予孩子的一笔沉甸甸的厚实的精神财富！

第三节　反思管理规则，完善育人机制

管理是一门艺术，需要我们用爱心来经营；管理是一门学问，需要我们潜心来探究。管理是窗外的风景，需要我们走出去才能赏味。

班级管理中，班主任可以依靠科学合理的班级规则，把学生"管"得规规矩矩，"理"得笔笔直直，让学生走上自治的秩序化轨道，使学生心服口服。

班级管理中，班主任还可以依靠智慧来管理班级和学生。不见制度的管、卡、压，只见人格魅力熠熠生辉；不见"披星戴月，苦口婆心"，只见"人尽其才，各司其职"；不见因循守旧，严厉古板，只见大胆创新，谈笑风生。

然而，规则管理绝非一日之功，它是日积月累的结果；智慧管理也非一时之力，它是用心磨砺的升华。

如果，班主任从不更新教育观念，转变管理方式，不知"以人为本"为何物，不懂得引领与引导，不晓得感召与感染，不明白影响与激励，不去关注与倾听，也不会分享与分担，又怎么摆脱"高级保姆"的角色，从"管"走向"导"？

如果，班主任不潜心阅读，不研究学生，不反思自己，又怎能够宁静致远，心灵丰盈？

如果，班主任目中无人，心中无法，胸中无书，又怎能拥有民主意

识、生命活力、人文精神!

如此这般,我们又怎能在自主化的轨道中完善育人机制,走上秩序化的管理快车? 为此,本小节里,笔者将从班规中的教育惩罚和班规中的教育智慧,与大家继续分享班级管理中的点点幸福。

1. 班规中的教育惩戒

青少年问题专家孙云晓说,教育本就是十八般武艺,表扬、批评、奖励、惩戒,什么都应该有。没有惩戒的教育是不完整的无力而苍白的教育,没有惩戒的教育是一种脆弱的、不负责任的失败的教育。当然,和表扬相比,惩戒更难操作,对教育者的要求更高,它是"一种危险的、高难度的教育技巧"。

李镇西老师也指出:科学的教育惩戒不仅仅是制止违纪现象的手段,而且还应该是有助于培养学生的民主意识与法治精神的途径。也就是说,教育惩戒不应该只是来自教育者,而应该来自学生的集体意志。我们提倡的教育惩罚,应该充满现代民主精神。这样的教育惩戒,使民主精神真正深入学生心灵:学生与班主任享有同样的权利,班主任与学生具有同等的义务。这样的机制中,学生开始尝试着自我教育与民主管理的实践,切身体验着集体与个人、民主与法制、纪律与自由、权利与义务、自尊与尊他的对立统一关系,潜移默化地感受着同学之间、师生之间尊严与人格的平等。这样的教育惩戒,实际上是让学生在实践中受到民主精神、法治观念、平等意识、独立人格的启蒙教育——而这正是新教育所应该包含的基本要义。

班级管理,很重要的任务就是养成教育,养成教育必然带有一定的强制性。比如在一个集体中,一个违纪学生妨碍同桌甚至更多人的学习。为了尊重多数人学习的权利,我们不得不暂时"剥夺"他的某些权利,予以必要的惩戒。为此,笔者也认为,民主科学的教育离不开惩戒,但惩戒不是体罚。作为班主任,我们要把握和引导学生运用集体

的智慧,使班规的约束效力和约束方法切实可行,尤其要保证处罚得到有效地实施,以期收到成效。

原规则:教育惩罚来自集体意志,执行爱的教育的惩罚有助于培养民主意识与法治精神。

制订班规不是为了惩罚,但很多时候,没有惩戒的教育是苍白无力的,这是与教育初衷背道而驰的,是不完整的教育!

教育惩戒不是某些人要惩治某些人,而是班级规则要惩治你,因为你违背的是全体学生的集体意志。教育惩戒的形式不一,它既可以体现在精神上,如出现不文明言行时被扣德育分或严重违纪时所受到的纪律处分等;也可以体现在行为上,如对严重影响课堂秩序的学生责令站立,甚至可以请进德育处让其反思过失等。这些惩罚与尊重学生并不矛盾。正如著名教育家马卡连柯所说:确定整个惩罚制度的基本原则,就是要尽可能多地尊重一个人,也要尽可能多地要求他。

班级纪实
BAN JI JI SHI

近些年来,有关教育惩戒的话题可谓火爆,也最吸引眼球,很多富有责任心的老师,由于教育方式"不得当",而受到上级教育主管部门的批评甚至处罚。以致很多原先出发点很好的老师也发出无奈的感慨:"算了,还是少给自己添麻烦吧,别跟自己过不去! 学生能管就管,不能管就不管。在质量和饭碗之间,我还是老老实实选择饭碗吧!"这一席话道出很多老师内心真实的想法,直接导致的后果就是一些十分调皮而又缺乏教养的学生肆无忌惮,甚至有公然挑衅家长、教师甚至校领导的现象出现。因为在他们幼小的心灵里,可能有这样一种奇谈怪想:反正我是未成年人,你能把我怎么样,现在又不能打骂我。否则,我就去告你,还能说你不给我书读吗?

这就是缺失惩戒教育出现的一个令人感到痛心的社会现实——

部分学生变成了无法无天的"无人敢管族"。你如果询问一些专家，所谓的专家都会说那么一句被奉为经典的话：不要体罚不等于不要惩戒，没有惩戒的教育是不完整的教育。你再问他"惩戒"与"体罚"有什么区别，何为"惩戒"，何为"体罚"？他们就开始之乎者也，避重就轻了，说不出个所以然来了。

罗恩克拉克的 55 条班规中依然有罚则，如作业写不完，要留在学校补写，或者因不遵守某项规则而被罚与老师一起吃午饭，或取消某项活动等等。我们发现，惩戒中不失教师对学生深深的爱意，没有爱的惩罚不是教育，溢满师爱的惩戒才是完整的教育。

▶ 案例2-5

专项任务承包责任制
——魏书生老师的班规摘选

A. 思想方面

马宏峰：检查座右铭，未摆到桌上者，立即摆上，并擦玻璃一大扇。

宋君：对犯了错误、挨批评时只顾流泪的同学，每滴眼泪收 100 字的说明书。

B. 学习方面

王磊：负责检查作业。可定期检查，亦可抽查。未完成者，立即补上，打水一桶。

赵伟：负责监督不懂装懂的同学。不懂装懂，打水三桶。

C. 纪律方面

值周班长：负责考勤。发现早操自习迟到者，罚扫操场 45 分钟；早退者写 500 字说明书。

张士英：负责检查是否有进电子游戏厅的同学。发现一次，则罚其写 1000 字说明书，并每天早自习扫操场，连扫一周。

王娇：负责检查是否有买乱七八糟贴画的同学，发现后，罚其买粘

贴画款的 10 倍,交团支部,邮到灾区。

值日班长:负责监督自习课借东西者。一经发现,则罚其写 500 字说明书,借东西给他人而不阻止者写 250 字说明书,自习课传作业本、文具等送还别人者,扫操场一节课。

刘月:负责监督班长民主表决,表决时,如发现由于情绪过于激动,举两只手以增加票数的人,即予以揭穿,并让其两只手举 10 分钟。

滕育新:负责每周六选举。选举说话最多者,或周退者,或周乱者,选举用微型选票,计票者需大声公布自己所计人姓名,凡 10 票以上者,每得一票写 100 字说明书,并自己将名字及票数写到黑板上。

D. 体育卫生

张林:发现课间操未穿运动服者,回家取,协助当天值日生大扫除。发现衬衣上数第二个扣以下(含第二个),每有一个不系发现一次罚写 100 字说明书。拉锁式运动服,自脖子以下应拉开在 15 厘米以内,超过此数,每超过 10 厘米,一次写 100 字说明书。

值日班长:发现哪位同学附近的地面有纸屑,则每平方厘米罚写 100 字说明书。

值周班长:负责检查劳动工具。发现未带工具者,命其回家去取;劳动结束后,第二天再干半天活。

张林:发现不请假又不参加跑步活动或课间操活动者,罚写 1000 字说明书。有病不能跑步或出操者,须写 400 字的请假条。

郑岚岚:负责督促同学不吃零食,发现一次罚写 500 字说明书。对吃瓜子者加倍处罚,扔到地上一粒瓜子皮,写 1000 字的说明书;再看衣袋里,每发现一粒加写 100 字的说明书。

一线解读
YI XIAN JIE DU

魏书生老师究竟依靠什么获得教学的成功?高效率的班级管理,

是魏老师教学成功的一个不容忽视的重要因素。

十几年来,魏老师所带的班级一直坚持依法治班,全班同学根据全班实际制订了一系列的班规班法:班级的事,事事有人做;班级的人,人人有事做;时时有事做,事事有时做。在管理中,魏老师把学生当做实实在在的人,尊重他们的意愿,尊重他们的人格,最大限度地调动了学生参与管理的积极性,解决了学生服从管理、投入管理的问题,极大地解放了学生的个性与创造性。

魏老师的班规很多,其中罚则也不少,但他的班里不会出现制度执行不下去的情况。因为这些制度都是从学生中搜集制订来再回到学生中去惩戒的。只有学生乐意接受且愿意服从的制度,才会发挥良好的管理效益。因此,在他的班里没有出现一次制度执行不下去的情况。例如,对犯了错误,挨批评只顾流泪的同学,每滴眼泪收 100 字的说明书;又如,班上民主表决时,如发现由于情绪过于激动,举两只手以增加票数者,负责监督的学生要"予以揭穿并让其双手举 10 分钟"等等。此类罚则充满童真,十分幽默风趣,有些甚至幼稚得令人发笑。

行动指南
XING DONG ZHI NAN

叶圣陶先生说:"教育就是培养习惯。"作为班主任,在日常教学中重视培养学生良好的行为习惯责无旁贷。那么,如何依法治班,把教师个人的权威融入学生集体的权威,使我们的教育真正充满社会主义的平等意识与民主精神?为此,我们给出以下建议:

一是制订班规,赏罚有据。每个学期初,是班主任树威信、立班规的最佳时刻。作为班主任,要根据班级孩子实际情况,在充分发扬民主的基础上制订出富有班级个性的《班规班纪》。班规的要求宜细,不宜粗;要具体,切实可行,便于督促与检查落实。如以百分制量化了学生的日常行为规范。分为文明礼仪、纪律、学习等几大块,每一块又细

化出具体的条款,并且每一项条款都有相应分值。学生对照班规,奋斗目标明确,若有违反,相应惩罚亦能有据可依。

二是正面引导,激励为主。解读班规,正面激励,使之向善,引领好习惯。充分利用好晨会课、班会课,组织学生开展系列活动,如主题班会、征文比赛、知识竞赛、演讲、朗诵、辩论等。在活动中正面引导,让孩子理解班规,牢记班规,让班规成为孩子学校生活的指路明灯。同时,利用身边的资源,树立遵守班规的典范,大张旗鼓地表扬,用"放大镜"放大其优点。及时肯定每一个孩子的每一点进步,灿烂的微笑,温暖的拥抱,作业本上的一颗五角星,奖励结合道德银行实施的快乐币、学习币、人格币……让孩子在激励中自觉遵守班规,在潜移默化中养成好习惯。

三是巧中施惩,罚中有爱。苏联著名的教育学家马卡连柯曾指出:"合理的惩罚制度不仅是合法的,而且是必要的。这种合理的惩罚制度有助于形成学生的坚强性格,能培养学生抵抗引诱和战胜引诱的能力。"马卡连柯不仅将惩罚与学生的尊严感联系起来论述这一命题,而且在实践中也成功地实现了惩罚与尊重的统一。在苏霍姆林斯基成功的惩罚中,有罚学生"画画"的,有罚学生"写作"的。当然,这里的处罚与其说是一种惩罚,倒不如说是一种特别的关爱,绝不是"体罚"或"变相体罚"。所以,班主任大可不必害怕因采用这种方式惩戒学生,而引发什么麻烦。

笔者曾经鼓励一名不懈努力却进步不明显的学生:"在上帝的眼里,每个人都是一个苹果,每一个苹果,上帝都要咬一口。如果你感觉痛了,那是上帝在咬你的缘故;如果你痛得厉害,那是上帝特别偏爱你的缘故。因为偏爱你,所以才会让你痛得厉害,才会惩罚你更严厉。明白吗?"

在惩罚中注入人性关怀,让学生顺畅地接受并对教师满怀感激的惩罚教育,是立足于学生身心健康发展的爱的教育。

学生良好习惯的形成,并非一朝一夕之事。养成教育存在于一点一滴的日积月累,存在于日常的琐碎小事中。处理好每一件小事,教育好每一位学生,每一位学生素质提高一小步,整个班级的素质就会提高一大步。

2. 班规外的教育智慧

一部公正的法律,体现出人间大爱,呵护合法行为,约束违法行为,控制强暴行为,保护弱势群体。同样,一部合理合法能被大多数同学认同的班规,则体现出班主任的大爱与智慧!它有严格的要求和严肃的纪律,包含着班主任对每一个孩子前途的真正牵挂和负责。

笔者认为,如果班规以爱的名义而放弃对孩子的要求和约束,我们将被冠以教育的千古罪人之称。如果班规在实施教育惩罚时抛弃了师爱,那么孩子就不会心服口服地接受,所谓"自己的孩子打不走",就是这个道理。

为此,我们必须学会用班规去保护我们对全体同学的爱,学会用爱与智慧去解决规则所不能够解决的教育问题,这才是对班规理性的认识。在具体的班规执行过程中,尤其是当规则不能够解决现实问题的时候,对班主任来说,更是一种智慧的考验——我们不仅需要智慧的临场处理,还需要事后智慧的教育来完美结束处理事件,是智慧让我们依法治班臻于尽善尽美。

原规则:规则外的尽是一种美,美在教育,美在智慧。

教育因智慧更美丽。《说文解字》云:"智"从"日""知"声,"慧"从"心""彗"声。可见,"日""心"才是"智慧"的关键。做智慧型教师,就要从"每日用心""日常用心"开始,用真爱创建自律、团结、成功的班集体。爱是教育的主旋律,爱的教育是"牵着你的手,慢慢地跟我走"的温柔,是"问题不是问题,如何解决问题才是问题"的坚定,更是一份为人师对学生、对家长、对社会、对未来世界的责任。

只要心中有梦，永远都不会晚！只要心中有爱，一切都还来得及！试想，如果我们的智慧和用心的言传身教，能让学生在逆境中不放弃，在顺境中不浮躁，那该是多么美好的境界啊。而优良习惯的培养和内化，不就是通往美好境界，让学生会做人，会求知，会做事，会生活的坚实基础吗？学生无小事，小事是大事。教育无小事，处处无小节。老师在小事上有正确观念，就是帮学生成就了大事。

让我们多花一些心思和时间投入到班级管理中，让班集体为学生铭刻下更多的不同凡响的经历，让他们的生活和世界焕发出奇异的光彩。此时，我们将会问心无愧地说：我在为学生的生命奠基，我是学生生命中的贵人！

班级纪实
BAN JI JI SHI

制订班规的目的是什么？防患于未然，是为了"防"而非"罚"。惩戒仅仅是手段，特别是面对五六十个甚至更多的处于青春期的孩子。然而，我们现行的规则教育有一个明显的缺陷，那就是所有的制度，都只针对孩子的具体行为做出规范，而对隐藏在孩子心里的思想道德问题，规章制度却无能为力。所以，我们每一位老师尤其是班主任，需要掌握学生身心发展的理论，熟悉不同年龄阶段学生身心发展的特点，并依据学生身心发展的规律和特点开展教育教学活动，从而有效地促进学生身心健康发展。学生是发展的人，教育他们学习真知的同时，需要我们在规则教育之外，用智慧来处理出现在孩子们之间的许多小问题。那么，在班级管理中，在依法治班时，我们该如何培养学生的规则意识，内化习惯与素养，创建一个具有较强团队意识而又色彩斑斓富有个性的班集体呢？

作为班主任，在实施奖惩手段时，一定要拥有人文主义情怀。什么是人文性的理念？一位班主任曾经这样说："把学生真正当人看待，

就是人文性。"另一位班主任这样说:"能把学生看做一个个鲜活的生命体,站立在我们自己的心中的时候,我们就具有了人文理念。"人文性的实质就是以人为本。班主任工作,首先是人的工作,应以人文精神为引领。以真诚的师爱,尊重每一个学生,平等对待每一个学生,呵护每一颗幼小的心灵,应是每个为人师者的行为准则。苏霍姆林斯基说过:"要像对待荷叶上的露珠一样,小心翼翼地保护学生幼小的心灵,晶莹剔透的露珠是美丽可爱的,又是脆弱的,一不小心露珠就会破碎,就会不复存在。"面对个性不同、性格各异的学生,班主任要善于晓之以理,动之以情,导之以行,善于捕捉时机,巧用教育智慧,引起学生情感上的共鸣,从而达到事半功倍之效。

案例2-6

班规之外更需要爱心

周一下午,班会。值周班长在对上一周的日常行为量化情况进行总结:

"本周德育量化后三名是李刚、姜江、何舟。"

——按照我班班规的奖惩规定,后三名的学生情况,要通过校信通向家长通报,何舟所在的小组总分倒数第一,被罚做一周的值日。

可是,到第二周、第三周,何舟依然是说话、打闹、不交作业,量化总分依然在最后三名。组长也来告状,说很多组员都要求把何舟撵出该组,以免再受牵连。看来,班规管得了他们的身,管不了他们的心。怎么办?

于是,我把何舟作为重点突破。深入了解后我知道:他家庭背景特殊,父母很早就离婚了,并各自组建了新的家庭,而且又都重新有了各自的孩子。所以,两个家他都不愿意去,他跟着年迈的爷爷奶奶生活。据说,他在小学已经开始吸烟喝酒了,上课说话,下课吃零食,自习课不坐座位、乱跑、乱扔东西、不做作业,不穿校服,走路吊儿郎当,

几乎学生有的不良习惯在他身上全都存在。这样的学生,会把班规放在眼里吗?

我想:缺失了父母的爱的孩子最需要什么?——爱!于是,我真诚地给他写了封信,我在信中说"平时批评你很多,可能你以为老师会很讨厌你,其实你是老师最心疼的同学,因为你缺少母爱。我也是个母亲,知道对于一个孩子来说,最重要的是什么。"

"老师无法改变你的家庭,无法改变你的父母,但我非常想改变你,想让你成为一个阳光般的男孩儿,朝气蓬勃地生活,勤奋刻苦地学习,快乐健康地成长。那将是一个多么可爱的帅小伙儿呀!"信的最后,我说"上天是公平的,当他让你有所却失时,一定会对你有所补偿。但是老师要告诉你的是:天下没有免费的午餐!不幸的孩子成才的很多,幸福的孩子不成才的也很多!望我心疼的何舟快乐成长!"

当他看到这封信的时候,这个刀枪不入的孩子掉泪了,第一次在我跟前低下了头。此后,他开始有明显的好转,不久,他强烈要求家长和老师给他请家教。期末考试,成绩从年级的 754 名提升到 661 名,提升 93 个名次。

➡ 案例2-7

班规之外更需要智慧

我们班有一群女生精英,全都是班干部,是第一批正式团员,学习勤奋,都是我特别喜欢的优秀学生,还是班里各有一群"粉丝"的班级骨干。没想到,上学期中途,她们开始明争暗斗,拉帮结派,在班里涌起一股暗流,这是在优秀的群体中,尤其是在优秀的女生群体中易发的病症。

该怎么办呢?用班规处理她们吗?我没有依据啊,因为班级量化评估的主要权利掌握在她们手中,我们班每周德育量化分数最高的还是她们几个。按照班规,每周我还得发短信给家长,表扬她们。

　　我意识到，真正考验班主任功力的时候到来了。正是这些班规触及不到或无能为力的地方，才是最需要班主任运用教育智慧的地方。我得尽快地处理好这件事情。

　　于是，我用了两周的时间，谨慎而严肃地处理这起拉帮结派事件。我把这件事列为"最影响班风的事件"，但在公开场合我却只字不提。为什么呢？孩子的面子需要维护，班干部的威信更需要维护。这些孩子，她们在班里还要领读英语，还要领操，还要做值周班长，我必须维护她们的威信。我能够做的，就是在课下逐一找她们单独谈话，谈竞争、谈嫉妒、谈善良，也谈我对她们的喜欢和失望。谈话时，我常常把自己融入到学生的角色中，把自己设想成她们的身份。所以，我的话学生很愿意听，也很能够打动她们，常常是我和学生一起讲话，一起流泪。

　　我告诉她们，人字一撇一捺，就是互相支持和依靠。因为团结和依靠，人才能够那么堂堂正正地做人。如果互相嫉妒、互相拆台，我把人的一撇撤掉了，人的另外一捺不就倒下去了吗？深入沟通之后，孩子们深刻地认识到心胸狭窄的害处，也深刻地认识如何做一个大写的人。一周之后，问题顺利解决，两边也很快就和好了。

一线解读
YI XIAN JIE DU

　　上述是知名班主任王莉老师的案例，传递的是这样的一个理念：班级的管理成功，它不仅仅是依靠班规，而且还是爱与智慧的结果，依法治班，教育智慧不可少。没有爱，就没有蹲下身来的倾听；没有爱，就没有坐下来的交流；没有爱，更没有潜下心来的思考！成功的教育源于智慧，而智慧的管理则源于伟大的师爱！

　　对于后进生，我们应本着不抛弃，不放弃的态度。著名文学家刘心武先生，在其作品中也有这样一句经典之言："一个丑恶的犯人也有

他自己的心灵美!"当学生切实地感到老师是在诚心诚意地爱护自己,关心自己,帮助自己时,他们就会心悦诚服地接受你的关心和指导,这种师生心灵间微妙的相互接触,必然会使暂时落后的学生有长足的进步,整个班级、整个学习环境都会处在爱所营造的氛围中。

我们期待,我们因班规产生的教育,将是能动实现"面向全体、全面发展、主动发展"的素质教育思想的成功载体,我们的学生不但能摆脱学习的"痛苦"阴影,更会在阳光普照下欢欣愉悦地成人成材。

行动指南
XING DONG ZHI NAN

智利著名的女作家、诺贝尔文学奖获得者米斯特拉尔的《一个女教师的祈祷》中有个句子深镂内心,难以忘怀:我要把每个学生都陶冶成一首最美丽的诗歌,当我停止歌唱,我要让最动人的旋律留在他们心上!是啊,班主任要做学生的精神牧师,畅享教育的真谛。在此,我们给出以下建议:

一是要注重"三到",养成教育常抓不懈。"三到"即眼到、口到、脑到。所谓眼到,即指多留意观察,随时随地关注班级最新动态,关注学生最新状态,要看仔细、看全面;所谓"脑到",即大脑这高级神经中枢开足马力,飞速运转起来,针对眼睛观察到思考应如何应对,应如何发布命令指挥学生操作;所谓"口到",即指通过口来发布命令。三者是缺一不可,勤看,多思,善说。练就好眼力、好脑力、好口功,眼观六路耳听八方,灵机一动计上心来,再运用三寸不烂之舌。做班主任一定要依据班级规则,注重"三到",常抓不懈,养成教育才会硕果累累。

二是培养班干,管理队伍潜心打造。班干部通过自荐和民主推荐产生,明确试用期,如果任期期满佳绩不明显或者不适合此项工作可以另选他人。初步启用时,要善于引领,给予一定的指导和帮扶,使之快速成长。其次,每周班会时进行班组工作小结,查漏补缺,出谋划

策,适时赏罚。第三,每月进行全班民主评议,由全体学生行使监督权和建议权,发挥主人翁精神。第四,时机成熟,班里某些管理职位可以换岗,让每个学生都有机会展示自己的能力,切身体验班级管理,更利于全员参与管理。换岗不是罢免,而是让更多的同学参与到管理中来,老干部为新干部当高参,还可以体验不同的管理工作。这样,在潜心打造中,一支精英部队就迅速成长起来,为以后的自主管理,依法治班奠定了坚实的基础。

三是民主决议,班规定制人人参与。俗话说,三个臭皮匠,胜过诸葛亮。新课程背景下,建立"民主、平等、和谐"的新型师生关系,主动权在老师。民主决议,订制班规,需要人人参与。人人参与,集思广益,班规翔实,覆盖面广,才不至于出漏洞,真正实现有法可依。同时,实施岗位责任制,人人有事干,事事有人干,时时有事干。坚定不移地贯彻执行班规,做到有规必依,违规必究。

四是家校沟通,教育契机善于捕捉。我们面对的学生还是未成年的孩子,为了教育他们,必然离不开与家长的长效沟通。家校携手,才能达到最佳的教育效果。也许,无论学生成绩再差,无论学生再调皮,无论学生再不可教化,但在家长眼里都是个宝。

苏联教育家苏霍姆林斯基曾说:"教育的效果取决于学校家庭的一致性,如果没有这种一致性,学校的教学、教育就会像纸做的房子一样倒塌下来。"作为班主任,要善于与家长沟通,特别是与后进生家长沟通,要让他们和我们站在同一条战线上,成为我们管理的同盟军,赢得他们的支持,而不是把他们推到我们的对立面。了解家长,熟知家长,对于我们教育孩子尤其是处理孩子出现的一些心理问题才更加有帮助。

总之,我们面对的学生不可选择,但教育方式可以选择。新的时代向我们提出了新的要求,新课程向我们提出了新的理念。我们要以静待花开的心态,用耐心、热心、真心培育每一朵花,真正把自己塑造成一个有爱心、有魅力、有智慧的班主任,这也是时代的呼唤和需要。

第三讲　班级权力自控新对策

　　曾有一部《请投我一票》的纪录片,引起了社会各界的广泛争论(影片记录了 2007 年武汉市常青第一小学三年级一班的一次班长民主选举。班上同学将从老师们选出的三名候选人中选出下一任班长。为了让孩子成功赢得竞选,三名小候选人的家长们纷纷出谋划策;而候选人为了争夺选票,也使出了在成人世界里常见的拉票手段,有互相挑毛病的辩论,舆论造势,诋毁,甚至"贿选",稚嫩而直接的形式全展现在荧幕前。当年,这部成本不到 5 万元的作品成为诸多电影节的亮点,并入围了 2008 年第 80 届奥斯卡最佳纪录长片名单)。那群平均年龄为 8 岁的小学生的"民主实验",那场由竞选班长引发的"令人如坐针毡的政治戏",至今让人难忘。人们对权力的极端看法,带给人们深刻的思考。反思中小学民主教育,我们任重道远。作为一名班主任,我们渺小如尘沙,然而对学生的心灵成长来说,班主任的作用的确难以估量。

　　本章节,我们期待与您一起聚焦"权力分配",以期建立班级发展的良好生态。

(一)

　　班级权力,是班主任在自己职责范围内的指挥或支配力量。在班级管理中,权力就是支配班主任、班级及学生和谐发展的有效力量。

班主任对班级权力进行分配，其实就是"识人"之策，"用人"之道。只有抓主放次，收放自如，才能管得住，理得清。为此，我们真诚地倡导"权变"的管理思想，倡导"人本"柔性管理，倡导建立"班级自发管理体系"，建构正向发展的班集体。

（二）

对于班级来说，发展是第一要务，超越是第一思路。然而，没有权力的平等，班级管理必然会出现种种弊端，势必导致真正意义上的公平的缺失。所以，突出班级权利分配，倡导建立班级"自由王国"，突出"主权在民"的思想，即平等地尊重和充分弘扬每一个学生成员的个人权利，摆脱非理性的自由意志和偏私性，是实现班级全面进步的基石。

（三）

国家权力分配，当有立法。班级权力分配，则要立规。学校教育是一种养成教育，在校期间养成的良好的行为习惯，会让学生受益终生。而养成良好的行为习惯，就必须依靠校规校纪的有效约束。有的学生片面追求自由，片面理解民主，需要我们老师的引导和纠正。没有严明的纪律，没有严格的制度，人人都随心所欲，为所欲为，怎能有正常的条理和秩序？何谈真正的自由和民主？

真诚希望工作在一线的班主任朋友，能通过有效的所谓"权力"分配，促进班级积极向上的精神风貌的建设，促使有效的班级组织结构的构成，发展个性，张弛有度，进而促使班级在精细化管理下的井然秩序。

（四）

精细化管理的班级，制订翔实的班规尤为重要。以班规融合"不均衡型的权力分配"和"均衡型的权力分配"为一体，突出"依规治班"的宗旨，制订出具有可操作性的班级制度。

制度的好坏固然很重要,但更重要的是制度的真正落实。如果没有严格的落实,再好的班级制度也是摆设。班主任管理班级时,既要做到有"法"可依,更要坚持有"法"必依、违"法"必究。在班级事务的处理中,要以制度为准绳,秉承制度面前"人人平等"的理念。努力做到一碗水端平,不偏不向,在关注优等生的同时,要把更多的爱心给予真正需要关怀和帮助的学困生、留守儿童、单亲家庭的孩子及身患疾病的学生,激励他们跟上集体的步伐,不断进步。

第一节　方寸之间的"权力"张弛

班级管理权力,是赋予班主任支配班级公共价值资源的一种资格。权力的本质,就是以处置或惩罚的方式,强制影响和制约自己或他人的能力。通俗地讲,班主任进行班级权力分配,正是"识人"之策、"用人"之道在班级管理中的体现。

"天赋人权"的理论强调,人天生就是平等的。洛克在《政府论》中指出:"极为明显,同种和同等的人们既毫无差别地生来就享有自然的一切同样的有利条件,能够运用相同的身心能力,就应该人人平等,不存在从属或受制关系"。

有的班主任,把权力分配看成一种"手段",而忽视了权力对班级发展的本质意义。故而,我们探索班级权力分配的策略,实则是努力实现班级管理的公平和公正,打造"生本管理体系"。"以师为本"的班级中,"管理"只是维护教师权威的一个工具;而"以生为本"的班级中,"管理"则是维护学生的主体地位,适应每一个学生成长和发展的需要。所以,我们强调班主任在班级权力分配之初,首先要"蹲下来",看看学生内心的需要,倾听学生的心声,学会站在学生的视角看待问

题,有章有序地分配权力。

1. 在"方寸"间讲究权变

权变理论,起源于上世纪七十年代的美国。在我国,陶行知先生的教育中也体现了权变管理思想。权变,要求管理者因人制宜,因时制宜,因地制宜,灵活而不固守,多变而不单一。既能权衡轻重,又能随机应变地运用管理办法。换言之,管理者要依据环境的自变数与管理方法的因变数之间的关系,来探寻有效的管理方法。

在班级这个特色鲜明的群体中,作为班主任,应该灵活地运用"权变理论",锤炼自身的权变能力,并有效地依托班级特色,做到具体问题具体分析,在不断审时度势和灵活调整中,形成自己的管理特色及管理风格。

班主任维权的班级,体现的是"权力集中制",权力都集中在班主任一人身上,权力成了维护教师权威的工具。而平等和谐的班级,体现的是"权力民主制",权力掌握在每个学生的手中,权力维护的是每一个学生内心的期待和成长的需要。所以,我们强调班主任在进行班级权力分配之初,首先要遵从学生内心的需要,任人唯才,广泛听取意见,不可独断专行,并注意在"团队合作"上多下功夫,让班级的权力分配形成巨大的合力。

原规则:"集权式"班主任,不仅吃力不讨好,而且剥夺了学生锻炼的机会,侵犯了学生自我发展的权利。

不少班主任把班级权力分配看成一件很难处理的事情,实则不然。只要我们唯才是举,把管理权力还给学生,打造学生管理团队,班级工作就一定能走上稳步发展的坦途。把管理权还给学生,能大大激发学生的积极性和主人翁意识,提高学生自我管理和自我约束力,无疑为班级管理增添了活力。

班级纪实
BAN JI JI SHI

当前的班干部制度,无疑是典型的金字塔式集权制的运作方式。班主任高高在上,成为整个班级的"君主",而班干部就像是分封各地的"亲王"。在这种权力分配方式下的班级管理中,大多数学生表现出的是一种冷漠、被动与表面的服从。班干部对班主任负责,而不是对全班学生负责,班级管理的内核其实就是班主任的管理。对班干部而言,这种权力分配方式在挖掘其管理能力的同时,也给其带来了盲目服从式的潜移默化,不利于其今后发展;而对班内大多数"平民"学生而言,其管理能力不但没有得到发挥,反而受到压抑,他们在消极的被管理中消磨时光,毫无生机和活力。这样的班级管理权分配方式下,难以谈及教育公平,如此的班级管理方式,更与"权变"思想相差甚远。

➡ 案例3-1

任人唯亲　自食苦果

去年,接待新生的第一天,班主任曹老师没有征求学生和科任老师的意见,就任命小威同学为班长。原因有二:其一,他之前曾连任四年班长;其二,也是最重要的,他是同事的外甥。她不好意思驳同事的面子。

然而,没过多久她发现,小威是一个自我管理能力很强,却疏于管理他人的孩子。平时的他少言寡语,总是安安静静地学习,读课外书。对于记录性工作,如晨午检记录、消毒记录等,他都能在第一时间填写得很好。然而,自习课及课间纪律等,他则很少过问。

她也想过要撤换小威,可是一想到同事,这个念头还是一次次又被自己打消。期末学校评估中,仅学习成绩一项,班级就位于年级末位。这是她担任班主任以来从没有出现过的事情。

这样,她一边想着"我多费点心,班级就会有好转",一边又想"真累人啊,要抓紧换一个负责的班长",两种思想在心脑间不停地作殊死较量,让她感到前所未有的疲惫和烦躁。她开始懒于和学生沟通,疏于班级日常管理事宜,甚至向校长提出了新的学年不再当班主任的要求。

后来,曹老师生病了。在住院治疗的一周里,班级没有统领大局的人,缺少一个带动学生自我管理、积极上进的人,整个班级形同一盘散沙。不写作业者渐渐多了起来,自习课上疯打吵闹成风……"不行!再这样下去,班级真的就完了。"她一遍一遍地告诫自己。思虑再三,她很艰难地做出了一个决定:把小威的职位调换成负责日常事务的值日班长,让小美担任常务班长。

小美,是班级里组织力、号召力强,做事雷厉风行的孩子。她担任班长后,首先严整纪律,班级风貌渐趋积极。班集体渐渐有了一个好听的名字——"七彩五一班"。老爱逃学的小楠,回归到这个团结向上的队伍中,再无一次逃学记录;把搞恶作剧当饭吃的小宾,不再恶整同学,而成了同学们口中的"刘老根",为班级增添了几多欢笑,几多轻松……两个月后,曹老师入院做了手术。病休期间,小美把班级诸项事务管理得更加井井有条。迎六一文艺汇演,学校通知各班上一个大节目。为了不打扰班主任休养,小美自发组织同学,自编、自导、自演了小品《七彩五一乐不停》,把多彩的班级故事搬上了舞台,受到了镇领导和全校师生的好评,也让大家看到了转变后五一班的健康风貌。

病休回校,虽然只有两周就步入期末考试。可是,那绽露出来的追赶平行班级、力争上游的精神面貌,真的让大家很感动。同时,也坚定了曹老师继续做班主任的信念。只是此时,她心里一直思考的是:让合适的学生,在合适的岗位上发光,班主任才能当得轻松,才能赢得班级精彩!没有原则的任人唯亲,只会是乱了章法徇了私情而百害无一利。

一线解读
YI XIAN JIE DU

担任班主任工作十余年,曹老师的班级总是学风浓郁,班风积极向上。然而,她终究没逃出世俗的苑圃。当她没有科学的权力分配观时,把小威推到了不合适的岗位上。这种为了给某个关系户留点人情,而勉强任用他们至亲的做法,是非常不利于班级组织建设的,更体现不了"权变"的思想。那些不根据学生能力特点,而是"看客下菜碟"的做法,不仅有失公允,某种程度上,也剥夺了其他学生的发展权利。

当小威无法正常地完成管理工作时,身为班主任的曹老师,她又选择了错误的做法:逃避问题实质,凡事亲力亲为。结果虚弱的身体无法承受巨大的负荷,直到病倒,而班级风貌依然是"涛声依旧"。将班长的权力交给德能兼备的小美,看似是一件小事,实则是把她从事必躬亲的困局中解放了出来。她才会有更多精力,关注学生的日常表现和发展趋势,去统筹管理班级。同时,小美的组织管理能力也充分释放出来,在适合自己的岗位上,得到了最好的锻炼。同学们也因为小美这个有着强大磁场的班长,拧成一股绳,促使班级正能量更大限度地释放出来,向心力更强。科学的班级权力分配,给班级带来了意想不到的新气象。

学校教育,首先是"人"的教育。而人是复杂多变的,教育也当然不能一成不变。教育是心灵的碰撞,是灵魂的唤醒。单一、固定、统一的管理模式在瞬息万变的教育环境中,是断然站不住脚的!面对不同家庭背景、不同性格特点的学生,因循守旧的管理者只会觉得分身乏术、心力交瘁。而将"权变理论"有效地运用到班级特色化管理上,不仅能激发班主任的管理创造力,更能提高班级的管理效率。

我们常听到"芝麻绿豆官"这个称呼，其实班主任正是这样的"绿豆官"。虽然"官"小位低，然而对于班级来说，责任却不小。"班主任"这个职务，其实就是为了适应班级管理而设置的。一个班级，其实就是一个小社会，可以彰显无限的管理智慧。班主任要想使学生口服心服，则必定要有公正处事的原则和人文管理的手段；要想赢得学生敬佩，必定要靠高超的管理智慧和独特的人格魅力。常说学生有逆反心理，其实追根溯源，他们逆的不是我们对他们的要求，逆的是我们要求他们的方式。

成长如远行，班级如航船，班主任则如舵手。我们唯有"把好平等的舵"，才能"撑稳成长的帆"！"掌舵"，其实正是管理艺术的体现。唯有不断矫正，不断反思，不断总结方能乘风破浪，向光明的航程进发。

"没有绝对最好的东西，一切随条件而定"，这是权变管理的核心思想。正如我们经常听到的"没有最好，只有更好"的广告词，在权变思想"以变应变"的宏观调控下，展开多彩的管理，正是追求"更好"的过程。"以变应变"，重在随机应变——重因时制宜而废因循守旧，重推陈出新而废思想僵化。唯有如此，班级常规管理才能走向明晰、强大！

"发展才是硬道理"，班主任是否拥有"发展"的眼光，是"权变理论"能否践行的关键。

行动指南
XING DONG ZHI NAN

魏书生老师在谈及自己的班级管理时说："我一靠民主，二靠科学。"其实，班主任在选择得力助手时，也应该"一靠民主，二靠科学"。发挥民主精神，实现真正的互相沟通，甚至和学生建立"互助"的关系。

做到"知己知彼",班主任"知"学生是必需的;还要让学生"知"老师——了解班主任的组织管理方法,了解班主任的人生观,了解班主任的人格魅力。这样的管理,才更易挖掘出学生管理的巨大潜力。为此,我们给出以下几点建议:

一是唯才是举,方为民主。能力,是班主任进行权力分配的唯一尺码。要检验学生的管理能力,可以让学生上台自由竞选演讲,再由学生无记名投票,选举班委会。如此产生班委会才是更民主、更有效的方式,它体现了公平竞争的原则,容易形成团结向上、有核心战斗力的班干团队,能够将班集体锻造成优秀的班集体!

只有以民主为前提的方法,只有以班级发展为目的的方法,只有能促进学生和班级协同发展的方法,才是有"权变"思想的好方法。

二是听取意见,方显权变。"和谐社会"的提法,我们耳熟能详。其实,班级组织同样需要"和谐"。把一切都安排得井然有序,并不能彰显班主任的权威。其实,生活中很多备受人们敬仰爱戴的人,往往更平易近人,更易于听取别人的意见。同样的道理,如果我们在进行权利分配前,能多多听取他人的意见,可能更能让自己得到尊重,更易形成自己的威信。

做好权力分配,班主任首先应该全面深入地认识学生,了解学生的性格特点以及长处短处;班主任应该多听取科任老师的意见,这样不仅能润滑班主任和科任老师之间的关系,也能形成班级组织管理的合作体;班主任还应该多多听取同学们的建议,让他们支持信任的同学管理班级,还可以鼓励学生"我选我"参与班级建设,激发学生的责任感。上述种种,都是"权变管理思想"的表现。这种思想就如同一枚良种,必将生根、开花,必将结出喜人硕果!

三是及时优化,变中生变。班主任需要适时优化班级管理队伍,依据班级成长情况适时调整班子,更新管理方法。要民主,但也要"集

中"。如果权力过于分散,管理义务就不明确。如果权力过于集中,学生参与管理的兴致就会懈怠。

班主任最初的权力分配,不一定是最好的,如果学生其中有不能胜任的,"当换则换",把他们放到真正适合的岗位上,才是真正的锻炼,才是智慧的管理之举。如果抱着一劳永逸、坐享其成的思想,不懂得掌握好"方寸",则恰恰背离了"权变"的真谛。

2. 重"变通"的柔性管理

倡导"权变"管理,班主任权力分配成功的秘诀在于"变通"。懂得变通,事半功倍;不懂变通,事倍功半。在我们看来,柔性管理,是"权变"管理思想在班级管理中的应用,是"变通"的体现。柔性管理,就是在班级内部富有艺术性地开展管理活动,促使师生关系达到一种和谐共赢的境界。换言之,柔性管理是服务于人的管理,是"人本理论"在班级管理中的体现。所以,柔性管理充分尊重学生的内心需求和个性自由,从内心深处激发每位学生的班级向心力、凝聚力与归属感,从而创造一种和谐、积极、阳光的班级管理氛围,真正建立起我们的班级"自由王国"。

原规则:错误的班级权力分配往往会适得其反,"人本"柔性管理效果更好。

柔性是人本性、情感性、权变性、创新性的集中体现。现代管理的重要思想"人本"思想,是柔性管理的主导思想。其核心精神就是:人是管理活动的主体,是管理的核心与动力。只有发挥每一个学生的积极性和参与精神,"自由王国"方可建立。

在"人本"柔性管理思想的指导下,班级管理必须突破"以教师为中心"的传统管理模式,因为这种管理模式往往是"保姆式"、"警察式"、"裁判式"的管理,与"人本"思想格格不入,也与学生独立意识、

自主意识和民主参与意识相距甚远。"人本"柔性管理模式,把学生作为班级管理的主体,有利于学生自主、自律及民主参与意识的增强,这才是"人性化"管理。

运用"人本"柔性管理思想,教师在与学生的沟通交往中,把交往方式调整到双赢状态,把学生看成是平等的交往者,重视"情感管理"——以情感人,以心换心。这样的"柔性"氛围,如春风化雨,滋润心灵于无声。当学生因为温暖而坚信"班级是我家"时,"人本"柔性管理的回报——仁爱,也随之俱来。当班级变成一个"人人爱我家"、"人人建设家"的良性成长模式时,班主任的管理工作就会如鱼得水,游刃有余。

当然,柔性管理因人因时因地而异,忌千篇一律、程序化和公式化。切忌"东施效颦"、学形忘神。因为,我们面临的教育对象是鲜活的、灵动的,他们的个性差异很大,如果没有真正用心读心,灵活变通,就很难有真正的效果,正所谓"变则通,通则久"。"变则通",要求我们要对变化着的班级软环境、管理措施、手段做出相应调整。管理活动中既要考虑学生思想、心理的动态变化与发展,又要考虑不同学生性格特点、文化素质、道德水准的差异。"通则久",则是"人本"柔性管理对我们班主任的最好回报。

班级纪实
BAN JI JI SHI

当前,很多学校实行的是小组长负责制与班干部督促制相结合的班级管理制度。不少班主任首先对班干部、小组长进行相应的"岗前培训",让他们明确自己的工作职责,明晰解决问题的基本思路和原则,收到了较好效果。还有的班主任,能结合学生管理团队的过程表现,对他们进行"即时培训"。另外,大多班主任十分注重强化班级正

常运转的有效机制,包括责任机制、更换机制、评价机制及分工机制。

对班级管理制度的掌握,可以这样总结:各尽其责成规律,不尽其责从速换。依据班规巧评价,固定岗位明责任。

➡ 案例3-2

跟踪培训班干部

新学期伊始,学校首先组织针对性的班干部分批培训活动。所谓分批,其一,分职位。依据管理分工,陆续进行专项管理方法培训。其二,分学生。能力强的学生,一次培训后则放手他们去锻炼。而对于"新手"干部或低年级干部,则进行二次培训,甚至三次培训,直至其都能胜任管理工作,能有序地投入到班级管理中去为止。

学校分专题、分批次培训之后,班主任还需跟踪培训,发现班干部工作中存在的问题与不足,及时矫正。如果是班干部工作方法有误,首先要让他学习其他干部显著成效的管理,对比自我,反思自己哪些方面可以取他人之长,获得改进工作的方法。如果是班干部工作态度的问题,就让他进行深刻自省,反思自己存在的问题,直至努力找到改进的方向。

五年级一班的体育委员小宇,是个组织能力、号召能力很强的班干部。然而,他自我约束能力很差,往往是他辅助常务班长,管好了班级纪律,倒是他自己常常偷偷开小差。

本学年刚开始的某周一,学校开完例会,班主任特意在教师后窗站立,了解班级纪律与学习情况。眼见小江不专心学习,与同桌交头接耳,小宇一个警告,小江"老实"多了。可是没过两分钟,小宇把手伸进了桌洞,拿出一个玩具刀很有兴致地摆弄着。这一切,班主任都看在眼里却不动声色,若无其事地走进教室,小宇随即站起来向班主任报告小江的违纪情况。班主任点点头,鼓励他在班级秩序维持方面继

续用心。

课后,班主任与小宇谈心,让小宇反思自己作为班干部,是否有做得不够的地方,有没有起到了表率作用。小宇的头越来越低,过了一会儿,他主动承认了错误,并保证,以后一定约束好自己,给同学们树立一个好榜样,这样才能在今后的管理工作中以理服人。

事后,班主任对小宇又进行了几次跟踪观察,发现他不断在进步,就及时地进行表扬。看到他绽放的笑容,相信小宇这个班干部会越做越好!

一线解读
YI XIAN JIE DU

"千里之堤,以蝼蚁之穴溃;百尺之室,以突隙之烟焚。"班干部管理中的错误行事,的确不容小觑。班干部犯了错误,班主任更得有效运用"权变"管理思想谨慎处理。一旦放任,恐怕这错误的"星星之火",变成"燎原"之势,就会一发不可收拾;而一旦过度处理,不仅会伤害到班干部的自尊心,也会使他们在同学们中的威信大打折扣。所以,处理班干部的错误,放任不行,过于苛刻不行,把握好"尺度"很重要。这个"尺度",其实正是"权变"的智慧。

在处理小宇的错误时,上面案例中的班主任选择的是"缓一缓"的方法。通过课后亲切的谈话,引导小宇进行深刻反思,树立自己的责任意识、约束意识和带头意识,从而产生了良好效果。周恩来总理说过:"错误是不可避免的,但是不要重复错误。"所以,班主任处理后,还要注意跟踪观察与问题追踪,把错误消灭在萌芽状态下。

柔性管理,更多体现在"人本"中,体现在"变通"中。"变通",首先体现在班级规则的变通上。一个积极向上的班级,必须具有共同遵守的班级规则,这是维持班级组织秩序的重要基础。这些规则首先要

得到同学们的认可与尊重。尤其是班干部,更要遵守班级规则。适当的时候,也需要班主任帮助他们,把他们扶上马,送一程,给予有效的指点,使班级管理工作步入正轨。

变通,还体现在权力分配的方法、管理问题的培训上。一个懂得柔性变通的班主任,会恰如其分地指引学生管理团队积极参与到班级管理中,为班级管理贡献正能量。有这样一道脑筋急转弯:回家遇到的最可怕的事情是什么? 答案很有趣——坐上相反方向的汽车。这个脑筋急转弯正有"南辕北辙"之意。引申到班级管理中,对我们的班级工作也大有裨益——不懂变通,方法不当,结果定是适得其反。

亲爱的朋友,我们为什么强调权力的"变数"呢? 试想,就算管理团队成员都足够优秀,一旦因没有掌握正确的工作方法,而错误行事,就会给班级管理带来极大的反作用,这是难以预想的。甚至,班干部工作的积极性越高,后果越严重——背道而驰,未若原地不动好。一旦管理团队错误行事,就会让班级管理陷入难以摆脱的困境。所以,我们当慎重!

行动指南
XING DONG ZHI NAN

有计划、有规则地展开柔性管理,方法不一而足。总的目标是形成良好的管理团队,掌握正确的工作方法,促进班级和谐发展。我们倡导"柔性"管理思想,同样提倡"规训与惩罚"的组织管理思想。为此,我们建议班主任朋友做到以下几点:

一是一路红灯要不得,一路绿灯更要不得。一路绿灯,过分张扬学生管理者的个性,过度尊重他们的主观能动性的做法,对班干部乃至班级整体的发展,都会产生不利影响。所以,我们需要张扬的同时,制订柔性管理规范。柔性,是软性无形的管理规范,像如来佛的手掌,

看似漫无边际，无规无矩，实际上有边有界，且力量强大。正如老子所说："天下莫柔弱于水，而攻坚者莫之能胜，以其无以易之。"(《老子·下篇·七十八章》)。在柔性管理规范下，学生的个性充分张扬，积极进取、勇于开拓的创新精神得到深化，学生获得的才是真真切切的成长。

制订柔性规范的关键，是形成以共同价值观为核心的班级精神。用这种班级精神来指引学生的思想、信念、作风、情操积极向上，激发学生的团队意识、责任意识，使学生懂得个人的成长与整个班级的发展紧密相连，懂得主动为创造阳光型班风而努力。

总而言之，最科学的管理方法是融赏识激励与矫正惩罚于一体的，融人本与规训于一体的，有张有弛，张弛有度。

二是要主动，不要强制。"主动"这一词语，彰显了新课程的教育理念。设立柔性目标，其实正是给"主动"开路。柔性目标给人的心理效应是："这是我自己的目标，我要尽可能地完成。"将其运用于班级管理中，则是给予学生追求自我实现、自我教育的动力，其中每一个小目标的实现，都使他们产生成就感，激发他们朝更高目标奋进。

"有自我教育能力的人，善于扶植心灵真善美的思想，勤于清除假恶丑的东西，对外界的东西也有分析和筛选能力。"对学生来说，设立柔性目标的目的，是促进学生"自我教育"。要让自我教育根深蒂固，需要班主任经常引导学生品尝战胜自我的快乐，体验自我松懈的痛苦，从而激起"自我教育"的主观能动性。班主任还要帮助学生制订具体有效的自我教育计划，一步一个脚印，踏踏实实地走向成功的彼岸。"人具有了自我教育能力，就有了自我调整的能力，使思想荧光屏的图像趋于清晰、真切。"

三是要自发，以心攻心。柔性管理追求以新制胜，以巧攻心。柔性管理的美好境界，是建立"班级自发管理体系"。传统的班级管理，

因为班干部控制了过多的资源，普通学生常感觉自己仿佛不是班级的一员，在班级中的价值就无法得到体现。而实施柔性决策，建立"班级自发管理体系"，就能改变这一状况。柔性决策是"人人参与"的团队决策，"自发管理体系"超越了班主任的个人智慧，借助班级这一组织形式及班级组织内外的个体，共同参与，把决策权分散给全体学生，把管理主动权归还给每个学生。如班级的出勤、纪律、卫生、文体等各方面的管理，以及班规的制定等等权利，都可以下放给学生，从而调动广大学生参与班级建设的积极性。

魏书生老师的班级管理，实行的就是柔性决策。他认为班级学生，人人都是副班主任，个个都是好助手。"力求使每一位学生对班级的各项制度，每件比较重大的事，在确定之前都有一个商量的过程，大家分别提出自己的意见，然后集体或举手或投票表决。"所以，我们建设"班级自发管理体系"的过程，实际上也是践行"学生本位管理理念"的过程。

第二节　班级权力只为人尽其才

著名的"短板理论"，相信大家都很熟悉。我们认为，从班级管理的角度来看，"短板"并非影响班级成长的第一要素。一个班级管理成功与否，其实并不完全取决于短板的长度。

首先，木桶能否装水，取决于木桶的底板，底板如果不能与边板配套，水就会从底部流失。此时，即便边板再长，也改变不了水桶漏水的命运。对于班级管理来说，好的"底板"，就是好的成长平台，是班风，是班貌。好的成长平台，需要学生在合适的位置，主动做合适的事。

其次，木桶能否装水，还取决于板和板之间的无缝连接，如果连接

不到位,同样装不了水。对于班级管理来说,无缝连接就是一个强大的团队。有生命力的班级的组织管理能把学生凝聚在一起,拧成一股绳,形成前行的合力。

最后,木桶能否装水,还取决于桶外面底部和口部有没有两个结实的圆铁箍圈住所有的板。如果没有,桶会散架,还是装不了水。对于班级管理来说,这两个圆铁箍,就是班级制度,就是班级精神文化。"以生为本"的班级管理制度,会有效地扬"学生之长";好的班级精神文化,会科学地补"学生之短"。

好的班级制度和班级文化,自然能诞生积极的班风和向上的班貌;自然能凝聚更强大的团队。对于班级管理来说,班级制度和班级文化是基础中的基础,是重中之重,一定"两手都要抓,两手都要硬"。

班风、团队以及制度和文化,都是班级管理的基础。只有这根基打稳了、打牢了,我们才有更多心力完善班级里的"短板",打造优秀的班级管理团队。我们深信:有了人尽其才的"权变",定会有优秀班级的呈现。

1. 从扬学生之长开始

班主任进行班级权力的分配,其实正是"用人之道"的体现。而"权变"的管理思想,无疑为之奠定了思想基础。扬学生之长,也是一种"权变",也是柔性管理思想的体现,也是一门值得班主任深化研究的功课。

"千里马常有,而伯乐不常有",确实如此。学生是不是"千里马",除了自身的素质之外,还取决于班主任是不是一个高明的"伯乐"。一个"伯乐式"的班主任,他会带着赏识的慧眼,把学生一点一滴的长处看在眼里,并尽可能地"放大"学生长处,有效地利用学生的长处,更好地拓展学生的长处。在这样的班集体生活,学生的长处会

更长,优点会更优!

人民教育家陶行知先生曾告诫我们:"你的教鞭下有瓦特,你的冷眼里有牛顿,你的嘲笑中有爱迪生。"作为班主任,用"慧眼"赏识自己班里的"瓦特",还是用"冷眼"轻视班里的"牛顿",取决于你是否拥有"权变"思想,是否懂得用人之道,是否善于扬学生之长。

原规则:给予学生管理班级的机会,学生才会回报班主任一个"春天"。

要弘扬学生的长处,需要一个温暖的班集体。不仅班主任是"伯乐",每个学生都要学"伯乐",都善于发现他人身上的闪光点,愿意用最温暖的语言赞美他人,并且能用赏识的心态,学习他人的长处。

要拓展学生的长处,需要一个舞台,让学生都能展示自我。这个舞台,是学生的长处赖以生存和发展的"根据地"。有此"根据地",那些已有的长处会在他们身上抽芽、开花、结果。那些还没有的长处,也会奇迹般地在他们的心中扎根、破土萌芽。

机会,很多时候就是我们耐心的倾听;机会,很多时候就是我们放慢脚步,回头等一等学生;机会,很多时候就是我们躲在幕后,把舞台交给学生,让他们尽情绽放属于自己的光彩。

给予学生展示自我的机会,其实,也是为我们的班级管理营造更美的发展前景和更宝贵的财富。

班级纪实
BAN JI JI SHI

新课程改革带来了评价的全面改革。很多课堂,倡导对学生进行"绿色评价"。随着课程改革的深入,很多班主任在班级管理中也开始实践"绿色评价",努力保护每一个孩子的自尊心,用心呵护每一个孩子。还有很多班主任以此作为治班良策,不断完善。其实,"绿色评

价"的核心正是"扬学生之长"。因为发扬学生的长处,学生努力地进行自我管理,自我约束,争做最好的自己;因为发扬学生的长处,同学之间互相帮助,互相监督,营造了健康向上的班集体。

弘扬学生个性,发展学生长处,在很多名班主任的班级里,绽放着耀眼的光彩。这些班主任时刻在努力用心灵谱写班级管理的诗篇,用心灵赢得心灵。

案例3-3

爱上写作,他不再逃课

小楠是一个特殊的学生——从小就有厌学心理。接班之初,同事就告诉班主任曹老师,小楠从一年级开始就不爱上学,有时候装肚子疼,有时候不写作业装病不来上课,更离奇的是他宁愿打针也不来上学。

就是这样一个孩子,谁接手,谁头痛。说实在的,这孩子其实并不笨,学习成绩一直比较好,可就是不爱上学。后来因为落下的课越来越多,所以成绩逐渐滑坡。到了四年级,就变成了后进生了。

开学没多久,小楠就和邻班的小赵逃学了。他们竟然跑出本县,到邻县的网吧里一待就是五天。班主任和校领导决定给他一次深刻的教育。先找来家长做思想工作,再让他写检查,最后在班级做检讨。听到他一遍又一遍下保证,还以为他以后会有所改变。没想到过了不到一个月,他又和小赵、小阳一起逃学了。幸好这次校领导及时发现,在学校附近的果园里追回了他们。

小楠逃学,动摇了班级的平衡发展。班主任和校领导更加密切地关注他。后来,在学校组织的作文比赛中,虽然他的作品错别字很多,但是选材很新颖,语言特别富有趣味性,内心感想描写得十分细腻。因此,曹老师把他的作文安排在学校的"佳作展台"上,还给他颁发了

"写作小能手"荣誉证书。他的脸上绽放出从未有过的自信和开心的笑容。

在后来的习作课上,曹老师经常把小楠的习作当成范文,让全班同学品评赏读。小楠对习作发自内心地喜爱,他在语文学习上热情高涨。曹老师也及时对他给予更多的肯定和鼓励。看着他每天脸上露出的幸福的微笑,曹老师更加坚定了转化小楠的信心和决心。

曹老师继续用心感动他、感染他、感化他,还在班级内掀起一股关爱小楠、帮助小楠的热潮。小楠充分享受到同学们的关爱,也渐渐爱上了这个温暖的大家庭。后来,学校组织的两次作文比赛中,小楠都荣获了较好奖项。一年下来,尽管小楠偶尔也会不及时完成作业,但是再也没有逃过一节课。

一线解读
YI XIAN JIE DU

逃课学生,是令班级组织混乱的一个典型例子。在实践中,曹老师并没有从学生逃课的本身出发,去改掉孩子已经顽固的缺点,而是另辟蹊径,发现了小楠善于写作的长处。发现了这个闪光点后,她大力赞赏激励,调动了小楠心底的自信心和自我完善的积极性——不再逃课,这正是"权变"思想带给班主任曹老师最好的礼物。

俗话说,"心急吃不了热豆腐"。对学生耐心一点,宽容一点,往往比来一个当头棒效果更好。耐心与赏识,是班主任的班级管理智慧所在,实则也是"权变"管理思想的内涵所在。

班级管理中,管理者需要树立正确的学生观和能力观。具有片面的唯分数是重的认知思想,对学生长远发展极其有害,尤其是对后进生的心理、成长影响更大。这样的班级氛围中,只有极少数学生能体验到成功的满足,更多的是缺乏归属感和自尊的满足。其实,学生进

入童年时期,已有丰富的生活经验,他们的"长处"超乎我们的想象,每个人都有可挖掘的闪光点——或心地善良,或勇敢正直,或勤奋踏实……然而,只有懂得"柔性"管理的班主任,才能发现,只有"伯乐"型班主任,才能享受"扬长"后甜蜜而喜悦的收获。

不是所有的班主任都有善于发现的眼睛。所以,并非所有的班主任都是智慧型班主任。那些愿意审视学生,喜欢戴上"放大镜"看学生长处的班主任,其心灵是富足的。对待学生态度的差异,源于班主任的"能力观"。心中怀有"人本"思想的班主任,会把学生的能力看成是呈现的"增长态势",只要后天能努力,皆可成为人才;一个缺乏"人文关怀"的班主任,会把那些某方面发展不突出的学生,看成无可救药。前者是持"能力增长观"的班主任,而后者是持"能力实体观"的班主任。能力观不同,与之同步的学生观和教学效能感也会有差异,也直接决定着他们班级管理方法的不同和效果的差异。

科学落实扬长避短原则,事关学生成长的重要性不言而喻。充分尊重并发挥学生长处,会让班集体更具活力和向心力。例如,我们可以让喜欢画画的同学负责黑板报、手抄报,也许他的成绩并不是很好;我们可以让擅长策划的同学,组织集体活动,也许他平时很调皮;我们可以让精于动手的同学,给大家上手工模型课,尽管他语文并不出色……班主任让每个人的长处,都有发挥的领地:让所有的同学,都能看到他人身上的闪光点而非只是缺点(如他有多调皮多不爱劳动等);让所有学生,都看到他人身上的正能量而非只有负面印象。当然,对于并不能把握好自己长处和短处的一些学生,即使有长处,可能也会因为缺乏持之以恒的精神而荒废时间和机会。这就需要班主任和教师注重引导,发挥团队互相感染、互相启发的教育力量。

行动指南
XING DONG ZHI NAN

加强班级管理,需要班主任通过"权变",以"柔性"的眼光欣赏学生,充分扬"学生之长",为学生的长处发展提供更加广阔的平台和空间。对此,我们给出以下建议:

一是让舌尖开出美丽的花朵。有人说,"赞美,是开在舌尖的花朵。"的确,赞美把学生的长处放到榜样的位置,让大家都来学习。班主任的认可,家长的赏识,同伴的赞美,更能激发学生内心的成就感,让他们都能意识到自己的重要性,促使其主动积极地发展自我。如有某个学生普通话非常好,我们可以安排他为学生朗读材料,并引导学生对他的表现给予表扬,班主任再加以肯定与赞许,学生也许就会更努力钻研朗读的技巧了。再如,某个学生热心肠,特别乐于助人,我们应该大力表扬他"争当新时期的小雷锋,做一个有道德的人"。在发现并表扬学生闪光点的同时,建设"人人为我,我为人人"的班级精神文化。如果学生都能聆听到班主任的赞美,看到班主任赏识的目光,听到伙伴鼓励的话语,班级管理"百尺竿头更进一步"又有何难?

二是让学生在合适的位置"安居乐业"。"三百六十行,行行出状元。""人才"的判断没有唯一的尺度。一个人在适合自己的岗位上,发光发热,就是人才。评价学生亦如此。在班级权利分配中,班主任尽可能让学生在合适的岗位上,为班级尽一份心力,同时让其长处获得发展。其实,这就是人尽其才。学生的长处"安居乐业",迅速发展自不在话下。

在管理中,班主任可以根据学生的长处,给学生一个更能发挥长处的岗位。例如热衷于服务他人的孩子,安排做生活委员、生活小组长;爱动手劳动的学生,则让他们做劳动委员;细心的孩子,则可以让

他们做班级成长擂台赛的擂台长……让学生的长处"安个家",实际上也是实现班级"人人有事做,事事有人为"的有效方法,也是支撑班级发展的有力支架。

三是让"柔性"的爱再多一点。人本"柔性"管理,是"权变"管理思想的体现,其实也是一门"爱"的艺术。扬"学生之长"正是这门艺术的外延。当然,我们"柔性"的爱一时不见成效时,请不要抱怨,更不要放弃。因为,我们面临的对象有着很多不同的性格,不同的经历。慢慢地会有收获,量变必然引发质变。

我们惊喜地发现:当我们给了学生展现自我的机会,学生的长处就会得到更为长足的发展,一个又一个奇迹如雨后春笋般悄然发生。学生因为这样的奇迹,悄然改变着进步着;班级因为我们的"爱",步入成长发展的轻轨道,迅速发展壮大起来。

2. 巧用学生之"短"

在苏霍姆林斯基的《给教师的建议》一书中,《一个"差生"的"思维的觉醒"》给我们留下了深刻印象:巴甫里克,是教师眼中的"思维迟钝的儿童"。然而,他的生物老师"善于成功地开发出他的天才和创造性劳动的禀赋",让巴甫里克思维觉醒,智力迅猛发展,对知识的兴趣增强;也正是生物老师为他提供的机会,让巴甫里克在学生时代就培育出了抗寒的果树品种,把不能种植的土壤变为肥沃的土地,让小麦收成达到农庄大田收成的 10 倍。谁能说巴甫里克的变化不是一个震撼人心的奇迹?

亲爱的班主任朋友,我们也可以像那位生物老师一样,做一个懂得关注学生,懂得赋予学生成长机会的智慧型班主任。懂得给学生机会的班主任,是懂得"变通"与柔性管理的班主任,是懂得权变,懂得用心灵解读学生的班主任。

原规则：缺点明显的学生，更需要受到班主任的关注，更需要成长的机会。

缺点明显的学生，如同暂时长歪的小树，需要班主任主动出手扶一扶；缺点明显的学生，如同干涸的稻田里的秧苗，需要班主任及时来灌溉。他们虽然暂时不是最苗壮的，然而，谁能肯定他们的未来一片黑暗？如果我们过于在乎眼前选择放手，我们极有可能放弃一片"绿洲"。如果我们选择用爱滋养，用心培育他们，我们就有可能有一个好收成的秋天。

"用学生之短"，需要一种胸怀，一种智慧，更需要一种信念。爱迪生小时候曾是"班里最差的学生"，老师曾经说他有毛病，说他"addled"（addled，就是坏的、变质的）。然而正是这个老师嘴里的差学生，为世界带来了"光明"。你也许知道电视剧《士兵突击》里的许三多吧？一个侥幸入伍、天资愚钝、常被人嘲笑的许三多，为什么能获得成功呢？我想，成功的秘诀在于"不抛弃，不放弃"的信念吧。"不抛弃，不放弃"，不仅可以作为我们成长的信念，同时还可以作为班级组织管理的信念。

亲爱的班主任朋友，请相信吧——面对学生的短处，只要我们秉持"不抛弃、不放弃"的信念，就一定能创建积极向上的优秀班集体！

班级纪实
BAN JI JI SHI

在我们的班级管理中，很多班主任注重学优生的培养，希望借助他们在各类比赛中取得优异的成绩，为班级增光添彩，树立班级的良好形象。这样做虽然能张扬学生的长处，可是也忽视了多数学生。班主任只看到学生的优点是远远不够的，班级秩序建设，还需要班主任关注学生的短处，巧用学生的短处。李镇西老师让每个孩子大声说出

自己的优点,就是十分值得我们学习的方法。这种转化后进生的方法,让缺点明显的学生,也能绽放自信心的色彩。

对于班级中有明显缺点的学生,聪明的班主任不会熟视无睹,而是想方设法帮助他们,为他们创造更多锻炼的机会。很多时候,班主任对学生缺点的包容,往往会转化为学生自身成长中不可估量的财富!

➡ 案例3-4

"苍耳男"变身"刘老根"

提起五一班的"捣蛋苍耳男"小宾,相信每个同学都会摇摇头。

那是2011年的9月,入学不久。一天,班长气冲冲地把一大把苍耳捧给班主任,告诉老师,小宾这个"捣蛋鬼",成为班级的公敌了,同学们对他已忍无可忍了。

原来,小宾采摘了一纸盒苍耳,偷偷带到了学校。课间,他把苍耳放到女同学的头发上,丢进男同学脖子后的领口内,扔到伙伴的衣服上。苍耳揪下了女同学一缕又一缕头发,刺得男同学的后背片片红肿,扰得同学下课就得择去衣服上仿佛永远去不尽的苍耳。

走进教室,班主任老师不由得惊呆了。教室里居然到处是苍耳的影子。电视柜下,墙角里,卫生工具摆放处,讲桌上,都是那可恶的苍耳。她怒火中烧,责令小宾回收每一个苍耳,并且第二天把母亲请到学校。

在和小宾母亲的沟通中,她了解到:小宾在四年级时,学习成绩一直不错。可是,升级考试没有发挥好,他好像对自己失去了信心。开学以来,每天放学回家都懒懒的,不再积极完成作业,也不再读原本特别喜欢的课外书了。

唉,人生谁不遭遇挫折啊?这么小小的一道坎,小宾要是过不去,

那以后又该怎么办呢！想到这里，曹老师改变了原本对小宾严厉惩罚的态度，转而从学习、生活上留心他，关心他。

一经和"捣蛋苍耳男"近距离的接触，老师才发现在他那颗小脑袋里，仿佛装满了奇思妙想。他经常给同学起"外号"，惹得同学很不高兴；他又经常"语出惊人"，逗得同学们笑破肚皮。

小宾在习作课上，居然把"饭"字写成了"钅"旁。老师打趣地说："同学们，告诉大家一个重大消息。千万不要到小宾家吃饭。因为他们家的饭吃不得，吃了会食物中毒，得打 120 急救电话。因为他家的饭是铁制食品。"同学们笑得前仰后合，小宾高喊："同学们，不用打120 了，因为在进医院前，得先进牙科诊所，因为牙齿都咯掉了。"

他，就是这样"捣蛋"。不妨好好利用他的创造性，为班级增添一份别样的色彩。曹老师这样想着，不由地笑了。

老师特许小宾给同学们起外号。但是前提是这个外号不带讽刺，不能挖苦，得是积极向上的，要让人听了马上直乐的。

有了这个特权，可不得了。小宾让班级多了好几个小团队。有因为习作出现相似问题，而形成的"四大发明家"；有依据性格特点而组合的"超瓜战队"；有"个字组合"；还有"小沈阳二代"。

同学们也不示弱，也给小宾起了个绰号——"刘老根"。

捣蛋大王，变身班级的"开心果"。课间，不见苍耳了，只见"刘老根"和"小沈阳二代"上演精彩"独播剧"，惹得同学一阵捧腹。

意外的是，富有色彩的绰号，把同学们都凝聚到了一起。小宾给班级起了一个好听的名字——"七彩五一"。同学们在这个七彩的班级中，更团结，更快乐，更幸福！

2012 年 5 月份，老师入院做了手术。为了迎接六一节，班长小美居然和小宾合力，自编自导自演了小品《七彩五一乐不停》，把班级发生的快乐故事搬上了舞台，受到了领导的大力赞赏。

作文课上,老师充分利用小宾的顽皮性,经常把小宾习作中那些"惊死人"、"笑死人"的语句,读给同学们听,课堂欢乐不断,大家笑得前俯后仰。同学们也更加喜爱上习作课,小宾习作水平也一天天在提高。6月份学校组织的"快乐作文大赛"上,小宾获得了一等奖。临近毕业时,他的习作水平,与原本作文水平就很高的小美,已经不分伯仲了。

一线解读
YI XIAN JIE DU

"捣蛋苍耳男"的变化,还真是一个奇迹! 小宾的调皮,源于他思维的鲜活性。虽然用苍耳扰得"民不聊生",然而,班主任有效利用小宾的个性之后,也收获到了别样的精彩。我们不难发现:越是调皮顽劣的学生,越是一座可以挖掘利用的宝藏。关键看班主任是否懂得巧用学生之"短",是否懂得在"变通"管理方法上去下工夫,会做文章。

孙悟空大闹天宫,烈性十足,相信大家再熟悉不过了。可是,佛祖有效地启用了他的顽劣与灵智,让他在唐僧取经路上,留下了不可磨灭的功绩。哪吒抽断龙筋,同样顽劣,相信大家也不陌生。可是,他凭"三头六臂"之长,所向披靡,功不可没。

同样,在班级管理中,面对这样顽性十足的学生,我们是把他永远压在"五指山下",永世不得翻身? 还是智慧地启用他们鲜明的特色,促进鲜活灵动的班集体建立? 相信能智慧地用学生"短处"的班主任,一定能管理好班集体,带出更多有能力的学生。

在教育管理中,化学生的短处为长处,实为高超的管理。这项管理艺术的模式是:"发现短处——专项补短——展示特长"。班主任在德育工作中,应努力探索实施"扬长用短"的教育模式和有效策略,提高班级管理的成效。

行动指南
XING DONG ZHI NAN

班级学生的发展,肯定有先有后,通常也会有一些缺点明显的学生,比如胆小害羞怯于发言的,自制力差的,偏科的等等,这样的学生更需要锻炼的机会。倘若把机会都给了那些善于表达,善于表现的学生,就等于剥夺了这些学生成长的权力。为此,我们给出以下建议:

一是戴上"缩小镜"看学生。戴上"缩小镜",我们可以对学生的短处"忽略不计"。只要想一想:谁不是从孩子时代成长起来的? 我们自己也不是十全十美,又有什么理由苛责学生呢? 能戴上"缩小镜"看待学生的班主任,一定是智慧型班主任。

当然,我们戴上"缩小镜"看学生,并不代表对学生缺点视而不见,不闻不问。我们要适时地把自己看到的记录下来,然后寻找恰当的时间,通过谈话、故事启发等多样方式,帮助学生深刻反思自我。敢于戴上"缩小镜"看学生的班主任,能给学生更多锻炼的机会,能更促进学生扬长避短,能更善于为学生提供一个成长的磨砺场,让他们自我管理,自我教育,自觉地"补己之短"。

二是多给他"阳光",让他快"灿烂"。给他"阳光",首先要给他一个磨砺场。越是有短处的学生,越需要班主任给他们提供一个展示的舞台,让他们在不断地自我发现、自我反思与自我教育中,体验成长的快乐,从而把缺点转化为前进的动力,成为独特的发展优势。

给他"阳光",还要给他更多的赞美与关爱。对待同学们,带着赞美与关爱,慢慢地温暖他们,相信他们灿烂地成长起来之时,我们就能够体验到教育的成就和幸福。

比如,要提高学生的跳绳水平,可以在班级内组织跳绳比赛。指导学生观察其他人是怎样跳的,找到提高自己成绩的方法。活动结束

后，我们可以再次组织比赛，让学生看到自己的进步，并对取得进步的学生予以表扬与激励。这样的机会和表扬，就是学生需要的"阳光"。

当然，多给他"阳光"，需要班主任和同学们携手同行；多给他"阳光"，需要班主任和同学们心中有爱；多给他"阳光"，需要另一种"班级精神文化"做支撑，这是一种让人温暖的"精神文化"。

三是贵在"难得糊涂"。郑板桥的"难得糊涂"，被很多人奉为至理名言及处世哲学。班主任在管理班级时，不妨也效仿一下郑老先生，有时，我们对于学生的表现也不妨来"难得糊涂"一下，也许会收到意想不到的效果。走在洁净的校园，一位同学将喝完的奶盒随手一丢，班主任可以平淡地走过去，弯腰捡起，顺手扔进垃圾箱。这位同学看到了，也许心生悔意，也许马上就会因此而警醒。说不定下一次，校园里弯腰拾垃圾的身影中，就有这位同学。肯定比老师对学生暴风骤雨般的呵斥要有效得多！

"难得糊涂"，并不是视而不见，而是化雨春风，润物无声。俗话说"水至清则无鱼，人至察则无徒"，要做一个有威信且受欢迎的班主任说容易也不容易。不过，懂得管理的智慧，懂得张弛，懂得变通，就很有希望实现此目的。这样，既能达到教育目的，又能陶冶学生的心灵，收到"此时无声胜有声"之效。在学生的心目中，一个好老师的形象也已经在悄然生成。

第三节　建立自主管理体系

"权变"管理在班级管理中的具体体现,就是建立"自主管理体系"。大量实践证明,构建班级自主管理体系,多从细化班级责任分工开始。诸如,使班级工作从空间范围上安排——"事事有人干,人人有事干",从时间的范围上安排——"事事有时做,时时有事做"。凡是组员能干的事,不用组长干;凡是组长能干的事,不用班长干;凡是班长能干的事,不用班主任干……如此明确责任的分工之后,班主任就可以"文武并用,垂拱而治"。

构建自主的管理体系,就会形成"人人平等"、"人人互相尊重"、"和谐有序"的班级面貌。作为班主任,我们可以尝试在班级实现这种愿望。这种和谐的班级,其实就是民主、自主、自发、自觉的班级。这样的和谐,其实并不是遥不可及的梦想。只要班主任充分发挥民主,让学生积极主动地为班级奉献,不需要人逼,不需要人管,不需要惩罚,人人都愿意去完成自己力所能及的事情。那么,班级的"事事",才真的"有人为",有人"乐于为",有人"主动为"。只有班级事事有人为,才能保证班级管理"确无死角"。

值得强调的是,人人平等、全员参与,是建立和谐班级的核心,也是班级权利分配的核心,更是"权变"管理思想的这一核心的体现。

1. 人人有事干,事事有人为

《明朝那些事》是当前走红的网络小说。其实,只要细细品味,我们可以读出这本当红小说中包含的班级管理法宝。明朝万历皇帝,其实就是一位善于管理的领导者。他管理国家的方式就是不管小情,只

理大事,朝廷的政务总是交给朝中大臣去处理。他把属于大臣的权力给大臣,下放权力,发扬了大臣的积极主动性,提高了办事效率;而他自己则有更多的时间和精力去思考自己应思考的问题。

作为班主任,我们不妨"难得糊涂"一些,做一把"甩手掌柜"。我们必须清楚地认识到,传统班级中,许多学生游离于班级之外,自身感觉不到存在的价值,感觉不到个人的地位,自己仿佛没有融入为班级的一员。这样的和谐班级是不可能构建成功的。一位学生只有在班级体现出价值感,才能迅速融入班级,为班级组织建设付出自己的一分心力。

原规则:只有人人主动为班级做事,班级自发管理体系,才能真正建立起来。

唐太宗李世民开创了"贞观之治",其管理的秘诀就在于亲和、科学、民主。他充分发挥大臣的集体作用,带给我们很多的启迪。真正要实现"事事有人为",我们首先要做的是营造一种各尽其职、乐于尽职的班级精神氛围,让每个学生热爱班集体,以生活在自己班级而感受到发自内心的幸福,更能感受到班级对自己的重要性。即使是班主任没有分工的生成性权力,也会有学生自发地承担起来。

班主任赋予学生管理的权力,其实就是在解放自己。如果事无巨细,凡事躬亲,不仅自己受累,管理效果也不见得会更好。

目前,很多班主任都在探索班级精细化管理的有效方法,以求提高班级组织管理的实效性。如,郑学志老师主持的"班级自主化管理的研究",用根植于学生心灵的"精神文化"治班,用"人人为我,我为人人"的"班级精神文化"治班。这其实就是班级权力分配的典型做法。

班级纪实
BAN JI JI SHI

传统的班干部制度,最早来源于苏联。十月革命胜利以后,学校的集体教育研究,成为了前苏联教育科学领域中的一个重要课题。前苏联教育家克鲁普斯卡娅、马卡连柯创立了班级集体理论。后来,苏霍姆林斯基又对该理论进行了完善。马卡连柯曾说,"班集体并不是单单聚集起来的一群人",而是"由于目标的一致、行动的一致而结合起来的有一定组织纪律的统一体",这个统一体运转的主要核心就是班干部组成的班委。马卡连柯在捷尔任斯基公社的学校里设有班长制度,"这些班长受校长的指挥,是班主任的助手",主要负责"照管上课和休息时班上的纪律,照管班上的公共秩序和清洁,保护班上的财物。每班的值日生服从班长的领导,班长对他们的工作负责"。按照教师的要求,班长可以让破坏纪律的学生离开教室。这样做,其目的主要是为了养成学生的领导和服从的能力。

学生管理学生的班干部制度,在美国、澳大利亚、加拿大、新加坡等大多数国家都不存在。日本的班级里没有班长和其他班干部,任何孩子都无权要求别的孩子做什么。一些必要的协助班级运转的委员会是存在的,但也不是权力机构,而是以服务性为主。在美国,学校班级里有"班代表",但与中国的"班干部"有本质区别。"班代表"是由全班同学民主选举出来的一个同学,代表全班将同学们对学校、教师、教学、生活等各个方面的意见反映给校领导,类似于班级发言人的角色,而并无协助教师管理同学的行政权力,因而在地位上和其他同学是平等的。

案例3-5

建构和谐的管理体系

新学期伊始，学校政教处首先要做的工作就是分发"班级责任分工一览表"，并张贴在班级秩序栏里，督促班主任细化班级分工。班主任发放了班级责任分工一览表，采用投票竞选、调查了解等多种手段，依据学生的性格特点，分别安排不同的责任。

学校要求班主任做到事无巨细，事事有具体的负责人。小到每一扇窗户，都有专人分管开与关；每一排课桌，都有专人负责监督摆放整齐；卫生工具，每天有专人监督值日生工整摆放；每个项目都设立专门的监督人，督促负责人及时主动履行各自职责。

这样做既便于学生随时了解班级分工，明确自己在班级管理中的责任，同时有利于班主任的督导检查。只要班主任发现了问题，就对照一览表，查找相关负责人，了解情况，寻求改进的方法和措施。在这样高效的管理方法下，班级日常工作能够高速且高效地运转。既保证了班主任参与管理的时间，又能进一步激发学生的主人翁意识，让每个孩子更加热爱班级，更愿意为班级尽一份力量。

为了长久地维护学生参与班级管理的积极性，学校定期举行"优秀班级干部"和"班级管理小能手"的评选活动。其中，后者面向全体同学，评选在参与管理中表现积极踊跃的普通同学。责任心强的同学，都有希望登上领奖台，光荣地展示自己为班级管理所作的贡献。学生的主人翁意识被积极且长久地调动起来，班主任有了更多的小帮手了，日常教学和各项活动有序进行，俨然一条顺利的管理流水线，效率也大大提高。

在学校的统筹下，各班主任力争在班级中，做一些属于自己的特色安排。如指导学习班长竞选出若干名成绩较好的学习小组长，卫生

班长竞选出若干名负责的卫生小组长等,小组长再培养自己的小助手。强调无论是卫生小组长,还是学习小组长,都要培训组内成员,让每个成员明确自己该做些什么,该怎样做,以便让班级组织能更快地步入正常的运转轨道。

从学校到班主任,从班长到组长,从监督人到负责人,上下统一,和谐共进,促使学校各班级活动井然有序,学生快乐健康的成长。

一线解读
YI XIAN JIE DU

从学校的层面开始,重视班级责任分工,有助于营造一个健康的校园精神文化氛围——"人人为我,我为人人"。这样的校园文化熏陶感染下的学生,何愁不能成长为品德高尚、对社会有用的人才?

作为班主任,不能坐享学校的管理成果,要勇于争创自己的班级管理特色。如尝试让每一名班干部采用竞选等方式,挑选出自己的得力助手,帮助自己完成班级管理任务,收到了良好成效。构建的班主任、班干部、小助手三级管理体系,也是实现我们强化班级组织,实现"班级自发管理体系"的有效操作方法。

其实,无论我们采用怎样不同的方式,总的宗旨都是为了班级发展服务,为学生成长服务,为营造"班级自发管理体系"服务!

实际生活中,教师往往比较关注成绩好、能力强的学生,他们的锻炼机会无疑就比一般学生多,这样会让大多学生产生消极心理,甚至对自己的能力产生怀疑。这就不利于大多数学生的发展。

一个把"权变"思想落到实处的班主任,会平等地对待每一个学生,把目光放在学生的发展身上,创造各种机会,让每个学生公平地参与班级活动,并给学生充分表现的机会。通过这样的行动,让学生树立了信心,相信"我能行"。在此,我们不妨学习魏书生老师,明确每位

学生在班级中的位置和责任,使学生体会到自身的价值和尊严,让每一位学生在班级中找到一个合适的位置,担负一项具体的工作,人人都为集体作贡献,人人都意识到自己是班集体中不可缺少的一员,人人都相信"我很重要"!

行动指南
XING DONG ZHI NAN

班级权力分配,目的就是要让班级成员积极参与到班级管理中来,成为班级的主人,把班级当做自己家,充分调动每一个人参与的积极性。为此,我们给出以下建议:

一是分工"细而不繁"。我们提倡细化班级责任分工,但并不提倡把分工做得十分繁琐。有的岗位小,如安排数人同兼,就忘了"一人挑水喝,两人抬水喝,三人没水喝"的道理。诸如此类,都是繁琐的分工,是不可取的!

只有做到分工"细而不繁",才能真正凸显班级精细化管理的成效。否则,空有细化的分工,却没有细化的操作办法和相应的激励措施,那么,分工也只是纸上文字而已,无法起到服务班级建设,促进班级发展的功效。分工内容的设计,尽量要涵盖班级管理的方方面面,做到没有遗漏。每项内容最好只设置一名负责人和一名监督人。由监督人督促检查负责人分管事务的完成情况。如果人数有限,我们可以把班级干部设为监督人,这样便于我们检查督促改进该项工作。

二是权力"当放则放"。要打造有生命力的班级管理"军团",班主任还要做到"当放则放"。我们不能太"心软",越俎代庖,替学生完成任务,而应该帮助学生分析失误的原因,与他们一起寻找新的应对策略。这个过程,其实也是考察班主任组织能力的过程,更是班主任与学生、与班级共同成长的过程。

只有学会放手,学会聪明而艺术地放手,学会有把握地放手,做一个高明的"欣赏者"和"指导者",才能让"权变"管理思想在实践中具体落实。

班主任在进行权力分工时,应尽量做到心中有学生,努力吸引每一个学生都参与到管理中来。这样避免学生身兼数职的弊端,就可以让班级中的每一成员都有事情做,各负其责,和谐共处。例如,组织管理能力强的学生可以出任班级干部及项目监督人,而能力不太突出的学生可以担任负责课桌摆放、门窗开关等细致工作。只有让学生发现班级是彼此温暖的家,是属于他们每一个人的,他们才有权力自由的做事,学生才能开心快乐地为班级付出自己的一份力。如,可以在开学之初通过"班级是我家,进步靠大家"的主题班会,让学生明确只有每个人都努力为班级奋斗才可以促进班级的发展,激发学生参与班级管理,为班级做贡献的热情。然后,组织学生竞选班级管理的项目负责人,让学生依据自己的特点,选择适合自己的岗位,分管自己乐于做的工作。总之,可行的方法多种多样,这也是"班级自发管理"体系的一个表征体现。

三是眼疾手快心更灵。学生"人人有事做",班主任角色会不会淡化? 显然,不是这样的。细化班级责任分工,学生在各自的岗位上,为班级建设尽职尽责。班主任自然可以轻松许多,悠然自得。然而,班主任角色需要很多工作艺术,并非是可以随意取代的。

细化班级责任分工,班主任的肢体的确能获得解放,以前那些身体力行的工作,现在有具体的责任人全权负责。然而,班主任的眼睛、耳朵和思想必须忙碌起来。班主任还要腿勤,经常深入到学生中间,多看多听多思多查,正面或侧面了解班级情况;班主任还要脑勤,经常思考班级中存在的这些现象,根源在哪? 存在的问题,有没有更好的解决办法? 哪些学生不适合现有岗位,调换到哪里,才更有利于学生

自我发展和班级建设？班主任还要手勤，及时把自己所观所闻所思所得记录下来。一个善于记录、善于积累、善于反思的班主任，一定会累积丰富的经验，一定会增长更多的教育管理智慧，逐渐完善自己的教育艺术。

2. 建构班队协调机制

俗话说得好，"火车跑得快，全靠车头带。"班级管理团队这列大车也需要"火车头"带动，这个"火车头"就是班主任。

班级是一个具有内在教育生命力的团体，是一个"人本"、"和谐"的温暖之家。从班干部的维度看，他们渴望成为学生话语的代言人。如果把班级比喻成一棵大树的话，每个班干部都是粗壮的枝干，不能说哪一个是最主要的，只有大家的相互支撑，其才能成为大树。班干部之间的协调是班级形成良好秩序、良好班风的重要因素。而大树需要的养分，则由班主任输送、协调，班主任是给予这棵大树苗壮成长"正能量"的坚固之根。

从学生的维度来看，随着主体意识的增强，他们渴望在与班集体对话中发现自己、定位自己、成就自己。基于此，学生拥有班级管理权，不再是获得一个简单的职位（成为班干部），更是获得发展自我、展现自我、服务他人的机会。

也许，我们的班主任已经习惯了亲历亲为，实际上却是"好心办坏事"。虽然初衷值得肯定，但是结果往往不尽如人意。同理，如果我们只是精心选择得力助手，却不做任何工作方法、工作措施等方面的指导，那么也会变成"好心办坏事"。正确的做法，就是让助手掌握工作方法，这比选择得力助手更为重要，更能彰显班主任管理的能力。

原规则：管理团队不是一朝一夕形成的，而是在不断的磨合与协调中形成的。

孟子云,"生于忧患,死于安乐"。班级发展也是如此。过于安乐,会让班级止步不前,形成不良风气,影响学生身体和心灵的成长。所以,班级管理中培养必要的"忧患"意识是必要的。"忧患"意识,首先体现在班干部之间,具体表现在竞争意识上。唯有竞争,才能优胜劣汰,才能推陈出新,才能调动班干部的主动性和积极性,更好地发挥班级建设这一指挥棒的积极作用。

班级的涣散,常常始于班级组织的混乱,而班级组织的混乱,常常缘于班委会的混乱。我们知道,一个单位的一把手和二把手如果心不齐,处处互相拆台,这个单位的工作就很难做好,即便有再多的人手也没有多大用处。班级发展也是这样。一旦班干部之间意见不合,行动不一致,整个班级就如同一盘散沙。所以,建立正常的沟通机制,特别要注重培养班干部的团队合作意识,能够通过干部这个小集体建立正确、健全的舆论,形成集体的组织性、纪律性和进取心。

我们是不是经常会看到、听到班干部之间互相告状? 有的是因为彼此看不惯,有的是因为"争权"。试想,如果领导班子不团结,又怎能团结"广大的群众"齐心协力为班级做事呢?

"班级自发管理体系"建立的关键,就是班干部在长期的班级管理实践中,不断磨合与协调,逐渐形成对班级发展最有裨益的合作方法。在这一过程中,班主任则要充当好学生管理团队间的润滑剂。

班级纪实
BAN JI JI SHI

吴康宁教授调查了三年以上有干部经历的学生,在成就感、参与意识与权威意识上与无干部经历者之间的差异,结果显示:有三年以上干部经历的学生有极为明显的优势,其中有成功感者占82.6%,参与意识强者占85.8%,自我权威意识强者占90.8%,而无干部经历者

所占的比例依次为 17.0%、31.0%、12.3%。另有调查显示,权力意识让很多人都争抢着当班干部。班干部让学生的权力意识第一次觉醒,所以自我权威意识强的班干部占 90.8%。

当学生自我权威意识加重,我们该如何解决呢？我们首先要引导学生看淡权力,并让他们换位思考。引导他们发现不能过于关注自己的权力,而不顾他人感受,更要重视与同学间的共同协作。让学生在潜移默化中,养成协作意识和协作习惯,让他们的自我权威意识因有效疏导而成为成长的正能量。

目前,为了更好地管理班级,多数班主任都能建立合理的班级考核机制。对于班干部,除了班级的常规考核外,还有一套相对完善的班干部考核方案,包括对班干部的处理班级事务的能力、学习状态、与其他同学交往能力等进行的必要考核。也有不少班主任对班干部进行民意测验,或者采用与同学交谈等方式了解。通过考核,对不能继续胜任班干部工作的同学进行适当的岗位调整。

班干部是从学生中选举出来的,又为学生服务的,在地位上与学生是平等的。但班干部与学生之间很容易出现关系紧张的状况,原因是多方面的。如不能以身作则,工作中不坚持原则,经常向班主任反映情况等。所以,班主任都会帮助班干部树立全心全意为学生服务的思想,促使他们严格要求自己,争当表率。同时,也要坚持原则,维护集体利益。当班干部与同学之间出现矛盾时,班主任也要引导学生换位思考,体谅班干部的难处,鼓励学生积极支持班干部做好班级管理工作。如果说,班级是一台和谐共赢的机器,那么,这台机器就需要各个零件的合理配合,才能机声隆隆,平稳运行。

案例3-6

一个小实验

一个非常智慧的班主任,做过这样的一个小实验:

她把班干部召集到一起,把一个空可乐瓶放在桌子上,然后给他们每人一根筷子,让他们在最短的时间内把筷子放入瓶中。孩子们在班主任老师说"开始"后,想也没想一齐把自己的筷子插向瓶口,结果谁也没有放进去。于是,他们就相互埋怨对方挡住了他的"去路"。班主任静静地旁观,直到他们自己觉得没趣停了下来。

看到他们终于安静下来了,老师说:"你们互不相让,只顾自己,而且可乐的瓶口就只有这么大,结果只能是失败。为什么你们不试着商量一个团结协作的好办法呢?"他们若有所思,经过短时间的商量,当老师再次宣布开始时,他们六人依次迅速地把筷子放入了瓶中。很明显,他们已经安排好了次序。他们开心地笑了,班主任也笑了,并且还夸赞了他们谦让、团结、协作的精神。同时,老师告诉他们,管理班级时也需要这样做,才能把工作做好。然后,又讲了很多关于团结的故事,使他们懂得团结就是力量,只有大家齐心协力,才能把班级工作搞好。

经过长期的训练,老师大胆放手让小干部去管理班级,使其都有了很强的责任心和工作能力。事实证明,即使在低年级也能发挥出很强的核心力量,成为老师的得力助手。

一线解读

YI XIAN JIE DU

有句老话叫"将帅不和,累死三军。"上面案例中的班主任,成功地运用一个不起眼的小实验,让小干部们用心感受到团结协作的重要性。只有懂得"谦让、团结、协作",才能把班级组织引向正轨。团结协

作,是建立班干部之间协调机制的核心。

班级看起来是个小单位,实质上事情并不少,需要班干部之间相互协调,合理分工,团结协作。一个强有力的班干部队伍,会使班主任的工作事半功倍。创建一个团结进取,遵规守纪的优秀班集体,离不开团结协作的班委会和积极向上、努力工作的班干部队伍。搞好班主任工作,必须善于重视班干部的培养和使用,充分发挥班干部和班委会的积极作用。

魏书生老师成功地构建班级协调机制,就注意到了教学管理与班级管理的协调,通过完善两条渠道,提高了管理的实效。

在管理的方式方法上,魏老师除注意直接参与管理外,始终把管理的重点放在启发学生进行自我管理、引导学生相互管理上。另外,他让学生办《班级日报》,加强了同学间的联系,促进了班集体的班风建设,并采取了多种措施增强学生的向心力和凝聚力,为学生的发展、进步提供了一个良好的外部环境。在管理中,他注意整体规划,分层管理,内外协调,有序运转。魏书生老师的"协调小组"在班委的"执法"过程中,起着重要的催化剂作用,极大地激发了班委们的活力。

一个成功的班主任,一定要学会善于营造班级文化,让孩子们热爱这个班级,喜欢这个班级,并以生活在这个班级而自豪。构建和谐的班队协调机制是营造班级精神文化的前提,而积极健康的班级精神文化,同样又能够促进班级协调机制的建立。二者相辅相成,相得益彰。

我们应该知道,个运转良好的协调机制,应该包括如下几个方面的内容:一是有师生交流沟通的绿色通道,学生有任何问题都可以直接和老师说;二是有学生自主处理班级矛盾的途径,如道德法庭、班级调解委员会等,学生能够通过这些途径来协调处理内部问题;三是有一个制度化的固定处理模式,每个人都能够通过它维护自己的合法权益。

行动指南
XING DONG ZHI NAN

班主任是协调班级成员、班级与外部关系的核心成员,在班级组织管理中起着举足轻重的作用。班主任如何建立干群之间、干部之间的协调机制,对于树立良好班风起着决定性的作用。为此,我们给出以下建议:

一是"放""引"有度。"放"与"引",是"权变"管理理念在班队协调机制中的作用体现。所以,我们提出放得有度,引得适度,实则是又一次强调了"人本"柔性管理。培养一支精练的班干团队,充分发挥他们参与管理,起模范带头作用,对于搞好班级管理工作具有十分积极的影响。我们深刻地体会到,班干部的工作能力要靠班主任培养,靠实践来磨炼;班干部队伍的凝聚力,也要靠班主任的培养;创造机会,培养班干部的管理能力、关系协调能力,增强管理团队凝聚力,也要靠班主任的点拨;树立班干部威信,树立良好班风,更要靠班主任的引领。

从班级实际出发,"该放手时就放手",大胆锻炼他们,让他们在管理实践中主动"冲浪",从而获得真正的成长。大到集体活动组织、编排,优秀评选竞赛,小到迟到、早退、作业完成情况的统计,全部交由班干部分工负责,让组织管理有序、有度、有章、有效。

班主任既要适时评价学生表现,又要及时调整班级结构,"当引则引"。对于班干部,班主任必须严格要求,正面引导。同时,还要根据班干部工作表现,适时评价,及时调整,保证班委会的鲜活性和生成性。对工作表现不好,学习不认真,工作不努力的班干部,必要时要重新选举,增强班干部的竞争进取意识,激发他们的工作积极性,使班干部队伍流动起来,才具有旺盛的生命力。

二是小会议，大作用。为了发展班集体的约束监督功能，班主任要定期召开班干部会议。除了进行必要的专业指导以外，更重要的是让班干部认识到当珍视锻炼自己的大好机会，不要辜负大家对自己的信任和期望；认识到自己的形象对集体的重要性，要从细微处严格要求自己增强服务意识、大局意识，凡事要从集体的角度去决策，不能从个人或自己负责的单项工作看待问题；要学会相互协调、相互支持，让班集体形成"你中有我，我中有你"的阳光型团队。

三是常"晒晒我的管理"。"晒晒我的管理"，是建立的一种班级管理公开机制。为了班级结构的稳定和秩序的稳固，班主任可以定期组织班干部"晒晒"自己的工作"业绩"。在"晒晒"业绩当中，从自身实际出发，从班级实际出发，认真进行总结和反省。同时，学习其他班干部的组织经验，弥补自身不足，并积极倾听同学的心声，接受来自同学、班主任和任课教师的建议，更好地改进自己的工作。无论对于班干部自身，还是对于班集体成员，"晒晒我的管理"都大有必要。当然，在"晒"的过程中，班主任要肯定班干部的工作业绩，并给予热情的鼓励，帮助他们树立管理的信心，并对他们工作中遇到的困惑予以及时帮助，通过"权变"达成效果。

第四讲 班级人际交往新挑战

班级管理面临人际关系的挑战已越来越明显,如有的班级似乎如一盘散沙,学生关系淡漠,纪律涣散,班务一团糟或是三五成群拉帮结派,互相争斗水火不容;有的班级仿佛拧成一股绳,学生之间关系融洽或是相互激励共同进步,极具有向心力。经营一个成功的班级是无数班主任梦寐以求的希望,而创建班级浓厚的"情感氛围"则是一个成功的班集体标志。在这里,我们想把焦点转入到班级人际交往的问题上来,思考建立一个情感融洽、气氛热烈、充满人情味的班级之策略。

(一)

"人际关系"、"情感"都是关于学会与人相处的因素。相处并非一个简单的事情,大到国际关系都是相处的学问,小到班级里、小组里同桌之间的争吵、打架、交朋友也都是相处的问题。所谓人际情感,是指让每个学生都懂得直面共同生活中我与你、竞争与合作、可能与现实等诸多矛盾关系,并在这种磨合中通过理解、宽容、尊重、沟通、协商来调整自己与他人的关系。中国是个人情大国,但此人情并非彼人际情感,在人与人关系越来越变味的今天,班级情感建设是一个亟待重视的工作。

(二)

"有一种感情,虽然久不联络,却能一见如故,那就是同窗之情。"

有人曾这样赞誉同学之情在个体生命中的特殊意义。但我们更应该明白的是,"同窗之情"不仅仅是衡量一个班级成败的指标,更是构成成功班级不可缺少的要素。人是社会中的一分子,立足社会参与竞争,必然要学会和人交往;人也是感情动物,没有任何一种资源可以超越人的情感。一个学生学会关爱父母、尊敬老师、关心同学、善待自己、努力成长的动因,首先不是理智的明澈而是情感上的变化。

(三)

我们面临的学生是"90后"、"00后",这样的一代是在经济市场化和网络化的背景下成长起来的,多半是独生子女,他们的成长有着鲜明的时代特点。过强的以自我中心和小时候缺乏人际交往机会都会为今后的人际交往埋下隐患。情感淡漠最终的结果必然是新新一代的学生一边呼喊"孤独",一方面又不能或者不会去与同龄人健康的交往。

一些中小学生沉迷于网络游戏和虚幻世界,与班内同学沟通极少,甚至不愿与亲友甚至是老师交流,导致同学之间关系冷淡彼此不信任。由于网络的虚幻和欺骗信息的猖狂泛滥,学生又缺乏分辨能力,有可能上当受骗,因此又对人与人的关系产生极端负面的看法,加重了对社会的误解。

(四)

现在的教育环境,尤其是中小学校,所有的挑战都压在了班主任的头上。如果班主任选择了逃避,那就意味着对教育的放弃和对职业的亵渎,这样的班主任绝非一个称职的班主任,即便是身为人师也是不称职的。为了指明方向,我们的思考从反思旧的生生关系入手,试图重新审视生生关系和师生关系,提出一些新的策略让那些游离于集体之外的学生回到集体中来,然后,在当前社会大背景下我们想同大家一起探讨最受人关注的网络人际关系和独生子女情感问题。

第一节 构建新型人际关系

学校教育中人际关系的渗透,是一个古老而崭新的话题。因为班级由许多个体构成,个体之间必然有交往。于是,就产生了人际关系,不能否认我们传统的教育中没有人际关系的成分;在现代班级管理中,随着独生子女数量的增多、学生生活水平的提高、信息的普及、社会节奏的加快、团队协作精神的缺乏等诸多因素的出现,对学生处理各种人际关系的要求也越来越高。从本章开始,我们特别针对独生子女以及独生子女在信息时代下所面临的新情况,对新时期班主任工作如何帮助学生构建新型人际关系进行论述,希望能对班主任老师有所启发。

学校中人际关系出现了许多令人担忧的问题,譬如师生关系淡化、师生关系对立化、人与人之间关系的功利化等情况越来越严重。因此,所谓新型的人际关系,其实就是一种破旧立新的探索,一种回归本真的关系。这是一件非常复杂的事情,一方面我们要直面人际关系的重要性,一方面我们又对原来的人际关系抱有批判态度。一个人,生活在社会大环境之中,要想有所作为,必须学会与人交往、与人合作、与人共处,那么人际交往就显得尤为重要。让孩子从小掌握一定的人际交往能力,不管是目前还是未来,都显得非常有意义。现阶段,班主任工作必须从单纯的分数怪圈中走出来,着眼学生未来的发展,在教育中渗透学生人际关系的构建理念。笔者相信,只要从小普及人际关系的基本常识、基本技能,那么学生就多了一份参与社会竞争的底气,这对于学生发展、社会发展有深远的意义。这样做的班主任,便是具有超前意识、富有智慧的教育工作者。

1. 突破传统的生生关系

传统的学生间的人际关系,是他们在学校的生活中产生的交往以及心理反应,学生间的人际关系对其学习、生活、身心的健康成长具有重要作用。我们提倡通过生生之间的交往、相互学习,构筑高尚的精神世界,使学生个人的喜、怒、哀、乐等情绪得以应有的表达,从而使学生达到在学习、生活中身心舒畅之目的。虽然这一切在学生学习过程中很重要,但此处笔者想论述的并非是这个层面,而是着眼学生的未来,通过学校的教育,打好学生今后五年、十年,甚至步入社会后更长时间的人际交往基础。只有这样,我们才有理由相信,在求学时代积累的财富,会是一个人成长的最大资本。通过开发一个学生人际交往的知识储备,继而开发庞大的社会资源,积累丰富的人脉资源,也是作为一名教育工作者的重要责任。

作为学生,在校学习、校园生活构成了日常活动的主体。这种主体之下蕴含着无限的潜能,学生这一年龄阶段不懂得规划未来,不懂得开发人际资源。作为班主任应该通过引导等方式,使学生意识到情商与智商具有同等重要性,从而有意识地积累和开发人际关系资源。这将是今后及相当长一段时期内考量一位教育者是否优秀的重要标准。

原规则:今日人际关系积累,明日成功的重要资本。

一个学生背后是一个家庭,一个家庭就是一个小的社会。如何让这些资源更好利用起来,是班主任应着眼考虑的问题。

不知大家注意过没有,凡是在事业上取得巨大成就者,并非那些在学生时代学业非常优秀的学生,反而是那些学业一般,甚至学业成绩很糟的学生。他们有一个共同的特点:善于交际,善于利用人际资源。这就给我们这样一个启示:作为班主任应该从小着手培养学生的

人际交往能力,让他们在未来社会多一份成功的资本。

班级纪实
BAN JI JI SHI

现实的班级管理中,有一部分班主任也比较注重学生人际交往能力的培养,但仅仅局限于校园这种主体范围;他们这样做的目的也很单纯,为的就是便于班级管理。学生之间关系和谐了,整个班级管理便走向有序,学习风气浓厚,班风正气,少了违纪事件的发生,这是班主任所期待的,也是很多老师努力的方向。

通过观察,笔者了解到,真正能突破校园主体进行学生人际关系培养的班主任少之又少。道理很简单:在分数决定一切的前提下,教师被繁重的教学任务所束缚,难以解脱出来培养学生的人际关系。现在的教育机制,主要考查的是教师的教学业绩。不管如何培养学生的人际关系,一旦学生的成绩不理想,就预示着自己的努力一文不值,而且要应对今后工作中诸多的被动情况的出现。正因为突破校园主体的人际关系极富有挑战性,又关乎学生未来的发展,所以做好这件事情必须要有长远的眼光和过人的胆识。我们有理由相信:只要真心为学生未来着想,真正达到教书育人的目的,其实更多的班主任都愿意参与其中,发挥学校人际交往教育的优势。

案例4-1

一次不一样的社会实践课

"如果想参加社会实践课,就跟我来! 不限年级,但必须能吃苦!"还没到放暑假,吴老师的办公室门口就打出了这样的横幅。

吴老师是新化中学八年级一班的班主任,市级优秀班主任,组建了自己的名师工作室。他带班在全市是出了名的,不仅学生学业优秀,而且学生综合能力特强。很多家长想尽各种办法把学生挤到他的

班上，可还是不能满足更多人的愿望。这次吴老师打出标语，其实就是为暑期"调查外来务工人员生存现状"做准备的。

很快，吴老师麾下就积聚了四十余名不同年级的学生。他们被吴老师分为5个小组。要求每组确定一个调查方向，记录清楚外来务工人员姓名、年龄、职业、收入和他们对未来的期望。

第一组确定的目标人群是菜市场的菜贩。孩子们出发的时候满怀信心，没想到第一次调查就碰了壁。

"大娘，您叫什么名字？"小亮礼貌地上前问好。

"干吗呀？查户口？"

"我想问问您一天的收入？"

"瞎折腾啥呀？没看到我忙吗？"

"您就告诉我吧，我们是想做个研究。"一旁的小花也帮着说话。

"没病吧？"大娘撂下一句话推着车子就走了。几个小孩傻傻地站在，一时半会儿没有回过神来。

第二组的几个同学来到一个外地人开的文具批发店，这次他们汲取了第一组的经验。

"阿姨好！您这儿生意不错呀！这本子多少钱？"

"一元一个，要得多可以优惠！"老板热情地回话。

"这也太贵了吧，我们上次买才几毛钱。"

"那要看你买多少，今年生意可不好做了，进价涨了！"

"我们上次买五毛钱一个，如果您的价格合适我们就一直在您这儿订购了！"

"五毛钱今年不行，今年的成本价都在五毛，纸涨价了。"

"阿姨，您家孩子在哪个学校上学？说不定和我们就在一个学校呢。"

……

就这样,他们比较顺利地和这位老板聊了起来。老板是温州人,来本地做生意已 10 年了,主要做文具批发和零售的生意。不仅向附近学校提供办公用品,也有很多企、事业单位在这里定点采购,年收入 20 万左右。他们在县城有一套房子,两个孩子均在县城读高中。

临走时,阿姨客气地说,"如果需要你们就随时过来,我给你们算成本价,就当我资助学生了。"

……

三天调查结束了,大伙集中在吴老师的办公室,开始认真整理调查的资料。他们需要做的是根据得到的一手资料,完成对本县外来务工者调查的基本情况,写出详细的调查报告。

一线解读
YI XIAN JIE DU

这是一次非常有意义的社会实践活动,也是一次很好的关于人际关系的实践课。学生没有拘泥于校园主体,他们在班主任的指导下,投身到大社会之中,亲历亲为参与调查。这个过程中,不仅需要生生之间的合作,更需要学生与外界进行沟通。当孩子在交往的过程中遇到了挫折,他们便会反思到底是哪个环节出了问题? 自己如何才能做得更好?

案例中,吴老师之所以优秀,他的特别之处便是将学生从校园带入了社会,突破了传统的生生之间的人际关系交往。现实中,更多老师都期望学生成才。其实,我们不必为孩子的成才发愁,多数成功者并非单纯智力超群,勇气、毅力、勤奋和善于向别人学习也是成功人士共有的特点。更重要的是人际关系的构造和突破,将会为一个人的成功奠定坚实的基础。如果缺乏了这样的能力,即使再聪明也会百无一用。一位很有成就的老师说过这样一句话:"我教过的学生中,往往是

那些成绩一般但很会交往,甚至调皮捣蛋的学生成了大老板、经理等商界成功人士,成绩非常优秀的很多学生反而成了打工者。"何谓"成才"? 如何培养学生"成才"? 这是目前每一个教育工作者必须认真思考的问题。

教育更多的是人与物、人与观念的交流,人与人的交流是当代中小学极其缺乏的一个方面。这种隔离人与人关系的教育,显然是违背人的全面发展的。尽管当代教育强调学习中的交流与合作,但知识教育更多还是个人化的行为,学生与学生之间的互动、交流、协作、交往,更多的应该通过知识教育之外的活动产生。笔者回忆自己的学生时代,记忆深刻的感情片段多是一起排练某个节目,一起到某个地方旅游。交往往往与生活有关,单调的生活难以养成丰富的感情,唯有创造多彩的生活氛围,方能成就良好的生生感情。

今日之教育,就是未来之中国。教育不能只看眼前,画地为牢。教育需要放眼未来,放眼世界。只有这样,我们的学生才会有希望,我们的民族才会有希望。班主任,一个看似普通、平凡的职业,却肩负着对时代承前启后的重大使命。所以,对学生的未来负责,这应该成为我们应有的职业道德和行动准则。

行动指南
XING DONG ZHI NAN

传统学生之间的人际交往能力培养,是班主任的首要工作。因为这是搞好教学及其他工作的前提。此前提下,必须长远考虑学生一生的发展,构建新型、突破型生生关系。只有这样,班级才会更有活力,学生才会有更好的发展空间。为此,我们提出以下几点建议:

一是营造舆论,创造和谐人际关系的氛围。班主任作为班级的带头人,必须营造良好的班级文化氛围,使学生的人际交往能力得到发

展,从而建立符合社会所要求的人际关系。鉴于此,一个首要问题就是建立正确的评价机制。评价机制包括制度、舆论两个方面,前者是刚性的,有什么样的表现值得赞赏,什么样的表现需要批评、指正,这是必须明确的问题。

营造和谐的人际关系氛围,必须坚持"以团结互助为荣,以损人利己为耻"。同学之间真诚团结、热心互助,这也是中华民族的优良传统。班级里,一人有困难大家都出手相助,对那些人情冷漠、甚至损人利己的事情,大家都能在道义上做出谴责和制止。如此这般,班级每一个成员才能建立较强的集体意识,自觉维护班级荣誉,并因为自己是班级成员而感到自豪和幸福。

二是立足现实,搞好校园生生人际关系。要想让学生之间的人际关系得到突破性的发展,必须依赖基础性的人际关系交往,就好比高楼大厦唯有根基牢固,方可长久伫立。作为中学生,校园学习、生活依然是他们日常活动的主体。学习生活中,班主任必须引导学生处理好同学之间的关系,这才是今后人际关系发展的基础。处理好生生之间人际关系,需要大家真心相待、诚心与共。同学之间的交往,真诚就是一块试金石。如每天都在和同学进行交流,有学习上的相互切磋,有生活中的相互帮助,更有心灵的相互沟通。

作为班主任,应该引导学生学会理解与宽容。当同学和朋友遇到挫折、苦闷和压抑时,需要一个发泄情感的对象。如果我们能够真诚、耐心地倾听对方的诉说,就是对朋友莫大的理解和劝慰。

作为班主任,更应该引导学生要有"度"交往。中国有句极富哲理的话:"物极必反"。生活中,任何过了头的东西都会走向反面。同学间的交往也是如此,交往过密,反而容易出现裂痕;而把握适当的"度",才能使同学间的友谊成为永恒。学生之间,难免会发生矛盾,所以,处理人际的关系一个重要内容就是如何处理这些摩擦和纠纷。

三是放眼未来，走出校园构建大的人际关系。 学生是社会中的人，他们的未来不在学校，学校生活只是未来生活的演练场。要想让学生能够更好地适应社会，必须走出学校参与到社会中。着眼学生的未来，让学生走出校园参与人际交往，这是一个班主任教育智慧的体现。其实，学生突破以学校为核心的人际交往圈并不难，难在班主任对此没有足够的意识。让学生参与社会实践活动，便是培养这种人际交往能力的最好途径。

作为班主任，不妨利用周末、节假日，多多开展几次有意义的社会实践活动，让学生在活动中培养交往的能力。当然，充分利用学校的资源，开展各种大型集体活动，让学生积极参与到活动中去，能够让他们在活动中发现自己的优势，拓展自己的交往能力。

2. 构建新型的师生关系

随着新课改的进一步推进，传统"师道尊严"的观念被彻底打破，教师不再高高在上地传道授业解惑；学生也不再唯命是从，被动接受。如何与学生相处，成为班主任必须面临的一道门槛。只要顺利地跨入这道门槛，师生的距离即刻拉近，学生之间的交往也由单纯的认知需要发展为情感需要。传统的师生关系，主要是一种为完成教学任务而形成的关系。但如今我们发现，师生之间不仅仅有教育关系，还包含着情感的交往与交流而形成的心理关系。班主任应该设法加强师生之间的相互理解和沟通，这直接关系到学生的学和教师的教，甚至会对学生世界观、价值观的形成产生很大的影响。

原规则：和谐的师生关系，学生健康成长的助力剂。

班主任是学生成长的引路人。只有师生关系融洽、和谐，学生的身心才会健康发展，学生才会听信教师的教诲，教育才会走向良性发展的轨道。

当前,师生关系最普遍的现象是学生对老师"敬而远之","有师生缘,无师生情",在师生关系中学生永远是弱势的一方。从这个意义上讲,有什么样的老师就必然有什么样的师生关系。作为班主任,必须要从传统班级管理模式中走出来,彻底放下"师道尊严"的面子,深刻反思自己与学生之间的关系,切莫让师生关系走入服从型、自由散漫型等状态。班主任要充分了解学生的所想、所需,在班级中构建民主、和谐的师生关系。在此基础上,才能走进学生的内心,真正做学生前进道路上的引路人。

班级纪实
BAN JI JI SHI

目前,在班级管理和教育方面普遍存在着这样的现象:教师管得多,理得少;说教得多,实干得少;指责得多,鼓励表扬得少;居高临下命令的多,尊重、理解、沟通的少。这样必然造成班级的不和谐,师生关系的不和谐,这些现象严重违背了教育规律,直接导致教育效率低下,不利于学生身心健康发展,严重的甚至还会导致悲剧的出现。

造成师生关系不和谐的因素有很多。除了学生自身身心发展的影响之外,社会环境、学校教育等都是导致师生关系不和谐的重要因素。如今,对学生的教育,要立足于提高学生思想品德素质,从思想道德行为、品质、情感、意志等方面对学生进行教育和培养,同时也包括培养学生的民主意识,形成民主习惯。民主管理可以充分调动学生积极参与班级管理和班级活动,强化主人翁意识,从而形成生动活泼、积极向上的班级氛围。

→ 案例4—2

我就是你的耳朵

刚接手这个班,我就遇到了麻烦。第一次见面会,前排这个叫晓峰的女生站起,满脸通红结结巴巴说了几句,我甚至连她的名字都没有听清楚。座位上的她忐忑不安,我走近她试图和她对话,她的头低得更低。晚上我收到了她夹在作业本里的纸条:"老师,上课我听不到一点声音,只能看你口型猜想你说什么。每一节课我都感觉很疲惫,生怕漏掉你说的每一个字,却往往我的思维还在这个问题停留,你却早已结束了下一个问题。我不知道自己能坚持多久,我好恨自己,为什么别人都有一个健全的身体,而我没有呢?"

原来她是一个双耳失聪的孩子,家里没钱没有佩戴助听器,她根本听不到老师说话的声音。看到这一切我不住地思索:如何让晓峰尽快适应? 如何让她"听懂"我的语言?

必须先解决晓峰的听课问题,与其让她在课堂上这样痛苦,不如不要求她听我讲的课。于是我写道:"晓峰,其实学习的方式有很多种,课堂教学只是其中的一种。你可以尝试自学,老师每天把下节课的内容写给你,把每一道题的分析过程详细写给你,这样你就可以节省很多时间和精力。有什么问题,你直接写到日记中好吗?"

这样,每一天我都会把次日上课的内容写到晓峰的日记中去,那一节课的重难点是哪些,讲了哪些例题,每一道题用到什么方法,渗透什么思想等,都一一做了详细的说明。一个月过去了,晓峰适应了这种学习方式,她也很乐意通过日记和我探讨各种问题。

随着晓峰对课堂的逐渐适应,她开始通过文字与我进行交谈。她这样写道:"虽然我的学习取得了很大的进步,那也是我一直以来的支撑。但这一切都不能使我快乐,我渴望与别人交流。当几个好朋友因

为我听不到他们说话而离我远去时，当我想与人交流却找不到合适的倾诉对象时，当老师一遍又一遍为我讲题我却一次又一次没有听懂时，看看大家疑惑的表情，我的眼泪禁不住地流了下来。这个时候，我巴不得地上有一个洞让我钻进去。没有办法，我只得有意回避他们。"

我这样回信鼓励她："身体的缺陷暂时无法改变，但你一定要积极乐观地面对生活中的一切。勇敢地走出去，和同学们交往，老师相信你会找到合适的交流途径。通过书信、作文、纸条等各种形式让他们了解你。这样你就不会孤单，也让别人因了解你而感到幸福。老师期待你走到同学中间去，老师同样期待你每天快乐。对了，老师也希望和你成为好朋友！

如何能让晓峰听到声音，也许佩戴助听器就可以解决这个问题。当我把这个想法告诉家长时，她的父亲沉默了许久。从晓峰的日记中我知道他们家中兄妹多，母亲又久病缠身。传统的重男轻女思想，拮据的家庭生活让她的父亲一筹莫展。于是，我向学校反映了晓峰的情况，一学期后得到县残联的支持，晓峰终于如愿以偿地佩戴上了梦寐以求的助听器。虽然只能听到很小范围内的声音，但是她也很开心。看到她戴上助听器和同学交谈时兴奋的样子，我也感到很幸福！

晓峰的成绩越来越好。即便能够与我交流，但她更喜欢与我进行文字交流。她的文笔变得更棒了！经过我的修改和推荐，她的处女作《你就是我的耳朵》在一家省级杂志正式发表，她别提有多高兴。她将邮寄的样刊送给我，笑着说："老师，你就是我的耳朵，谢谢您！"

如今，晓峰已经是一名大三的学生，虽然功课很多，学习比较紧张，但仍然经常与我通信。每每读完她的来信，我的内心就无比的兴奋。透过窗户望向室外，在明媚的阳光下，我仿佛又看到了那个活泼可爱的女孩。祝福你，晓峰！

一线解读
YI XIAN JIE DU

一个双耳失聪的女孩渴望与外界的交流，但因为家庭的窘迫，她极度自卑。也许，她的一生会在孤独和黑暗中度过，可恰恰相反，她遇到了一位好老师。老师用真诚和智慧赢得了孩子的信任，同时也为孩子赢得了一个崭新的人生。对于这样一个女孩，身体残疾不可怕，可怕的是心理出现的问题。要引导她走出困境不是班主任多一点关心、多一点爱护就可以解决的。没有彼此的高度信任，老师就不能充分走进孩子的内心，一切教育活动只会显得苍白无力。

从解决孩子上课听讲问题入手，与她交流内心的苦闷，引导她积极面对人生，帮助她解决困扰多年的听力问题，帮助她发表第一篇作品，这一系列活动让她重新找回了自我，从而鼓起了生活的风帆，信心倍增，勇往直前。这样的孩子已经完全回归社会，未来的她也必定会克服一切困难，赢得自己的精彩人生。

与学生交流时，有时，老师一个会心的微笑，一个关切的眼眸，一句鼓励的话语，都会荡起学生内心的涟漪，从而师生关系产生正面、积极的影响。反之，老师一句嘲讽，一个冷漠的眼神，一句无心的抱怨，也会掀起学生内心的波浪，从而师生关系产生负面消极的影响。反思案例，我们不难发现，爱、民主和尊重依然是做好班主任工作的前提，但只有爱、民主和尊重，却不能做好班主任工作。正如笔者所要阐述的那样，新时期的班主任与学生的关系应该是玩伴关系，是医患关系。班主任要与学生一起体会学习和生活的精彩，要清楚学生发展中的病根在何地方，还要及时开出药到病除的良方。唯有建立这样一种新型的师生关系，才会让教育效果达到最佳值。

我们心中所期待的师生关系的图景是：教师和学生散步在校园里

像知己一样交流看法,学生和教师因为观点不同而激昂地自由辩论,老师像朋友一样地安慰和关心学生……然而,这许多美好的风景似乎离我们越来越远。在一个功利的时代,寻找这些本真的师生关系往往有着难以逾越现实的艰难。但这种回归,其实是找回班主任自我价值和自我幸福感的途径,远离了这种本真就意味着我们已经走入了教育的死胡同,走进了教师职业的死胡同,我们应该积极地寻求出路!

行动指南
XING DONG ZHI NAN

著名教育家叶圣陶先生说:"受教育的意义和目的是做人,做社会的够格的成员,做国家的够格的公民。"由此可见,教育的真谛是育人。作为班级管理者的班主任,如何做好育人工作? 除了管理理念和策略,师生关系决定着育人的成败,班主任角色的调整,和谐师生关系的建立将会为育人做好铺垫。为此,我们提出以下几点建议:

一是用高尚的人格感染学生。爱因斯坦说过:"学生对教师尊敬的唯一源泉是教师的德和才,无德无才的教师是绝对不会受到爱戴和尊重的。"可见,班主任德才综合能力的高低,会直接影响其自身在学生心目中的威信,并将直接影响班级管理效果。一名优秀的班主任,是学生人生道路上的楷模和导师,著名的孙敬修老师曾这样生动地表述:"学生的眼睛是录像机,耳朵是收音机,脑子是电子计算机,他们会把收集的信号储存在电子计算机里,然后指导他们的行动。班主任所表现出来的情感、态度、价值观,比任何语言都更巨大的感染力,班主任的良好风度、仪表、气度、胸怀等都是对学生无言的教导。"很难想象,一个人格卑劣的班主任如何去教育、引导自己的学生。在学校,尤其是班主任,他们是学生最亲近和崇拜的人,时时刻刻都在潜移默化地影响着学生。因此,对于班主任来说,用自己崇高的道德品质和人

格魅力去感染和影响学生至关重要——你要学生成为什么样的人,自己首先必须成为这样的人或者朝着该目标去奋斗。只有这样,学生才会亲近你、信任你,和谐的师生关系才会建立。

二是不断学习丰富自己教育智慧。新的教育背景下,传统"堵、控、压"的管理方式已不能适应学生的发展需要,班主任工作必须由"体力型"向"智慧型"转变。智慧型班主任应当成为班主任专业化的理想境界。当然,教育智慧并非与生俱来,是靠班主任自己在班级管理的探究中不断反思、摸索、实践、积累得到的。智慧型班主任可以通过阅读书籍报刊,观看相关题材的电影、电视剧和专家讲座录像,听取专题报告,师徒结对等学习方式,并通过参观、座谈、网上论坛等交流形式,与专家、同伴、家长、学生交流学习;也可以结合自身、学生、班集体及班级管理等实际,灵活模仿、运用他人成功案例,然后对照反思自身实践得失,提出修正方案,再次实施,再次总结反思,循环往复,不断地提升实践能力和实践效果;还可以通过课题研究进行深入探究,以本班学生为研究对象开展行动研究,以期在自主探究中取得实践效果和提升自身实践的智慧。

三是加强与学生的联系和接触。良好的师生关系,是在交往和接触中产生的,班主任应当积极主动地与学生多接触巧沟通。每个学生都有一个特殊的世界,班主任与每一个学生的交往都会产生一种形式,只有做到具体问题具体分析,避免那种形式化的教育,才能真正赢得学生的信赖,成为学生成长的正能量。班主任要引导学生健康成长,单靠知识去教育学生是远远不够的,还要靠老师用爱心信心恒心去感化他们。每个学生都渴望得到老师的爱。只有让学生处处感受到你的关心与呵护,才能打开他们的心扉,倾听他们的心声,并及时客观地分析原因,正确引导,智慧点拨,发现闪光点加以督促鼓励,慢慢地学生就会感受到老师的真诚和关爱,师生关系自然就会融洽,水到渠成,一切问题都会迎刃而解。

第二节 有效控管班级情谊

学生时代,既是每个人学习的黄金时代,更是每个人生命长河中非常重要的一个生活阶段。这段时间内,一个人生活的幸福与否固然与个体学习有关,但能否从所生活过的班级中获得认可和友谊,则是影响他学生时代的幸福感尤为重要的因素。这段生活期间,他们的思想需要表达,他们的情感需要宣泄,他们之间需要沟通,彼此需要理解和尊重。良好的情感是维系学生间关系的最好方式,也是班级持续发展的核心所在。因此,班级管理要在调动学生积极的情感上下大功夫。班级发展在学生的情感上得到认同、共鸣,那么,这个班级就有了共同的潜力。

亲爱的朋友们,在你的学生时代,你也许有过对某个班级感到失望,而对某些班级充满热情的经历吧?此种情况的出现,往往与班级情谊有关。本小节,我们将和朋友们一起探讨班级情感的建立。我们试图通过培养学生对集体的情感,以及对同学的情感来维护班级的正常程序,促使班级向良好秩序发展,让班级建立良好的情感基础,从而建立积极、持续的班级秩序。

1. 集体情感的培养

我国著名儿童文学家冰心先生十分强调"爱是教育的根本","有了爱,便有了一切,有了爱,才有教育的先机"。爱会使人感到安全、快乐。生活在一个集体之中,需要有爱的温暖、家的氛围,通常情况下,爱并非一个人付出,其他人的索取,而是彼此之间大家一起来奉献真情,相互取暖。爱是建立在彼此信任和关心的基础上的,是大家共同

的付出,共同努力的结果。一个班级是否有内涵,能不能持续发展,不是单纯看这个班级学习成绩多么优秀,不是看这个班级班规有多严格、完善,而是看同学之间是否能相互关心、爱护,同学之间有没有良好的关系。

同样,一个班级有没有良好秩序,关键看师生之间、同学之间有没有良好的关系,教师是否关爱学生、善待班级,学生是否尊敬师长、热爱集体。拥有这种爱,才是班级发展的内涵,才是班级发展的核心。

原规则:学生的班级情感,衡量班主任工作的重要标准。

一个秩序良好的班集体必然是:教师爱自己的学生,能用爱心去引导学生,感染学生,能以身作则,平等对待学生,设身处地替学生着想;学生之间充满爱,懂得互相关心,互相理解,彼此照应,对班级存在浓厚的情感,始终能以班级的利益作为自己行动的标准,在自身利益和集体利益发生冲突时,能够舍弃自我小利维护班级大义,甚至在他们走入社会之后仍然能对班级留有美好回忆。这样的班级就是理想的班集体,这种理想是靠学生的感情来维系的,这样的班级也是一个和谐的班级,有感情的集体,是作为班主任应该着力打造的团队。

班级纪实
BAN JI JI SHI

学生对班级的情感可以表现在在校期间,也就是他在班级求学的过程中是否会热爱集体。现实中更多学生把班级当作最讨厌的地方,原因是这里没有自由,没有快乐,没有安全感。学生的一举一动都被限制,不许乱说话、不许乱走动、不许……一旦学生违反了规定便会受到相应的惩罚,他们就会被视为班级的"异类"。长此以往,学生的个性被磨灭,对班级的情感荡然无存。诚然,一个优秀的班级可以培养学生对班级的情感,学生会齐心协力做好班级的事情,他们会因班级

的荣誉而欣喜,会因班级失利感到难过。

其实,学生对班级的情感更多的是体现在他们离开班级之后。当他们走入社会以后仍然不忘在班级所受到的锻炼,仍然不忘当年班级中同学之间、师生之间的纯真情谊,那些美好的经历和回忆都会伴随他们一生,这样的情感才是班级情感培养最期待的效果。

➡ 案例4-3

李镇西写给新生的一封信

从今天起,我们就是好朋友了!

仔细想来,我们能够相识纯属偶然——用个比较通俗的词,叫做"缘分"。你想想,这世上那么多学生,我为什么就遇到了你呢? 这世上那么多老师,你为什么就遇到了我呢? 呵呵,这是不是缘分呢?

第一次见新朋友,我把我早已准备好的礼物送给你——一句话和一本书。

"让人们以你的存在而感到幸福!"我把这句话作为礼物送给你! 这既是一种伟大崇高的价值观念,同时也是一种平凡朴实的实践行为。用精神播撒精神,以真情赢得真情。亲爱的朋友,做一个"让人们因为我的存在而感到幸福"的人,往往只需"举手之劳"——在公共汽车上,你为一位老人让座;在街头,你热情耐心地回答一位陌生人的问路;在教室楼道,你主动上前帮老师抱作业本;同学病了,你哪怕是一句亲切的问候,他们都会因为你的存在感到一种幸福……今后,在我们班,当某个同学遇到困难时,你如果第一时间出现在他面前并伸出温暖的手臂:"别着急,有我呢!"那样,他会因为有你而感到班集体的无比温馨! 我希望在文明的集体中,大家有共同的追求、共同的荣辱、共同的精神支柱、共同的心理依托。成员之间相互友爱,互相帮助,谁也离不开谁:每一个人为集体的挫折感到难过与忧虑,集体为每一个

人的成绩感到欣喜与自豪。

你手中这本《爱心与教育》，也是我送给你的礼物，这是我好几年前出版的一本书。这本书记录了我和我的学生的故事，是我和我学生真情的结晶。你打开这本书，会走进我的精神世界，进而了解李老师是怎样的一个人，李老师是怎样在从事着教育。当然，我之所以要送给你这本书，更重要的目的是要你按书中的李老师监督你眼前的李老师，看看李老师是不是真的爱学生。爱，不等于教育；但没有爱，肯定没有真正的教育。因为我爱你们，所以我会想方设法做好自己的每一天的工作。其实，李老师也有很多缺点，比如我脾气不好，做事急躁等等。但我想，只要有了同学们的监督和帮助，我会随时克服缺点，不断改进自己的工作。我一直认为，老师和学生是一起不断走向成熟和成功的伙伴；我在教育你们的同时也在接受着你们的教育。让我们在今后的三年里共同成长！我坚信，在未来的日子里，我们会用行动共同创作出一部新的《爱心与教育》！

最后我还想说一个愿望——我希望在三年后你离开我的时候，会这样说："很幸运，因为我在高中遇到了李老师！"请相信，我会为我这个愿望而不懈努力！

要说的话还有很多很多，反正来日方长，更多的话留着以后慢慢说吧！就让我们在未来的人生里风雨同舟，携手而行吧！

你真诚的朋友：李镇西
（摘自李镇西《心灵写诗》）

一线解读
YI XIAN JIE DU

南有李镇西，北有魏书生。作为当下教育界有名的两位教育专家，他们都在班级管理中做出了杰出的成就。李镇西是既做校长又做

班主任的教育专家,也是苏霍姆林斯基的坚定追随者,三十多年的从教经历无时无刻不在践行着民主教育思想,他的班级管理思想可以概括为:旧德育向新德育转变。单项教育→互动教育(相互学习),非人教育→人性教育,臣民教育(臣民意识)→公民教育,封闭教育→生活教育,他律教育→唤醒(期待)教育,专门教育→渗透教育,灌输教育→活动教育,客体教育→自主教育。从李老师短短千字写给高中的新同学的信中,我们不难看出,他十分注重学生情感的培养,尤其是培养学生对集体的感情。

"让人们因为我的存在而感到幸福!"简单的一句话囊括了这种情感的全部。试想,身在集体中,如果集体成员感受到了你的存在所带来的温暖,那么,这个集体是否会变得温暖? 如果集体成员都能这样,那么这个集体的优秀是不言而喻的。

对班级集体的情感培养,不需要高深的理论,也不需要伟大的壮举。其实,通过生活中的小事完全可以体现出来。正如李老师所言:你主动上前帮老师抱作业本,老师会因为有你这样的学生感到幸福;同学病了,你哪怕是一句亲切的问候,他也会感到有你这样的同学是一种幸福……李老师注重学生情感的培养,这种情感就是一种公民思想,让他们从小热爱社会,做一个懂得感恩、热爱生活的人。

李老师一直在用心灵写诗,用心灵赢得心灵。他习惯与学生进行心灵的对话,这种真诚、纯洁的情感培养,使得他的学生无时无刻不在接受来自他人格魅力的熏陶,这必将促使他们对集体产生深厚的情感。

用美好的情感来教育人,是教育中最唯美的部分,更是教育中最高效的部分。我们往往能看到不少学生为了收看某个电视剧而废寝忘食,这显然是被某种情愫所击中。我们的班级建设难道不能从中借鉴一些道理吗? 一个值得热爱的班级多少应该有些"理想"的成分,这

种理想往往是班主任能够营造的结果，或者是单纯的情感，或者是师生间超越功利的关系，或者是众学生有特殊的成就。李老师这种与学生颇有文艺气息的关系，渗透到与学生的交往中，为班集体增色不少，激发了学生心中某些美好的人性，这样的教育必然是最能激发人潜力的。

行动指南
XING DONG ZHI NAN

打造一个有感情的班级，让学生感受到老师对班级的情感和学生对班级的情感，并让这种情感定格为班级的主题，是每一个有思想的班主任的不懈追求，也是为学生发展创造最适宜的集体环境。作为班主任必须提升自身素质，让自己深深爱集体，让班级充满爱。为此，我们提出以下几点建议：

一是班主任要培养自己对集体的情感。很难想象一个对班级没情感的班主任，会带出对班级有感情的学生来。作为班主任，一言一行对学生都会产生深刻的影响。因此，班主任要在班级中渗透自己的管理理念。那么，最好的方式是用自己的言行为学生做出榜样。要让学生对班级产生感情，有责任心，懂得尊重和理解别人。那么，班主任首先应该是一个有感情、有责任心、懂得尊重和理解别人的人。班主任首先要对班级产生深厚的情感，带着深厚的情感用心经营自己的班级。如果班主任的行为和自己提倡的理念不一致，那么学生很快就会失去对他的信任，班级管理就会变得被动。要落实班级管理理念，最好的途径是班主任做出表率，以自己的一言一行来引导学生。

二是培养班级文化，营造一种集体情感氛围。一个班级应该有自己的班级文化，这种文化的打造，首先从营造班级舆论开始。班级情感氛围怎么样，可以从同学之间如何相处以及班级舆论中看出端倪。

一个优秀的班级,应该是充满爱的海洋,从班级舆论中更好地体现出"我为人人,人人为我","让每一个成员因为我的存在而感到幸福"等理念。班级各项活动要不断强化这种意识,让这种舆论深入人心,成为每个成员的做事准则。那么,这种集体的情感就会油然而生。

三是在活动中培养学生的集体情感。一个优秀的班主任,不是时时作为班级警察、消防员来维持班级秩序、处理突发事件的,而是要作为班级发展的蓝图设计者,实践中,提前为班级谋划好发展方向并不断付诸实施。班级发展每一个阶段,要通过活动引导学生顺利度过关键时期。比如,对低年级做好学生适应调整,通过活动让学生感受班级温暖;在学生逆反心理最严重的时刻,做好学生心理疏导工作,通过活动让学生内心得到及时而合理的宣泄。大型集体活动是培养学生集体情感的最好途径,班主任切不可随心所欲,组织好、引导好活动,就会成为培养学生集体情感的最好方式。

2. 个体学生的集体回归

前一切,我们谈的是整个班级的情谊,那是一种引人入胜的氛围。但许许多多的班级都存在着不同的边缘学生,他们游离在集体之外,促使他们回归是每个班主任工作的难点。一个班级大部分学生都对集体存在着深厚的感情,只要班主任稍作引导即可,问题是班级中总存在一些不安定的"个体",把这些"调皮"和存在"缺陷"的"个体"引导好,让个体回归集体,让溪流回归大海,这是衡量优秀班级的一个重要的指标。

世间没有两片完全相同的树叶,更不可能有完全相同的学生。我们应该清醒地认识到学生之间有差异性。他们每个人都有自身的独特性,每个人由于遗传素质、社会环境、家庭条件和生活经历的不同,而形成了独特的"心理世界"。他们在兴趣、爱好、动机、需要、气质、性

格、智能和特长等方面各不相同,各有侧重。"人心不同,各如其面",独特性是个性的本质特征。珍视学生的独特性和培养具有独特个性的人,应成为我们对待学生的基本态度。

原规则:个体学生的回归,是有效衡量集体情感的重要指标。

伸出一只手,五个指头长短不一。一个班级中,几十名学生不可能都整齐划一。总会有成绩差,违反纪律,甚至屡教不改很难缠的同学出现。这样的个体虽然数量少,但危害却很大。值得注意的是,这些人在班级中具有较高的威信,如果引导不好将会对班级发展带来不可低估的负面影响。作为班主任要时刻关注、引导这些学生,促使他们积极转变,真正做到像手指一样,虽有长短但密切配合各自发挥其职能,共同完成每一项工作。如果班主任知人善任,把个体学生合理引导、有效转化,让他们回归集体之中,那么,这个班级必然会快速走上健康、有序的发展道路。

班级纪实
BAN JI JI SHI

班级中总有一些个体学生,他们很容易违反纪律,有的甚至故意违反纪律来吸引老师和同学的注意。这些边缘学生的种种表现可以简单归纳为以下几类:学生行为上的问题,比如在教室捣乱,偶尔违纪行为;特殊情况学生,如智力障碍,残疾学生,心理问题学生;暴力倾向学生,这类学生是最容导致班级管理混乱的问题最严重的一类,具体还分为:

语言上的暴力行为。这类学生多用语言威胁、恐吓同学,出口秽言,辱骂或羞辱同学,严重者还顶撞老师甚至校领导。

行动上的暴力行为。这类学生在行动上故意毁坏公私物品尤其

是公物,故意攀折花草,蓄意破坏其他公共设施,损坏其他同学物品。

破坏攻击的暴力行为。这类学生表现为经常欺负弱小同学,喜欢打架,结识社会不良人士、拉帮结派,自己情绪易激动,受人教唆、蛊惑,极容易做出过激举动,滑向违法犯罪的深渊。

这些个体学生,往往是班主任最容易忽视的部分,但这些个体确实是影响班级情感的核心因素。班级情感要想得到有序发展,班主任必须认清这个问题,努力解决好该问题。

➡ 案例4-4

我找张老师道歉去

英语课上,教室里突然乱成一团。据说亮亮要和张老师动武。

"学生打老师,有这样的道理吗?"听说英语老师气得暴跳如雷,我生气地质问道。

"老师,我不想上学了!"找到亮亮,他第一句话竟然是这样回答我!

"我,我讨厌张老师!"亮亮双手紧握成拳,激动的泪花在他的眼里打转。

"和老师发生不愉快的事,你很委屈,是吗?"强压怒火,我的声调降了很多!

亮亮强忍着将要落下的泪水,"老师,七年级时的英语老师杜老师人很好,对我们非常关心,大家都喜欢她,我还是英语科代表呢。可现在换了张老师,她动不动就训人,干了几周,我的科代表无缘无故地竟也被她给撤换掉了。老师,您说,我多冤屈啊!"

看着他一脸委屈,我猜想在换掉外语科代表的时候,他一定非常失望和生气。

"我们根本没有好日子过,单词没有听写过关不让吃饭,课文没有

背诵熟悉不让休息……"

"你内心不服气,是吗?"

"是很不服气!可是,我并没有故意为难她,我肚子疼得厉害,就趴在桌子上。她说我睡觉,批评了我。我刚坐下,她一脚踢翻了我的凳子,我被重重地摔在了地上。我急忙爬起来捡凳子,她又说'你干什么,拿凳子打我吗?'我气急了说'你讲不讲理呀,亏你还是老师!……'结果,她就被激怒了!"

"张老师错怪你了,你觉得委屈是吗?"他点点头,顿时泪流满面。

哭了许久,他终于停住了,在他情绪平静后,我问他:"亮亮,还是那么恨张老师吗?"

"嗯,现在心里好受了一些。但还是挺恨她的,她不调查就冤枉好人。"

"她不调查就说你睡觉,确实有些不好,但为什么她一见你趴在桌上就说你睡觉呢?是不是因为你平时喜欢在课堂睡觉?"

听完这话,他的脸突然红了:"以前的确睡过,但这次绝对没有。"

"哦,那老师一定是先入为主了!"

"反正她是老师,就不该冤枉人!"

"那你觉得一个老师应该怎样?"

"应该心胸宽阔,不要冤枉人,尤其是好人。"

"哦,呵呵!你的确长大了,但你对老师的看法很片面!"

"为什么这么说啊?"他挺纳闷地看着我,嘴有点撅。

"你刚才不是说,因为老师撤了你的科代表,你就不喜欢学英语了吗?一般来说,成熟的人看待问题会比较全面,会接受一个人的优点,也会接受一个人的缺点。"

"你是说?"

"你说呢?你一直在说张老师的缺点,现在你想想她有什么

优点?"

"她做事挺认真,对工作极负责,不会偏袒任何人……"

"真好,听你这么说我很高兴,你又向成熟迈进了一步。"

"换掉科代表的确没有和你商量,不过,这是我同意的,张老师也征求我的意见了。再说,班里所有的科代表都调整了,不只有英语课啊!"

亮亮挠挠头,不好意思地说:"我知道了,老师。的确是我对张老师存在偏见!任何人都有缺点,我也不例外。"

"那现在你会怎么做?"

"我……我……我找张老师,向她道歉去!"话音没落,这孩子一溜烟似的就消失了!

一线解读
YI XIAN JIE DU

英语课堂,亮亮与张老师差点发生肢体冲突,这是师生关系中较为严重的矛盾。从案例中我们可以看出,亮亮其实不是一个坏孩子,他本来也挺喜欢英语的,并且担任过英语科代表。

他被逐渐边缘化的过程,是换掉英语老师后的不适应,以前的杜老师对他多采用鼓励、表扬的手段,他自己也体会到了成就感;新来的张老师采用了强制手段,不写完单词不让吃饭,课文背不过不让休息……可以这样说,张老师错误的做法引起了学生内心的反感,从亮亮的内心来看,他已经开始拒绝并抗议如今的英语老师,上课开始睡觉,搞小动作。遗憾的是,张老师甚至班主任并没有从亮亮的一系列反应中看出英语老师的问题,导致这个孩子逐渐被边缘化。问题就这样日积月累,终于有一天亮亮认为老师冤枉了自己,老师反倒以为学生要打自己,矛盾就这样激化了。看似偶然的事件,但经历很久的发酵酝

酿,使得师生之间的矛盾片刻爆发。

可喜的是,班主任并没有因为亮亮与张老师肢体冲突而失去理智,没有采取直接送政教处和叫家长这样极端的处理方式。假如这样处理,估计亮亮成长之路就会被无形中设置了一个难以逾越的坎,要么退学从此踏出校门终止求学之路,内心痛恨老师一辈子;要么一蹶不振自暴自弃破罐子破摔,人生灰暗一辈子;极端的他还会找老师的茬儿,如果遇到别有用心的坏人,后果更难预料。与学生倾心而谈,充分了解矛盾背后的真实原因,会发现每一个学生内心都是向善、向好的,只不过是很多问题得不到及时有效的疏导从而让他们逐渐失去正确方向的引导,积淀成大矛盾。强压怒火,平静地与亮亮谈心,让他道出与老师发生矛盾的真实原因,源自于张老师对他的漠视,还在于他总是看到老师的缺点而忽视了老师的优点。最终,亮亮恍然大悟:"是我对老师存在偏见!""任何人都有缺点,我也不例外。""我找老师道歉去!"让我们感觉到了这个处于边缘的孩子内心发生的巨大转变,他回归集体是班主任工作成功的有力体现。

行动指南
XING DONG ZHI NAN

对学生要张弛有度地进行管理,用自身的人格魅力来引导学生。现在的孩子都讨厌说教,拒绝说教,却喜欢你跟他说一些和他们生活相贴近的事情,在辩驳辩理中去评判对错。因此,要时刻掌握学生的心态,对于学生喜欢的方式和做法,进行最大限度的理解和支持。如果孩子们的想法、做法过于偏激,作为一名班主任,应该用他们的思维方式慢慢进行劝解疏导,尤其对于个别学生,班主任更要注意管理的方式。为此,我们提出如下建议:

一是把孩子当孩子。很多孩子选择自暴自弃的主要原因,是他们

得不到理解和接纳，没有人注意到他们的存在。于是，为了引起别人的注意，满足一下自己的成就感，便会做一些违反校规班纪的事情。这样，更容易引起老师内心对他们的排斥，要想引导好他们，首先应该从内心接纳这些孩子，任何时候孩子都会犯错，任何一次犯错对孩子来说，都是一次转化的契机。回想我们自己，我们这样的年纪，不也是有一些叛逆和个性吗？将心比心，我们就能找到处理问题的解决之道。

二是走进孩子的内心。"知己知彼，百战不殆"。班主任要想做好边缘学生的转化，首先要了解这些学生内心的真实想法。往往是因为这些学生经历的挫折比一般学生多，他们的内心封闭得较为严实，要想走近这些学生，不是一件很容易的事情。真心爱学生是走进学生心灵的金钥匙！因此，班主任老师要对学生多观察，多了解，抓住典型事件，在理解和劝慰他们的基础上，让他们认可我们的做法，寻找契机走近他们，一举攻破他们的内心世界。"多做调查研究，以理服人，才能搞好学生的说服教育工作。"这是个非常可行的方法。

三是带孩子多活动。多带孩子们做些活动，增强他们的凝聚力，让他们彼此之间活络起来。注意选择他们感兴趣的活动经常开展。通过活动，让自己融入他们的生活，同时又能树立班主任的威信。虽然孩子们有时会很叛逆，但也会喜欢那些真心对他们好的老师的。所以，既为人师就要让自己和孩子打成一片，成为孩子们的大朋友和忘年交。

四是给予孩子心理指导。当前，学生心理问题越来越严重，往往存在心理问题。不具有专业的心理指导技能，是很难处理这些问题学生的。尤其是有的学生的心理极为脆弱，他们内心的纠结成因不容易被我们了解。初中的同学，现正处于花季一般的青春期，而青春期是一个比较敏感的时期，是一个身体和心理迅速发展的时期，在这个阶

段,他们常常会产生各种困惑和苦恼。处理此类问题更需要从生理、情感、自我保护等方面进行专业指导。

爱是最佳良方。教师能秉持爱与尊重的信念,会让自己乐在工作,而一念之间,对学生的威吓,正是影响学生的转折点,很多个体学生正是由于老师粗暴对待而产生的隔阂,给以后的学习和生活留下许多后遗症。

现在,几乎每个班都有学生和班主任发生矛盾。如果不及时解决,不但影响到这个学生,而且也会影响到整个班级的工作。作为班主任,很多人都很难处理好这件事。如果具有一些心理咨询方面的知识,站在公平公正的立场来与老师和同学谈心,就一定能及时化干戈为玉帛,创造良好的育人环境。所以,作为班主任一定要学习相关的心理学知识和家庭教育知识,及时发现学生心理问题,及时给予正确指导。

第三节　直面当今时代挑战

这是一个特别的时代,我们的教育不能独立于社会之外。"独生子女"与"网络"的相遇,是新时代给予班主任的一个最为艰难的大课题。

随着信息技术的迅猛发展,网络时代真的到来了。2012年7月25日,在上海揭幕的第十届中国国际数码互动娱乐展览会上,工业和信息部电信管理局公布的数据称,截至2012年6月底,我国网民数量达到5.38亿人,互联网普及率已经达到39.9%,其中网络游戏用户达到3.3亿人,占网民人数六成以上。据不完全统计,其中学生占上网总人数20%以上。据调查,中学生上网近7成的人在玩游戏,找朋友

聊天。由此可见,目前中学生上网的主要目的是游戏、娱乐和交友。网络存在大量有价值的信息,同时也是色情、暴力等垃圾文化的滋生地,青少年涉世不深,辨别能力差,很容易受到垃圾文化的影响,由此引发的一系列负面影响,不能不引起我们老师和家长的思考。

当今社会,独生子女家庭越来越多。独生子女倍受宠爱,以自我为中心,独立意识差,参与社会竞争能力弱,是他们的共同特征。关于怎样教育培养独生子女,已成为教育界以及社会和家庭的一个重要话题,这不能不引起社会的重视,因为这关系到下一代的健康成长以及将来国民素质综合水平的提高。

1. 建构网管"防火墙"

网络大面积的普及,为人们的生活带来便利,学生在通过网络学习新知识的同时,他们的正常生活也时刻受到网络的影响。因此,学校管理者及很多家长生硬武断地不让学生接触网络,学生对此极为不满,反而出现了逆反心理,不让上网我偏上网,不公开上网偷偷地上网,不用电脑就用手机等应对措施。

现在学生学习压力较大,生活圈子也比较小,网络的出现无疑扩大了学生的交际圈,但学生的交际能力也会因沉迷网上游戏、聊天而降低。他们渴望成功,渴望实现自我价值,对新生事物敏感而热情,对与时代同步或者超时代的网络产品有着极强的接受能力和认同感。同时,在网络这个虚拟社会里,学生的道德约束力及自我管理能力会受到严重的考验。很多学生在网络中为所欲为,无所顾忌,养成了玩世不恭的态度。而当今社会,一些黑心网吧业主更是为了挣钱什么也不管,以不健康的网络内容及暴力游戏,来吸引那些对什么都充满好奇且爱玩的中小学生。为了拴住孩子们,他们让学生们玩在网吧,抽在网吧,睡在网吧,吃喝在网吧。很多学生的资料费、伙食费甚至有病

忍着不看而省下来的药费都拿去上了网。某中学一女学生由于迷恋上网聊天，而放弃学业和一位远在千里之外的网友见面，结果一去就再也没有回来了。像这样的事情已是屡见不鲜，惨案频频发生。

正是由于网络具有高度开放性、跨地域性等特征，加上社会对网络缺乏有效的监督、管理，任何人都可以在网上传播信息，包括许多危害中小学生身心健康在内的不良信息。如一些迷信、色情、暴力信息，还有许多西方敌对势力，利用网络宣扬错误价值观。这些都不利于学生的健康成长，给学生身心健康造成极大危害。

正是缘于以上原因，家长为了孩子的前途，学校管理者为了学校的发展与生存，都对网络说不也就可以理解了。

总之，面对网络对学生学习生活的影响，我们应该全面认识网络这一把"双刃剑"。当下，在班级管理中，最有效的办法是能构建起"防火墙"，才能正面引导学生健康成长。

原规则：引导学生正确的网络情感，新时期班主任必须具有的能力。

学生时代，是正处于一个人身心成长的关键时期，养成良好的学习、生活习惯至关重要。学生对网络的迷恋，一方面挤占了课余体育锻炼和参与社会实践的时间，有的甚至挤占了正常的学习时间，不利于锻炼健康的体魄和参与社会实践的能力；另一方面，长时间的上网，也易导致眼睛疲劳和神经衰弱，造成视力下降，情绪不振等疾病，影响身体发育和人生发展；更重要的是学生借助网络聊天、玩游戏容易成瘾，深陷其中，无心学习，甚至由此走上歧途。于是，更多班主任便对学生接触网络存在抵触情绪，禁止学生在校期间带手机，禁止学生上网、聊天等，这样势必把自己和学生对立起来。

上网的学生把更多的时间和精力，都放在了聊天交友和游戏娱乐等"旁枝末节"上了，他们没有很好地、充分地利用网络这个工具增长

知识、提高能力、开阔视野,为自已的学习服务。所以,解决学生上网问题不能靠单纯的"堵",要因势利导,正确引领,既要让学生接触体验又不至于因此耽误学习,这才是一个优秀班主任应该具有的能力。

班级纪实
BAN JI JI SHI

现实班级管理中,班主任对网络的认识存在两种极端的方式。第一种方式,是以抵触的方式拒绝,这些班主任老师认为:学生阶段最主要的任务就是搞好文化课学习,上网一方面耽误学习时间,另一方面容易受到网络不良文化的侵蚀。但现实是由于班主任强硬态度,学生对网络的接触便由公开变为地下,学生接触网络并没有因此而减少。另一种方式,对学生上网采取放任态度,一般情况下只要学生上课阶段不玩游戏、不聊天,很少对他们作出明确的禁令。两种班主任管理模式对学生认识网络和使用网络都存在误区,一味禁止只能激起学生的好奇,他们可能利用各种机会偷偷接触网络;一味放任学生,便会对网络产生很大的依赖性,尤其是网络不良文化可能对他们身心造成伤害,影响正常的学习生活。关键问题是作为班主任既要让学生接触网络,发挥网络的优势,又不至于沉迷网络影响学习。

案例4-5

我允许学生带手机……

开学伊始,我担任九年级一班的班主任。"这个班学生上网问题特别严重,一定要想办法刹住这股歪风邪气。"领导郑重地提醒。

第二周化学课,小茵的手机被老师直接送到了他的办公室;晚休时,小萍用手机聊天被管理员发现,据说内容是在深夜十二点半时和二班的男同学在操场约会。

经了解,班级80%的学生都有手机。九年级学生即将面临高中升

学,如果不能彻底解决此类问题,必将影响孩子们的学习。

周一班会课,他便让同学们说说带手机和上网的好处。

"方便联系","及时了解新的信息"……

"我允许大家带手机,允许大家上网聊天。"

"啊,不可能吧?"整个教室沸腾了。

"老师,您不会是让大家把手机拿出来,一并收缴吧?"有学生半信半疑地发问。

"老师说话一言九鼎。"很多同学跃跃欲试,掏出了自己的手机。

"大家说说带手机,上网对一个中学生有没有危害?"

"那当然有了,有时上课老想着玩玩手机。"……同学们七嘴八舌议论着。

"手机是最常用的通讯工具,到校时给父母报个平安,上上网、查查资料无可厚非,但因为玩手机影响了学习,那可违背了我们拿手机的初衷。"教室里沉默了。

"同学们,想想有没有两全其美的办法?"

学生的智慧是不可低估的。于是,他们班就有了这样一条规定:学生可以带手机,星期日下午六点全部关机,上交由纪律委员统一保管在图书柜,星期三下午活动课可以自由领取。于是九一班在全校就率先有了班级 QQ 群、网络班级主页。

每周周五晚自习,班里还安排了一次 QQ 群主题活动。由同学们选择话题,轮流担任主持,负责整理话题,周一作为班级主题成果展示。

班级主页在大家共同努力下也具有了一定的规模,主要发表老师和学生的习作(还有一些参加家长会的学生父母投的稿),QQ 群活动内容,班级重大活动。杨老师常常将进步快的同学在公告中提出表扬,将班级存在的问题及时提出让大家想办法。很多家长也一起参与

话题讨论,很多同学也开通了个人博客。

　　经过一学期的努力,班级学习风气得到了明显改善,后半学期没有发现一起玩手机的违纪行为。期末考试中,数学、英语等科成绩均名列年级前茅,班级还被学校评为"优秀班集体"。

一线解读
YI XIAN JIE DU

　　学生带手机以及上网问题是班级管理的难题。很多班主任多采取"堵"的办法进行管理,比如制订班规禁止学生带手机进学校。殊不知,当今信息时代,互联网高度普及,已经融入大众生活之中,是抵挡不住的社会发展潮流。作为班级管理者,如何面对学生上网的问题,是对每一个班主任管理理念和管理智慧的严峻考验。以上案例中,班主任老师做了很好的处理,值得更多班主任借鉴。

　　变换一种思维。思想决定行动,班主任的思维决定了他管理班级采取的方法和处理班级问题所使用的手段。该案例中不难看出,学生带手机、上网问题已经很严重,而且强制的禁止却没有起到作用,也不会起到作用,反而激起学生的好奇心和逆反心。因此,顺应孩子心理,这是解决问题的第一步。

　　把问题抛给学生。要解决学生带手机、上网等问题,必须让学生认识到其中的危害。案例中班主任老师没有夸夸其谈:玩手机、上网会接触不良信息,会影响学习。一个问题得到很好解决的前提,就是让学生自己充分意识到这样做的危害。案例中,对手机和上网问题,老师先让学生说说其中的好处,从学生最感兴趣的地方入手,然后一起分析这样做有何坏处。也许学生更多地想到好处,从未考虑过危害或者对危害考虑得很少。当学生共同分析出其中的危害时,他已经实施了自我教育。这样的结果,比教师和家长板着脸说教要好得多!

让学生参与解决问题。让学生认识到问题的危害,不代表问题已经解决。为了巩固前期成果,必须给出学生认可的解决方案,并且强化这种方案的执行力。案例中为巩固学生带手机不影响学习的状态,默许学生可以带,前提是上课期间关机统一管理,周三给一节课时间大家自由使用。上网对学生有很大的吸引力,学生在周内没有机会,如果周末无节制上网必然对周内学习构成影响,于是采用很好的防止反弹的措施:周末让大家都上网,但集中起来做一件事情:班级 QQ 群研讨。同时,班级博客、班级主页的建立分散了学生在网络中的注意力,既满足了学生上网的需求,又凝聚了班级管理的成果。

行动指南
XING DONG ZHI NAN

如何让学生充分认识网络利弊,更好地为学习、生活服务,将网络的优势发挥到极致,将可能产生的危害降至最小? 这是每一个有理想的班主任的不懈追求,也是为学生发展创造最适宜的环境。为此,我们提出以下几点建议:

一是班主任要走进网络。一个不懂网络的班主任,很难让学生正确认识网络。作为班主任,自己的一言一行对学生都会产生深刻的影响,班主任要在班级中渗透自己的管理理念,最好的方式是用自己的行为为学生做出榜样。要让学生正确接触网络,班主任必须清楚网络中存在哪些优势、哪些弊端,哪些网站可以光顾,哪些禁区不得进入。指导学生参与网络活动,在活动中让学生丰富知识、开阔眼界,让他们时时感受来自网络的正能量,抵制不良诱惑。班主任应该提倡大家把网络作为先进的学习工具,作为生活的补充,并引导大家自觉规范自己的网络行为,依法上网,文明上网,努力净化网络环境,让其成为我们生活学习的另一个空间。

二是班主任充分利用网络开展活动。学生对网络存在很大的兴趣,网络活动能提高他们学习的积极性,作为班主任要充分利用这个有利资源,借助网络活动调动大家的学习积极性。网络活动形式可以多样化:QQ 日记比赛,博客征文,论坛学习和发帖,QQ 群讨论,定期组织班级成员针对某一个感兴趣话题开展讨论,可以让学生担任管理员,可以将讨论结果形成文字;可以制作班级网页,让学生参与网页制作,也可在班级网站公告班级重要活动,发表学生作品;开展班级学生视频讲座,充分利用 QT 语音和呱呱视频社区让学生得到锻炼等。

三是班主任搞好家校联系。家校联络是一个古老的话题,但在教育孩子方面永远不会过时,尤其在应对学生网络问题上。试想学生的时间和空间大部分在学校和家庭,一部分学生迷恋网络甚至走入歧途,与家庭教育有很大关系。家长粗暴干涉把孩子推进了网吧,家长放纵让孩子沉迷于网络,这均非我们期待的结果。现实中,我们常常感慨"5 + 2 = 0",即学校五天的教育结果,在周末两天化为乌有,消除这种现状就必须搞好家校联络。班主任要及时和家长沟通,交流学生现状,把自己的管理目标和措施与家长的教育措施有机结合,从而形成教育的合力。父母作为孩子的第一老师,首先自己应率先垂范,致力于建立和谐、文明、平等、和睦的家庭关系,对孩子负责,积极疏导、沟通父子或者母子关系,建立畅通的亲子通道,以预防和戒除学生沉迷网络的现象。

2. 破解独生子女难题

独生子女的特殊性,在于他是家庭中新一代的唯一成员,特别是"421"家庭(即四个老人、一对夫妻、一个孩子的家庭),孩子受宠的程度更大,父母、祖父母及外祖父母对孩子更加呵护备至,孩子在家中的地位更高! 加之年轻的父母有更多的精力去培养和教育孩子,能够为

孩子提供体格发育和智力发育的必要营养品、图书、玩具等。因此，他们身体发育早、成长快，知识面广，智力发展较早。但是，独生子女品德行为中的缺点也较为明显，他们往往是家里的"小皇帝"、"小公主"。表现为任性自私，傲慢偏执，不尊重他人，以自我为中心，组织纪律、集体观念淡薄，生活上挑吃拣穿，不爱劳动，不尊重别人的劳动成果，生活自理能力较差，心理素质偏弱，往往经受不起挫折的打击。其实，从根本上来讲，独生子女的教育问题往往是因为孩子成长过程中的某种缺失而造成的：如果他们缺乏挫折，就会显得脆弱；如果他们缺乏兄弟姐妹一样的玩伴，容易变得孤僻或缺乏合作性；如果他们缺乏感恩与付出的教育，往往会以自我为中心，孤傲骄奢。

虽然"独生子女"家庭环境为孩子提供了更优越的物质条件，却往往也容易给他们的成长带来局限。学生如同一株嫩草，怎样栽培就有怎样的长势，而班主任作为学生的"人生导师"，及早发现学生在情感态度方面的问题，才有可能把控学生发展的势头。独生子女来自心灵深处的缺失，只能通过人与人交往的方式给予满足。当学生缺乏与人交往的勇气，班主任应该通过和他交往打开其心扉；当学生自私自利时，班主任通过交往让他懂得付出与回报的关系；当孩子脆弱和敏感的时候，班主任知道用期待和鼓励去陪伴他走出困境。也许，很多看似恶劣的孩子最初仅仅只是某些缺失的积累，只有在更多的不当的教育放大了这些问题的情况下，才真正成为麻烦。

原规则：班级情感，独生子女教育的一支教育核心力量。

据有关部门统计表明，我国每年大约出生独生子女 1000 万左右，如何做好独生子女的教育问题，是关乎民族未来的一件大事。独生子女家庭教育态度，导致了孩子不良行为的形成，加之教育思想的偏激，独生导致孩子交往的障碍常常是困扰学校教育的最大难题，学校教育尤其班主任，要针对以上问题在自己教育过程中有效防范、解决，才会

让孩子更好地适应集体,更好地适应未来生活。

班级纪实
BAN JI JI SHI

很多班主任老师困惑,想当年在自己的求学阶段,物质条件极差,甚至连饭都吃不饱,不照样有出息吗? 如今孩子是怎么了? 不愁吃穿,上学放学有车接送,想要什么就可以立刻得到,可为何他们对学习产生不了兴趣? 管理难度出乎想象? 其实,这里的主要原因是教育形式已经发生了根本性变化,沿用过去的教育方式已经无法适合现在的独生子女学生的要求。

如今是一个充满诱惑的时代,网络高度普及,电脑、游戏机、MP4、手机等各种电子娱乐产品,哪一样不比学习有趣? 人们生活方式的改变,让更多成人成了网络时代的奴隶,何况涉世不深的学生。要想让他们顶住诱惑,是很难的一件事。

学业负担过重,家庭教育欠缺,让学生心理问题越来越严重。家长对孩子过高的期望值,表现在格外重视孩子的智育教育,但由于要求高,不择手段,于是独生子女的成长就会出现很多问题。作为班主任要充分认识独生子女自身的优劣,利用自己的教育智慧努力转化这种劣势。

联合国教科文组织国际教育委员会在其《教育——财富蕴藏其中》的报告里,提出了未来教育的四大支柱,即学会认知、学会做事、学会共同生活、学会生存。因此,对独生子女的教育应该注重和加强对他们的人格教育、苦难教育、爱心教育、协作教育、能力教育和亲情教育。

案例4-6

"激"出一个优秀的男孩

小飞转到我班上的时候,已经是第三次转学了。那天,他父亲领着他在校园里徘徊了好久好久,没有哪一个班级愿意接受这个孩子。

"为什么给孩子转学?"

"孩子和班主任发生了些矛盾,不想读书了。"

"作为家长要理解老师,也要教育孩子,不能因为一次矛盾就给孩子转学吧?"

"这个我懂。老师,求求你了,我们跑了很多学校他们都不要。"

"孩子的书肯定要读,这是他的权利,但是他必须遵守学校的规章制度。"

"一定的,这是他最后一次机会。"

"你能做到吗,向老师做保证?"

"一定能,我会好好学习的!爸,你就放心吧!"

我领他到教室,作了介绍,安排了座位。第一周他的表现很好,只是上课一直低着头。好几次我课堂提问,他支支吾吾一句话也说不清。我一直想,也许他还不适应,课堂上我鼓励他"课堂要积极,多回答问题,答错没关系的!"

可是第二周有学生反映,他和学生打架,原因是课间时候学生玩耍时踩了他的脚。许多科任老师也反映他上课总捣乱。

我压制住了心头的恼火,他这样的学生早已习惯了老师对他的批评,不换一种方式估计不会起到应有的效果。这次我决定和小飞赌一把,我好像什么事情没有发生一样,照常上课。课堂上,我明显感觉到小飞目光异样,在相遇的那个瞬间他迅速地逃开了。"小飞,请你回答这个问题。"他先是一愣,虽然有些结巴,但还是将这个问题回答完了。

我趁机对他大加表扬,其他同学嘘声一片,小飞的脸通红了好一阵。

晚上,他怯生生地来到我的办公室,支吾着欲言又止。

"没事,去学习吧!"

"老师,您不要在班里表扬我好吗?"

"怎么了?"

"我做得不好……"

"有本事你就做好呀! 我最讨厌没有出息的男生。"我特意提高了嗓门。

据我了解,小飞对电脑非常熟悉,不仅打字速度快,而且懂得怎样排版和网页制作。

"班级要编撰班刊,希望大家积极参与。"

小飞应聘了文字编辑,他的特长得到了发挥,受到了同学们的好评。因此。不少同学和他的关系变得非常亲密。班刊顺利出刊,我特意表扬了其他负责的同学,唯独没有小飞。第二天,他一脸不满来到我的办公室提出要辞职。

"很好呀,辞职了好好搞好你的学习!"

"老师,我……"

"有本事你做好这个的同时,也搞好你的学习! 做不到吧? 我同意你的辞职。"

"谁说我做不到,我就做给你看看!"这次的他,明显恼火了。

接下来,小飞发生翻天覆地的变化,课堂认真听讲,课后认真复习功课。一学期以后,他的成绩在班级名列前茅。可喜的是班刊也越办越出色,很多学生因此喜欢上了写作,小飞和同学们的关系也变得非常融洽。

一线解读
YI XIAN JIE DU

一个独生子女的"刺头"学生,有了可喜的转变。转变他的不是老师苦口婆心的说教,不是经历巨大挫折后的顿悟,而是班主任老师的"冷遇"和"激将",看似简单的几句话,其实包含着老师深厚的教育智慧。其实,这就是某种情感上的互动!这样的孩子,在成长的过程中,就是缺乏那么一个"成熟的朋友"去带领他,去影响他。

小飞为什么连续三次转学?就是因为他爱捣乱,不安心学习,常常影响其他学生学习。试想,三次导致他转学的经历,让他已经形成了对待老师批评的免疫力,如果处理不当,这个孩子也许就毁了。其实,孩子上课爱说话,爱捣乱也是很正常的事情,独生子女精力旺盛、好动,他们希望通过自己的行为来引起别人的关注,但就是这样的举动,却往往被老师所误解,不当的教育方式,导致孩子在错误的道路上越走越远,不愿回头。

其实,像小飞这样的孩子,现实中还有很多,他们渴望被集体接纳,却具有强烈的自我意识;他们渴望成功,却没有自我奋斗的意识;他们有着良好的天赋,却没有被充分挖掘和培养……

关键的问题,是班主任老师不懂得学生的心理,不明白他们内心的需求,往往采用压制、打击的手段,对学生的行为进行限制,结果却适得其反。案例中的班主任老师就是很清楚孩子的内心所想,对他们一系列的看似违反常态的行为,先是采取漠视的态度。这种漠视给孩子心理带来不适,让他开始注意反思自己的行为。当他需要的结果并没有出现时,便会产生不安,老师正是利用这一机会对他进行恰当的"刺激"。这种刺激正好激起了他内心强烈的潜能,看似偶然但包含着很多必然的因素。作为特殊老师的班主任,如何教育独生子女,笔者

不能为大家提供标准的模式,但是只要了解孩子的内心需求,针对性的采取措施,一定会取得意想不到的成功。

行动指南
XING DONG ZHI NAN

独生子女是在特殊的家庭生活环境中成长的,这种特殊的环境对学生的影响作用不是绝对的。也就是说,如果教育方法得当,就会趋利避害。班主任要倾力关注孩子的成长,积极为孩子的成长营造一片良好的天地。为此,我们提出如下建议:

一是用严格的爱管教。"没有爱,就没有教育"。老师对独生子女就像自己的孩子一样,把他们记挂在心上。体察他们的酸甜苦辣,关心他们的学习、工作和生活,注意他们品德、生理、心理的健康发展,同情和理解他们的痛苦和不幸。当他们的身心和人格尊严、合法权益受到践踏和损害的时候,能够挺身而出保护他们。他们遇到困难时,能够及时鼓励和指点。但是作为教育者,还要明白,明智的爱和严格要求是统一的,越是爱他们,就要更加严格要求,不能因为爱,就放任他们,同样的道理,没有严格要求也一样没有教育。但是严格要求,不是简单粗暴地批评、指责他们(独生子女自尊心强,固执),要严得有格,严得有度。对独生子女爱严相济,就是建立在民主平等和尊重信任他们的基础上,不要挫伤他们的自尊心和自信心,做到严中有爱,爱中有严,严慈相济。这样独生子女学生就会感觉到老师的用心良苦和可敬,就能自觉听从老师的教导,用自己的成绩和行动去报答老师。

二是重视挫折教育。独生子女最大的问题,就是家庭环境优越,他们的成长过程缺乏挫折的经历。日本是一个自强的民族,他们的成功很大程度是依赖挫折教育。挫折教育在日本尤为重视。他们注意培养孩子的竞争能力,帮助孩子克服输不起的心理障碍,教育孩子会

谦让,能合作,肯吃亏。为了对孩子进行磨难教育,在现代化生活环境下,他们让孩子用洗衣板洗衣服,用扁担挑水,用煤炉生火,到荒无人烟、气候恶劣的孤岛上去自搭帐篷,自制海盐,自己做饭,其目的就在于使孩子从小学会生存的技能。虽然我们的教育不能照搬此法,但至少应该借鉴学习。为了让我们的后代成为强者,现实教育中,不妨给独生子女少一点特殊照顾,多一些磨难的机会。

三是加强劳动教育。对独生子女学生要加强劳动教育,提高他们的劳动意识。许多独生子女在家里很少劳动,有的甚至是衣来伸手,饭来张口,缺乏劳动习惯,在学校应该得到补充。让他们从自我服务劳动开始,如清扫教室和校园,绿化和美化校园环境一定要组织他们自己动手,使他们体会到劳动的乐趣和意义。平时还要经常组织他们走入社会参加义务劳动,培养他们的服务意识,从而使他们在劳动教育中懂得尊重别人的劳动,爱惜劳动成果。

四是交往中加强集体主义教育。学校是一个集体场合,众多的独生子女问题都是由于童年缺少伙伴,导致一切以自我为中心。班主任应该清楚集体活动是纠正孩子认识和行为偏差的最好途径,通过开展丰富多彩的集体活动,让孩子在集体教育中懂得如何尊重他人,如何与人友好相处,如何合作和竞争。作为成人的我们,应该放手让孩子在活动中得到锻炼,培养他们适应社会的各种能力,这种能力只有学生经历了,才会迁移到未来的学习和生活中去。独生子女在家庭中缺少同伴,在学校教育中就要格外注意他们集体观念的培养。引导他们和伙伴们友好相处,学会关心他人,以帮助同学为荣;让他们认识到班集体是一个大家庭,懂得个人利益服从集体利益的原则;同时做到及时帮助有困难的伙伴,别人有困难,自己帮一把,在集体生活中养成良好的品德,充分享受助人为乐的甜蜜。

五是让孩子懂得他们的角色。对儿童过分的重视,很容易让他们

以为得到最好的是理所当然、天经地义的,而不去思考自己的角色和责任。这样下去,家长永远不必期待孩子会关心他人,感恩师长,回馈社会。所以,尽管不少独生子女特别聪明,甚至能清楚地明白父母与老师的苦衷,但就是不懂得体谅家长和老师,甚至利用家长和老师的心理为所欲为。班级教育,应该告诉孩子每个时期都有他不同的责任与义务,让他明白自己的角色与定位,教他体贴与理解的意义,赞美他的大度,让他知道分享的快乐。好的孩子是教育出来的,必要的角色指导和训练,对孩子社会化有十分明显的帮助。孩子"懂事"了,首先就是懂得了自己的角色,懂得了做学生的责任和义务,懂得做子女的责任和义务,懂得做朋友的责任和义务,懂得做一个社会自然人的责任和义务。

六是在交往中研究交往。对独生子女的教育,不能照搬以往的经验。教育每一天都是新的,班主任只有真正和学生进行深入的交往,才能保证教育走进孩子的内心,起到应有的效果。教育本身就是一种交往,而交往也是一种重要的教育。班主任与学生的交往,不仅仅是简单地找学生谈心,或者是给学生讲道理。班主任通过与学生的交往,进而化身为学生成熟的、可信赖的朋友,学生也从这份交往中获得成长的力量。要做好这些,班主任必须不断提升自己的个人素质,把与学生的交往作为教育的一部分,多反思、多积累、多研究,自然就会找到解决问题的办法,从容应对独生子女学生的教育问题。

第五讲　班级活动开发新突破

班级工作的生命是什么？——活动。

班级工作的源泉在哪里？——活动。

活动推向纵深的导火索是什么？——创造与突破。

（一）

教育心理学家洛克指出："教导儿童主要的技巧是把儿童应做的事都变成一种游戏似的。"然而，在今天，我们似乎大都是端起架子对学生进行教育。殊不知，这样的教育往往事倍功半。我们需要一种崭新而有效的方式来对学生进行教育，此种形式便是"活动"。

教育孩子，需要把他们融入活动中，同时，把教育目标转化为一次次的活动，让学生从活动中受到教育。

（二）

班主任工作琐碎繁杂，良好班风的建设是轻松完成班级管理的重要一环，它主宰着班级的其他工作，包括学业成绩。班级犹如大海，而学生就是那其中的浪花，朵朵浪花构成了雄壮而美妙的大海。没有浪花的跳跃，就没有大海的雄壮。谁人见过从不翻腾浪花的大海？永远风平浪静的死水还叫大海吗？是否也需要微风的吹拂，需要灵活的水源呢？而必要的活动，会让班级在发展中不断地激起涟漪，让班级充满生机和活力。

让我们的班级从平静的按部就班的工作中走出来,用活动牵引班级前进,让班级因活动而潜力外现,使发展更具有张力。因为,班级的管理要靠丰富多彩的班级活动调节,甚至可以这样说,活动是班主任搞好工作的"法宝",没有活动的班级是"死"的,犹如没有浪花没有生命的"死海"。学生是海中的浪花,活动是灵动的水源,只有在无际的大海中才能自由自在;同样,也只有大海才给予它们"自由展示的舞台"。这就是班级活动的魅力。

（三）

说到这儿,不得不说几句"冠冕堂皇"的话,借以引起我们班主任老师的重视,那就是集体活动的重要性。简言之,活动可以增强班级凝聚力。集体活动对于良好班风的形成有着非常重要的作用:规范学生行为,塑造学生的集体主义观念,帮助学生养成良好的行为习惯;通过集体凝聚力形成团结进取的风气,促进班集体的发展,从而形成良好的班风。同时,班级活动也是实现班级管理目标的桥梁,是促进班集体建设的媒介,是学生展示才华的乐园。

（四）

集体活动不是简单的游戏。活动的关键在于其有效性,决定活动有效性的要素是由多方面组成的。

如今,"有效性"是出现频率最高的词语。达成活动的有效性,不仅在于活动的内容,更在于活动的有效组织。但是,仅有这两个方面是不够的。因为社会总处于不断的发展变化中,而且我们所面对的对象也在不断发生着变化。因此,活动的组织与开展,除了应不断创新外,班主任还须从组织与开展活动中凝练思想。融入思想的活动,才是有生命力的,才能像奔腾的河水一样,永远推动着班级工作的小船向前良性发展。

（五）

班级活动的开展，不能狂奏乱舞，没有章法。应该按照一定的程序，一定的规则去开展，让活动有章有序，这样，开展活动才能得心应手，活动的效果才能显现。但"活动有法，却永远无定法"。每次活动的主题不一样，所承载的教育目标也不一样，实现这一目标的方法自然也就有所差异。因此，每次活动所应遵循的原则就是"显灵活，重创造"。这是众多班主任老师开展班级活动需要研究和思考的问题。

"活动"，既在"活"，也在"动"。因此，方式"活"，策略"活"，运行"活"，才是"活动"的生长点。唯有如此，"动"才有根基，才有底气，活动才能因此走向深入。如果一味按部就班地开展活动，"活动"很可能就会成为阻滞学生发展的绊脚石。

（六）

秩序乱了，什么都乱了！秩序顺了，什么都顺了！

班级活动的开展，其活力在于活动的组织与创新，同时不要忘了秩序。如何组织？如何创新？如何突破？我们仍倡导"万丈高楼平地起"，不能空穴来风。否则，秩序乱了，就什么都乱了。狂奏乱舞的结果就是如徒手捉蝴蝶一样，什么也抓不到。活动，不可抛弃一切，不可推倒一切重来。比如，一些传统活动便是我们组织开展班级活动的"平地"，在此基础上，创新才有根基，才能实现真正的突破。

（七）

开展同样的活动，不同的教师组织开展，可能会出现迥异的效果，是何原因？除了存在人员、环境、历史沿革等要素的差别外，还有一个更重要的原因，那就是活动开展的策略问题。选择活动的策略、组织活动的策略、活动推进的策略、活动创新与突破的策略等等，都是必须着力研究的。策略对了，活动的开展犹如"轻舟"一般悄然"已过万重山"，欢畅前行，风景无限。

第一节　活动引领班级发展

《说文解字》中,"活"的本意是指水流声。活水发出悦耳的流动声音,因"活"而"动",因"动"而"活"。正所谓"活"且"动",才不腐不臭,才充满了生机。可以说,"活动"是使班级充满生机和活力的重要诱因。

今天的班级管理中,多数班主任比较注重学生的道德教育,往往只停留在教孩子怎么做,告诉学生什么是对什么是错这样一个层面上,似乎不知道开展活动比说教更有效。诸如,有的班主任把每周的班会课、心理课上成了"一言堂",讲各种大道理给学生,实际上学生根本不清楚为何要这样做(他们不明白对在什么地方,又错在什么地方)。要有效地解决班级中存在的问题,解决学生健康和谐的成长与发展的问题,最好的办法是让学生"活"起来,班级"动"起来,依托"活动"激活班级成长的生命力,提高班级发展的"免疫力"。大量的课例证明,活动引领班级发展,有效的道德"活动",近乎成了预防和治疗班级工作中诸多疑难杂症的灵丹妙药。

1. 挖掘新道德教育的活动元素

主题班队会是班主任最常用的活动方式,也是提升学生道德素养的有力凭借。班级活动中,围绕一个教育主题引领学生集体开展自我教育活动,是班主任培养班集体凝聚力,塑造团队向心力的重要途径。

传统的班级活动,在我们的"习惯"中变得麻木了,日复一日地开展,忽视了学生的真正发展,往往陷入了说教的泥淖之中。今天,我们每一位老师必须直面这些传统活动,挖掘其中的新道德元素,让学生

的发展与时代同步，与未来联姻。如开好主题班会。

原规则：依托主题活动中的新道德教育元素，多能增强班级凝聚力，让学生从活动中提升道德素养。

一群个性鲜明的学生组成了一个独特的班集体，一个班集体又于无形中影响着每一个进入其中的孩子。我们的班级活动必须着眼于教育规律，尊重学生的发展需求，让学生通过活动，经历从"发现自我"、"自我觉悟"，到"实现自我"的过程，进而提升自己的道德素养。

因为集体的氛围对学生的影响很大，我们在今天的班队活动中，必须进一步探索、挖掘其中的新道德元素，让其支撑并推动整个活动的开展，让集体的氛围良性发展，达成集体影响个人、个人助力集体的目标。同时，让学生能借助活动的成果学以致用，在活动的延伸和拓展中提高道德素养。

班级纪实
BAN JI JI SHI

在所有的班级活动中，主题班会课、队会课是最常见的班级活动组织形式，它是学校思想品德教育课程的一个有效且必要的补充，是学校德育教育的主阵地之一，是班主任对学生进行教育的主要手段，也是我们沿袭多年的约定俗成的班级活动方式。今天，很多班级的团队活动显得十分散乱，班主任无明确的主题规划，是"脚踩西瓜皮，滑到哪里看哪里"似的活动进程。殊不知，随着社会的进步，学生发展变化的快速，使得原来的活动内容及活动方式已远远不能承载起学生的发展与成长。走出传统活动的天地，在此基础上加以发展，加以延伸，让传统的活动大放光彩，与学生的发展接轨，才是今天班级活动的应然要求。

我们也发现，很多班级的主题队会都是依据学校的安排来进行

的,依葫芦画瓢,流于一样的模式和流程。可是,每个班有自己的班情,每个阶段的学生都有每个阶段的年龄特征、心理特征、情感特征。因此,我们要从班级实际情况出发,依据自己班的班情组织活动,学会在常规中创新。每一次班队会的设计,都应该立足于本班实际,在学生学习和生活中寻找着眼点,让活动走进学生的内心,触及学生的灵魂。这样植根传统,走创新之路,才能发挥班级活动的有效性,增强教育的实效性。

➡ 案例5-1

"团结就是力量"主题班队会

活动动机:

通过本次活动,让学生认识到团队合作的重要性,在学习生活中养成团结协作的习惯。

活动形式:

听、看、做、想、议相结合。

准备工作:

多媒体影像资料,拔河绳。

会场布置:

教室,多媒体展示有关团结内容的图画"众人拾柴火焰高"。

活动过程:

(一)故事引入

蚂蚁的智慧

有一天,蚂蚁所居住的山丘被大火烧着了,到处乱爬的蚂蚁很快地抱成一团,在火海里迅速地滚下,而且越滚越大,很多蚂蚁从山头滚到山崖,逃离火海生存了下来。

（二）播放影像资料

利用多媒体向学生展示"阳光伙伴"的比赛场景以及动物集体捕食场景。

（群狼捕食野牛，一只猎豹捕食群野马）

（三）师生游戏

首先让一个学生和老师进行拔河比赛，再让学生逐渐增加人数与教师进行比赛，直到学生拉赢为止。

（四）讨论交流

同学们，听了老师讲的故事，看了影像资料，进行拔河游戏之后，你们分组讨论看、听、做后的感想以及体会。谈一谈得到了哪些启示。

（五）汇报、总结

小组选派代表汇报讨论情况，教师根据学生汇报情况进行总结，突出团结的重要性。激发学生谈谈学习生活中有关团结协作的事例。

（六）情感渲染

推荐大家学唱《高天上流云》《众人划桨开大船》《一个好汉三个帮》等歌曲，在《团结就是力量》的歌声中结束活动。

一线解读

YI XIAN JIE DU

一次小小的班队会，不可能让班级管理和学生的思想发生翻天覆地的变化，但是同学们能够在这样的一次队会中，在能唤醒其内心沉睡的相似情境中，受到熏陶和感染。上面的案例，不管是情境的创设还是故事的导入，以及听、看、做、想、议多种活动形式的结合，都是为了突出"团结就是力量"这一主题。这比传统的只重"团结就是力量"这一主题的本身又更进一步了，因为形式的多样，使得"集体主义教育"内涵又被挖掘出来，被渗透进去后，它总会给学生留下一些思考。

尤其是推荐学唱的歌曲,其歌词跟团结的主题有机契合,学生在学唱的过程中又进一步的加深了领悟学习,巩固了活动效果。

我们挖掘出传统活动中的新道德元素,还需要用一定的形式将其融入进去。因此,通过讲故事、游戏表演、角色互换、价值澄清、学习和传唱歌曲等形式交叉融合在一起,让学生真正置身其中,触动自己的内心世界,反省自己的生活、目标、感情和过去的经验,从而发现自己的价值观。这样的影响是潜移默化的,也是很有效果的。

当然,班级发展秩序的调整,学生成长秩序的有序协调,不可能是靠一两节班队课来完成的。但是,我们不得不承认,一次成功的班会往往能对学生产生巨大而深刻的影响,这影响往往能触动他心灵的那根弦,在遇到类似的情境时他会自觉地调适自己的行为,以符合道德价值。而要发挥活动的价值,就必须走进传统活动,但又不拘泥于此,而是从中去探索,去发现其中新的元素,并以此作为新活动开展的切入点。苏霍姆林斯基曾说:"要成为孩子的真正的教育者,就要把自己的心奉献给他们。"也有人说:"在班主任的世界里,学生是最大的事;在班主任的字典里,学生是最大的字;在班主任的生活里,学生是最美的诗。"所以,一切从学生实际出发,让传统活动走入新天地,注入新的活力,才算是班主任把心献给了教育,献给了学生。

行动指南
XING DONG ZHI NAN

今天的班级活动,不能置传统活动于不顾。因为传统活动中也有丰富的现代教育因子,重要的不是全盘否定地推倒重来,而是挖掘新的元素。引领学生有效参与,让道德教育"喜新"而不"厌旧",担负起应有的责任。为此,我们建议:

一是角色"扮演""演"出自我。不同阶段的学生,其接受能力和

认知能力有非常明显的差异,他们对某次活动的认识也是不尽相同的。如何让他们有效地参与,尽情地展现自己,从而寓教于乐,提升活动教育的效果,显得尤为重要。我们发现,角色扮演是落实该目标的形式之一。

角色扮演有很多不同的呈现方式,如:角色游戏、表演游戏、小品表演、情景扮演、情景剧、哑剧表演、戏剧表演等,这些活动的共同特点是学生扮演了其中的角色,而不只是对角色和情景进行分析、讨论或回答。学生成为其中的一员感同身受,会让他更积极与角色融为一体,更有助于打动其内心,活动中新的道德元素更能被学生所接受;有了他们的认同,才能转化成自己的道德行为。

在班队活动中,班主任所能做的,就是尽可能地让所有学生都积极参与,都成为相应的角色。当然,哪些学生"演"哪些角色,应有所指向,不可乱点鸳鸯谱。可以说,选对了角色,才能真正达到教育效果。皮亚杰说,任何学习都应从情境开始。为了发挥角色的作用,活动情境的创设就显得尤为重要。有效的情境不但能唤醒学生的心,更能加深学生的情感体验,使学生受到相应的教育。

二是注重活动的连续性。世间少有一劳永逸的事情,也少有立竿见影的事情,通过班队活动来对学生进行教育也是如此。传统活动有着丰富的新道德教育因素。这些因素,对学生所起的作用可能只是一时的,最大的可能是"看看激动",完了之后"一动不动",过了几天之后还是会"重复昨天的故事"。冰冻三尺非一日之寒,学生的习惯和道德素养不是一朝一夕养成的,班级秩序的形成也肯定不会一蹴而就。每次活动,每一个教育主题,都具有长期性,班主任所能做的,就是保障活动的连续性。

班主任需要结合学生的实际和班级现状,把某一主题的活动设计成几个相应的序列,连续开展。本次活动结束之后,及时总结可圈可

点之处及不足,以便在下次活动安排新的内容,又完善上次活动欠缺的方面。这样的交叉融合,能有效保证教育学生的活动真正落实。

活动的连续性,还在于抓住个体带动全体。肯定地说,在活动的开展中,某个或某些学生可能达成的教育效果不好,班主任就要抓住这些学生的现有情况,分析其中原因,找准切入点,以收到润物无声的效果。

三是活动中打好"尊重"这张牌。开展活动的目的何在? 就是为了促进学生道德品质的提升。但我们不能捡了芝麻丢了西瓜,一定要时时彰显对学生的"尊重"。没有了"尊重",我们的教育效果就可能归零。

学生是活动的主体。活动的目的最终也是指向于学生的良好习惯及品德的形成。把学生定位为活动中的某个角色,需要我们慎重对待。正面的角色可能好一些,如果是反面的角色,极有可能让学生与自己的品行联系起来,认为老师是在故意丑化自己。这样一来,非但达不到应有的活动效果,学生还会产生抵触情绪,以至于在今后的活动中会采取拒绝的态度甚至阻碍活动的实施。

对学生的尊重,要求教师必须满怀爱心,选准活动的视角,找好活动的定位,更新活动的形式,让学生从正向的力量中认识自己的不足,改正自己的缺点,从而获得向上的正能量。

2. 社会实践赋予活动新生命

俗话说:"一个篱笆三个桩,一个好汉三个帮。"同样,一个班级也需要凝聚力。凝聚力需要团队活动来体现,更需要在相对困难的条件下接受考验。我们应该懂得:当活动是约定俗成,没有一定难度的时候,对学生的能力起不到锻炼的作用,也引不起他们的"斗志"。社会实践活动,由于突破学校、教室这块小天地,可能遇到的"阻碍"相对多

一些。而这些障碍,恰恰是对学生的挑战。因为,一个人遭遇挑战可能退缩,而一群人面对挑战,则可能会受到他人的鼓动而热血沸腾,从而焕发无穷的能量跨过阻碍,战胜困难,从而走向胜利。所谓经历了奋斗的辛苦,才更能体会到成功的喜悦。

常规的一些活动空间往往有限制,就像温室里育苗一样。我们的学生总需要走出家庭和学校,接触社会经历风雨。我们要积极引导他们开展社会实践活动,一方面拓展他们的活动空间,让他们从更广阔的意义上认识自己;另一方面,也让活动更具新奇性和挑战性,让活动的生命力更强;再就是多方面锻炼学生,让他们于亲历困难、克服阻碍中获得更坚实的成长。

当然,引导学生开展社会实践活动,班主任还应该注重技巧,即有意设置"困难"和"障碍"。当真正的困难出现在面前时,要引导他们集思广益去"征服"困难,在征服的过程中让他们感受到活动的新奇,听到成长的拔节声,感受到成功的快感。

原规则:依据出现的问题因地制宜开展的社会实践活动,更能凸显道德的约束力和团队的凝聚力。

当长期的校内活动让学生感觉有些疲软之时,我们就应该寻找新的着眼点。毫无疑问,开展社会实践活动会使活动充满挑战性,是班级活动创新的一个亮点。因为社会实践活动本身就对学生充满诱惑力,当学生从课堂走向课外,从学校走向社会的时候,大家开阔的不仅仅是视野,还有心灵的成长。因地制宜开展的社会实践活动,会使学生在活动过程中自觉产生自身的道德约束,形成班级凝聚力,这是课堂内的班级活动所无法达到的效果。

班级纪实
BAN JI JI SHI

我们都承认社会实践活动会带给学生一些冲击力,对于班级管理也将起到无法比拟的作用。但是,很多时候,我们的班主任却安于现状,很少有人愿意去思考,去开拓,去创新,不少人心里所想的就是不愿意"自找麻烦"。于是,很多的班主任都在按部就班地组织学生的学习,听从学校的安排,做着千篇一律的事情。一个班级若没有丰富的集体活动,必然死气沉沉,缺乏活力,这将有碍于班集体的健康发展。很多老师不愿意主动搞活动,觉得麻烦,累人又累己,甚至不少人担心"万一出了一些事情,会吃不了兜着走",落个操心不得好的下场。除了学校必搞的运动会或其他推卸不了的活动外,班级内部绝不会搞什么活动,唯一的活动就是——"啃书本"。即使在大环境之中组织活动,也总是缺少创意,大都是老掉牙的"老生常谈"式的应付差事,学生不感兴趣,而活动本身对于学生也缺少挑战性,毫无悬念的项目自然是不受欢迎的,效果也就可想而知。所以,敢于走出校园去开展活动,让学生接触更广阔的天地,无疑会使活动更具生命的活力。

也有很多班主任意识到通过活动可以增加班级的凝聚力,也知道活动本身对于学生的促进作用,但基于种种"担心",班主任更多的是对活动大包大揽,从计划的制订,到任务的分配、细节的落实、举措的实施等全过程都做了详细的安排和监控,一切活动都在老师的掌握之中,学生在活动中几乎很少遇到挑战性的困难。这样的集体活动,学生的创造性、主动性很难发挥,在培养学生能力和提高班级凝聚力方面大打折扣,不利于集体中的每一个生命的成长。

➡ 案例5-2

小课题，大学问

背景：某中学初一女生因为父母所给零花钱太少，留下一封遗书服毒自杀了。遗书中她这样写道："别的学生都有充足的零花钱，每次在他们面前我都感到很自卑。既然你们不愿意养我，那我就去了！"后来得知，这个孩子的家庭条件很差，父母常年外出打工，孩子寄养在亲戚家里，每次都为零花钱与家长争吵。现实中，孩子多互相攀比，不能理解父母的艰辛。于是，班里决定搞一次课题活动——调查县城外来人口的生存情况。

设计：每七人一组，自己设置调查内容，每组一个老师带队。周末在县城选择至少10名以上不同行业的外来务工人员，了解他们的真实生存情况。

实录（以其中一个小组为例）：

第一次，是在菜市场采访卖菜的一对夫妇，三个女生都张不开口，相互推诿，最后一个男同学开口了，刚说明来意就被对方拒绝了："去去去，没看我做生意吗？"

"问问旁边那个卖菜的老奶奶吧。"一个女生马上上前。"打搅一下，我们想了解您的生活情况，您给我们说说，好吗？"

老奶奶好像没有听懂他们的话。另外的同学解释了一下，她说："我不知道你们说什么，去问别人吧。"

到了另外一个摊点，回答却是"我们不识字！"

一连问了几个人都以失败而告终，同学们垂头丧气。

还是王乐聪明，在一个早餐店要了几份早餐，边吃边和老板娘聊开了。

"如今生意不好做，我们起得比鸡都早，干得比牛都累。"

"那你们几点起床啊?"一女生随即问道。

"3 点多就起了,买菜、和面、做早点。"

"这么辛苦! 那你们为什么来县城啊?"

"县城能赚钱呗!"

"感觉县城和农村哪里好啊?"

"还是我们农村好,农村人朴实。前几天我去菜市场买菜,身上 500 多块钱就让可恶的小偷给偷走了……"

另外几个同学也和一个杂货部的老板聊得火热。

……

下午五点多,大伙回到学校,开始整理交流的成果。按照以前设计的调查问卷几乎没有人用上,也没有按原来设计的问题来调查,"结果"都是随机产生的,几组同学得到 50 份有效的谈话记录。

从谈话统计来看,他们每月收入不到 2000 元。住宿的地方很简陋,租住的小平房好多没有玻璃,一张床,满地都是垃圾,有好多连电视都没有。其中 40% 的人有病不去医院,能忍就忍。60% 的人为了孩子租住在县城,以方便孩子上学。他们的孩子没有电脑,甚至连一张像样的书桌都没有,好多孩子放学后就在菜摊上一边写字,一边看摊。

总结阶段,有几个同学竟然落泪了,说"本来以为自己环境不好,通过这次活动,我深切地感受到自己是多么幸福,可是却身在福中不知福。以后,我一定珍惜现在美好的生活条件,好好学习,长大好好孝敬父母。"

"这次活动遇到了极大的困难,但我还是坚持下来了。我也看到了其他同学不为人知的另一面。还想到了我们不管做什么事都要团结协作,集体的力量才是强大的!"

一线解读
YI XIAN JIE DU

这是一个极端的个案,无不触目惊心、发人深省。也许原因不是一个方面的,但显而易见的是:有的孩子不理解父母生活的艰辛,不懂得感恩和回报。现实生活中,有太多的独生子女过着衣来伸手饭来张口的生活,但很少能体谅到父母的用心良苦。他们在学校和同学比吃穿,比谁的父母地位高已经成为一种普遍现象。如何在班级活动中让学生了解社会各阶层劳动者的真实情况? 如何通过活动培养同学之间团结协作的精神? 这个社会实践活动的主题设计的确有很大的难度。但是,我们也的的确确从案例中看到了可喜的"成绩"。

案例中,班主任老师没有替学生包办,没有给出这次活动如何具体操作,采访哪些人,问些什么问题,如何与人交流等等。只是把活动的"大方向"告诉学生,让学生自主设计调查问卷,选择调查目标,实施对话,并进行自我总结。具体过程中,学生遭遇到了重重困难,采访对象不愿意配合接受调查,处处碰壁。于是,几个同学便相互鼓励、商量应对的办法,从通过吃早餐与老板娘聊天找到突破口开始,很快找到如何与人交流的方法,这是他们自我发展的一个有效突破口,并顺势推进了他们的调查、采访活动。

本次活动中,他们不仅发现了好多同学的优点,培养了同学之间互相协作的精神,更重要的是,他们的情感得到了充分的熏陶。也许,通过这次调查很多同学便会理解父母生活的艰辛,更加懂得珍惜自己拥有的美好生活,从而促进今后的学习和生活。

案例的设计是依据大家关注的社会热点问题展开的调查。这一问题的出现,既是偶然的也是必然的。从偶然的事件作为出发点,引领学生走向社会,采取调查报告的形式得出"必然性"的结论,从而在

这一"必然现象"中不断反思。所以,这样的活动设计就是有效的,不仅具有有效性,更具有时效性,其教育意义也是不言而喻的。这样的实践活动,不但使学生收获颇丰,也让我们看到了班级活动的生命力。

我们常常苦恼于对学生教育的无效,甚至设计一些班队活动来影响学生,但结果却往往劳而无功。虽然,校内的活动能给学生一些影响,但是,这些活动却往往省略了一些过程——那些学生真正能亲历亲为的过程,而且,不管教师创设的情境多么到位,总没有实实在在的现实生活那样真实。所以,学生只有参加社会实践活动,他们才能在更真实的空间感受真实的生活,去触及现场版的一幕幕情境,真正品味到生活中的酸甜苦辣咸涩麻等诸多滋味。这样的影响,才能真正触及他们的灵魂,从而让他们获得最真切的感受。这样的教育,才真的是所谓的"润物细无声"。

行动指南
XING DONG ZHI NAN

设计社会实践活动,是提升学生创新思维、动手解决实际问题的能力的最好途径。一个好的活动选题,可以让学生的实践能力得到很大的提升,可以使学生情感得以升华,使班级凝聚力得到空前的提高。好的活动除了好的主题外,一定要充分发挥学生的积极性、主动性;应该充分考虑到,活动只有在具备一定难度的情况下,团队的力量才会展现出来,学生的兴趣才会被激发,团队的凝聚力才会得到提升。为此,笔者提出如下建议:

一是做好活动的选题。他人的活动选题再好,却不能放之四海而皆准。每个班级自有其实际而独特的情况,自有其地域限制和条件限制,我们在组织学生开展社会实践活动时,也必须做出自己独有的选题来。

活动的选题，首先是为学生的教育服务的。离开了教育性，实践活动只是热闹热闹而已，离开了对学生成长的关爱，也仅仅是为了完成一项功利性的任务罢了。班主任在组织学生开展社会实践活动之前，特别有必要了解班里学生的主流思想状况。虽然，某一项实践活动不可能让所有学生都有所收获，但至少让绝大多数学生受到教益。这是选题的出发点。

活动的选题，更要提高其可操作性。前面我们提到，活动中的"困难"和"阻碍"对学生来说是一种挑战。有挑战，才能有动力。但是，如果学生无论怎么跳，都摘不到属于自己的桃子，那么，活动必定是失败的。因为，社会实践活动本身就充满了不可预知性，如果无法操作，活动自然就达不到应有的目的。所以，活动的选题就像良种需要合适的土壤一样，需要结合本地的实际，从现实的生活中挖掘德育教育的元素。

二是让"无为"的思想融入其间。 凡事亲历亲为，大包大揽，只会培养出一个个依赖心强而懒惰成性的学生。就像吃东西，长期吃流食的人，会丧失咀嚼能力。一个长期只会接受和盲从的学生，其抗挫折能力、迎接挑战的能力等均会逐渐消失。

老子提倡"无为而治"。当然，"无为"不是不为，而是不做任何违反自然规律，有损道德规范，违反社会法则，有害众生的事。这里的"无为"并不是什么都不做，并不是不作为，而是含有不妄为、不乱为，顺应客观态势，尊重自然规律之意。在引导学生开展社会实践活动时，班主任也应当有"无为"的思想。给学生提供一个操作性强的选题后，只粗线条地道出活动的要求，至于其中的细节，让学生集思广益、商讨、否定、亲历、失败、尝试改变、收获，经历一切可能出现的困难，于一切困难中走出来，获得心灵上的收获。

当然，班主任的"无为"，绝非消极等待、毫无作为，而是在关键处

给学生以点化,在困惑处添一勺油,让学生尽全力去参与,让活动的预期效果真正彰显出来。

三是及时总结把脉整个活动。每一次的社会实践活动,不能紧锣密鼓地开场,悄无声息地收场。可以说,开场与收场同样重要。活动后必须及时让学生进行总结,使活动有个圆满有效的完结。

活动的总结,需充分发挥学生的主体性。每次活动后,班主任必须引导各小组的学生进行有效的总结。在总结中,充分展示出从生活中获得的鲜活的材料,从中总结出切实的收获,尤其是针对心灵上所受到的触动,要引导他们进行表达和分享。同时,还必须展示自己在活动中准备不足的方面,以及感觉活动失败的方面,把补救的措施罗列出来,让大家也能相互借鉴,查缺补漏。虽然下次活动不一定再遇到类似情况,但通过总结,心里形成一种意识,下次再投入相关的社会实践活动时,会"多长一个心眼",会尽量考虑周全,从而有效避免重蹈覆辙,促进高效快捷地完成实施的活动。

对于活动的总结,班主任必须及时捕捉相关的情况,进行有的放矢的实效陈述。班主任的陈述很重要,既要肯定这次活动的亮点、学生的收获、活动开展的过程中某个小组或某个人的创新之处,同时,也要点化学生,让他们的心灵再次受到震撼,使他们所受到的教育长久地留存在心底,生发刻骨铭心的彻悟。教师的总结,还要针对整个活动的开展情况做一个后期的展望,以指导他们今后的实践活动。这一点尤为关键。

第二节　修炼组织领导艺术

"组织"，多像纵横交错的一张网，人与人之间、事与事之间，有着千丝万缕的联系。"组织"，更像是纷乱烦扰中的一根线，而这根线则在纵横交错的繁杂中起到了"牵一发而动全身"的作用。可以肯定地说，加强活动组织领导艺术的修炼，做到内容和形式的统一，方才真正能收到牵一发而动全身之效。

我们的班级管理中，各种各样的校内活动（如演讲会、歌咏会、文艺汇演、展览会、爱心募捐、诗歌朗诵会、英语会话、辩论会等）培养了学生各方面的综合能力。组织学生到工厂、农村参观体验，到福利院、敬老所、智障康复中心帮扶慰问等，锻炼了学生的社会活动能力和适应社会的能力。每成功组织一次班级活动，就是增强班集体凝聚力的一次契机，就是培养学生相关能力的一个切入点。

形式多样的活动很容易赢得学生的参与和喜爱，活动可以拉近学生的距离，尤其是班级间的竞赛、交流活动，更能让学生建立集体荣誉感，培养班级主人翁意识。班主任善于组织（或引导学生自己组织）各种生动有趣、寓教于乐的活动，能使学生潜移默化地受到集体主义精神的熏陶和洗礼。学生在一次活动中获得的集体主义情感体验，是教师任何美妙而空洞的说教都难以实现的。教育就是要把美好的精神传递给学生，但这种传输必须有"媒介"或"载体"。形象一点说，美好的精神好比是盐，一般情况下人是不直接吃盐的，盐是通过食物汤羹进入人体的。活动就是集体主义教育的载体，是美好精神的承载物，而修炼组织艺术就能大大推动活动开展的进程，提升活动的效果。

如何组织活动？组织怎样的活动？如何才使活动发挥其应有的

功效？都需要组织者在活动的组织中提升自己的组织艺术。当然，组织艺术表现在多方面，如活动内容的选择，活动的程序安排以及活动的总结艺术等。

1. 内容合适是活动有效的前提

我们教育原规则研究的是教育秩序的问题。秩序顺了，一切才顺。不难想象，如果活动的内容本身就存在问题，即使组织得再精细，再周密，也很难达到我们所设想的目标。就像知识海洋中数以万计的学习方法，某人运用了一种学习方法取得了成功，但这种方法运用到你身上却可能行不通。所以，从这个意义上说，没有最好的学习方法，只有合适的学习方法。自然，我们也可以说，没有最好的学校教育活动，只有最合宜的班级活动。适合自己的，才是最好的。

有人说了一句很有意味的话："没有差生，只有差异"。所以，就学校教育活动本身来说，无所谓好坏优劣，只是差异在不同程度上存在着。

"攻城为下，攻心为上。"在道德教育中，"攻心"同样是上策。这里的"攻心"，指的是陶冶学生的心灵，让学生获得心灵成长。活动内容的合宜同样要针对学生的"心"。设计的活动必须符合学生的心理、生理特点，活动实施时能使学生感到愉悦，极富吸引力。活动的趣味包括志趣、童趣、兴趣、情趣、野趣、风趣等。学生只有感受到活动的趣味，活动才能真正走进学生的内心，从而起到道德规范的作用。"不积跬步，无以至千里；不积小流，无以成江河。"儿童时期道德教育的目的，是为终身的发展奠定基础。学生日常行为中的一点一滴，都是成长之地基。地基越深越稳固，大楼越盖越安全。而日常教育，就是基石，不可以有偷工减料的心态。所以，选择最合适的活动内容，我们就能为学生成就自己的人生大厦找准基石。

原规则:选择贴近学生实际,有实效性、符合教育现场的活动内容,才能使活动的组织有根基。

在一个地区,多所学校,我们不难发现,其中总有着丰富精彩的活动内容。有的学校,每年中总会有一些传统的活动。如拜访移民新家、民俗风展示、20公里越野拉练、科技节、校园文化节、摄影艺术节、阅读节、体育节、诗词节、电影节、戏曲节等等。这些活动元素能否真正进入班级,成为班主任组织活动的参考,是需要精心思考和选择的。

什么样的活动适合学生,适合本班学生,适合这个学期的学生,适合某个场景中的学生,是班主任不得不去认真思索、深究的问题。当我们选择某一活动着手开展时,应该说,唯有我们进行方方面面的调研,经过深思熟虑之后做出决定,其后的具体组织才有扎实的基础。

班级纪实
BAN JI JI SHI

不能说我们的班主任不懂教育,也不能怪我们的班主任不想搞活动,而只能说,我们的班主任"不会"借助活动搞好班级管理。这样说,可能会引起一大批班主任的强烈反击:我们怎么没搞活动啊?我们天天疲于应付活动而忙得焦头烂额呢!其实,活动不是"拉虎皮做大旗",而是存在于点点滴滴的现实生活中。说白了,我们的班主任往往忽略了日常教育的功能,放弃了自己对教育活动的选择,总在不知不觉中步了别人的后尘,总是一厢情愿地认为自己所选择的一定就是最好的。

应该说,大多数的班主任也注重组织班级活动、教育活动。但往往是从"我"出发,"我"认为行,这活动就开展。活动的开展往往成为了班主任想当然的"单相思"。班主任单方面所确定的活动自然也无法唤起学生的参与意识,学生参加活动也只能是"拉郎配",此时的很

多学生也常常认为这与己无干,"事不关我,快快躲过"。所以,即便被要求参与活动,也总是难免带有抵触情绪地应付了事。班主任这样组织的活动看不到任何效果,累得半死还往往纳闷,为何不见叫好声却落下不少埋怨指责? 渐渐地,班主任们吃一堑长一智,再也懒得组织活动了。我们的教育最终再次回到空洞说教和反复灌输的轨道上,周而复始,熟视无睹。

➡ 案例5-3

"请你伸出一只手"

上课间操了,同学们像燕子一样快活,纷纷拥出教室。高老师走下讲台,洗洗手准备出去上操。

一女生跑进教室,大声喊道:"老师,小雪又摔了。"高老师夺门而出,见楼梯上围着许多学生,她们神情各异:有的驻足观望,有的窃窃私语,有的不知所措,个别男孩居然捂着嘴、笑着扬长而去……高老师扒开人群,只见小雪横趴在地上,两个女生怎么拉,她的身子也不弯,直挺着,自然也拉不起来。高老师蹲下身,摸着白雪的头问她:"小雪,疼吗?"她点点头。高老师亲切地说:"你别挺直身子好吗? 老师扶你起来。"她听话地将身子翻过来。伸出小手让高老师拽她。在另两名女同学的帮助下,高老师把她拉了起来。扶她来到操场上,挽起裤腿一看,膝盖磕破一片,鲜血早已渗出,高老师急忙找来红药水,替她消毒,她一点反应也没有。高老师好心痛,这孩子是坚强,还是不知道疼痛?

这一天,高老师什么工作也做不踏实,同学们围观的场面时时影响着她的思绪:班级40人,只有小雪自己没有照顾好,这个孩子时常跌倒,膝盖上的伤疤旧的没愈,新的又添,仔细想想,班内又有多少学生真心关心她呢?

高老师决定在下午的班会课上临时组织一个活动，名字叫"请你伸出一只手"。

高老师顺手拿起一张厚厚的纸，叠了个三棱柱形，用红色笔端端正正地写上"爱心座"三个大字，摆在讲桌上，清了清嗓子对同学们说："同学们，今天小雪在课间摔倒了，当时大家都在场，对吗？""对！""针对小雪摔倒事件，你是怎么看的？"一名调皮男生站起来抢先表白："小雪腿脚不好使，走路两只脚一起绊，动不动就绊在一起，摔个大跟头。"话语间见他眉飞色舞，似乎习以为常，见怪不怪了，没有丝毫的同情之意。高老师接着他的话茬说："老师想问你，小雪摔倒后，你扶过她吗？"他一下子愣住了，教室里也顿时肃静下来，一张张小脸疑惑地望着她。"同学们，老师没有怪你们的意思，现在，老师请你们讨论一个话题，你们要认真思考，诚实回答。"说完，高老师转身在黑板上写上"假如我是小雪"几个字，教室里异常肃静。高老师扫视一眼大家，指着黑板上的几个字说："'假如我是小雪'，我希望同学们如何对待我？"沉默了好久，教室里鸦雀无声……

班长第一个站起来，发言："假如我是小雪，我希望同学们别看不起我！"一石激起千层浪，教室里你一言，我一语议论开了："假如我是小雪，我渴望摔倒以后，有人帮助我站起来"；"我是小雪，我渴望课间有小朋友和我一起做游戏"；"假如我是小雪，我渴望和大家一样的享受生活。"……七嘴八舌，每个人都站在小雪的角度上去思考问题，高老师顺势问同学们："你们有这么多的渴望啊！可是，生活中哪一个渴望是你们替小雪实现的？"大家又沉默了。高老师启发他们说："孩子们，小雪是不幸的，可她遇到我们又是万幸的。只要我们人人都主动地献出一点爱心，人人都及时伸出一只手，你们说小雪的那么多'渴望'是不是很容易实现？""同学们，小雪身边的座位，从今天起叫'爱心座'。谁愿意照顾小雪，谁就自觉地坐在那里，只要坐在了爱心座

上,就要担负一天照顾小雪的责任。她只要在我们中间,就别让她跌跟头,好吗?"同学们为高老师的提议热烈地鼓掌。一名男同学站起来,问:"老师,我们男生也可以坐'爱心座'吗?""为啥要这么问?'爱心座'不选择性别——只要有爱心,谁都可以坐。"高老师说,从今天起,这个"家"一定会充满爱的,即便小雪跌倒后,再也不会出现围观的场面了吧? 我相信同学们都能奉献出自己的爱心。

在同学们热烈而持续的掌声中,高老师将"爱心座"的标牌放在了小雪身边,掌声更加响亮了。

一线解读
YI XIAN JIE DU

很多时候,我们安排中队活动也好,班队会活动也好,要么就是"老生常谈",要么就是随心所欲。学生没有兴趣,或离学生学习和生活的实际很远,学生往往是被活动组织了。那么,这样的活动也仅仅是完成了一件事,至于效果,也就无从谈起了。只有学生愿意参与,乐于参与,积极参与,活动才能达成预期的效果。

上面案例中,"爱心座"的设置就是根据班里实实在在发生的事情而"随机"创设的主题班队会,而这个"随机"并不是漫无目的随意为之,而是在高老师亲自经历、亲眼所见、亲身体会之后确立的班队活动内容,看似不经意,实则独具匠心。一件小小的事件折射出学生道德观念的薄弱,也由此引发了身为班主任的高老师的思考。于是这位老师扪心自问:平时的我有没有关注到学生的点点滴滴? 一大堆的说教没有起到任何作用,这是为什么呢? 这些不都值得我深思吗? 无论是对于学生还是对于班主任来说,这都是一次教训。由此,这位班主任老师更加明确了在心灵的成长之路上,谁都有可能犯错,谁都要有勇于承担的勇气——无论你站在何种位置,哪怕你是师道尊严的班主

任。教育无小事,处处无小节。我们有理由相信,这位班主任以后一定会用严谨的态度,把日常教育做得更扎实更细致。由此而设置的"请你伸出一只手"的活动,也足以证明了这一点。从案例描述中,我们不难看出,虽然学生刚开始不积极参与,但这个活动本身就缘于他们自己的生活,他们对这件事很熟悉,自己也的确存在某些方面的问题。所以,在班主任的引导下,大家才积极地参与其中。最后,"大家都愿去坐爱心座",以近距离帮助自己的同学,道德观念也由此形成。可以说,这样的活动是及时的,是合适的,也是相当有效的。

班级活动的组织,首先在于对活动内容的选择。选择到合适的内容,才有利于活动的组织与开展。活动的内容,不需要多么新颖,也不需要多么前沿,关键在于切合学生此时此刻的情感心理及实际需要。很多时候,它得益于班主任的日常观察,从日常的教育行为挖掘出活动的内容,找到潜藏于学生身边的素材,就是让学生感到既熟悉又似乎忽略了的那些内容。让他们感到,这些都是属于自己的事情,是必须面对和解决的问题。自然,参与的积极性就会空前高涨。

行动指南
XING DONG ZHI NAN

应该说,合适的活动内容是与学生的学习生活紧密相关的,源于教育现场,而且还有实效性。这样的活动内容可以说有很多,因为日常的教育是"琐碎"的,也牵涉教育生活的方方面面。只要班主任老师时时刻刻关注身边那些微不足道的事情,善于捕捉,及时发现,合适的活动内容就一定会呈现于班主任的管理之中,成为班级活动的内容。为此,笔者提出如下建议:

一是班主任心眼要"小"。在对学生的教育中,我们受一些传统观念的影响,总以为,教育嘛,就要上纲上线,要与时代接轨,所以,眼睛

总望向高处,看到了满天无法摘取的白云,却忽略了脚下触手可得的小草。虽然与时代接轨是正确的,但"万丈高楼平地起",事物的发展总是由小到大的。只有从小处做起,才能由扫一屋而扫天下!

倡导班主任的心眼要小,就在于班主任要练就一双慧眼,善于从小处着手,从学生的身边出发,从学生的生活出发,从学生的现实情况出发,关注学生的即时表现,在教育现场中发现问题。只要班主任有这样的意识,就不会放过身边每时每刻所生发出来的教育现象,而且会从每一次的教育行为中去发现即时性的问题,并将问题加以提炼,从而成为活动的素材,成为设计教育活动的触发点。

倡导班主任的心眼要小,还在于班主任要全面了解学生的特点,全面关注学生日常的学习与生活,有时还需创造一定的教育场景,让潜藏于学生中间的相关情况适时外显,而后加以提炼而成为活动的内容。

当然,心眼小的同时,不能陷入"小心眼"的泥淖里。每一次活动内容的发掘,都必须从学生的身心健康着眼,从学生的终身发展着眼,从学生的道德成长着眼。这是选择合适活动内容的前提。

二是合适的内容选择要注重时效性。前面我们提到,切合学生实际,唤起他们参与积极性的活动内容,往往就在他们的身边。但是,这些活动内容,同时也会有时效性。组织活动的时候,就必须考虑这些活动内容的"保鲜期",过了保鲜期再来开展,就会出现过了这个村,再无那个店的现象,即便组织学生参与,效果也不会很好。

即时发生的事情,往往给学生一些心灵上的触动,他们心中也会存在解决这问题的好奇心,甚至会产生想马上解决这问题的冲动。但这样的心理,可能随着时间的推移而慢慢淡化,甚至消失。如果当一切皆不在的时候,再据此展开活动,教育力会变为零,无异于劳而无功。

上述案例中,班主任就针对上午发生的事情及时开展班队活动,让活动保鲜,所以才收到了不错的效果。作为班主任,面对学生中所生发出来的问题,应及时分析,认真揣摩,充分挖掘其中的教育因素、活动元素,并及时的组织活动。可以说,时效性强的活动也是最适合学生的活动。

三是充分发挥学生的主观能动性。活动是班级发展的生命,经常开展切实的活动,班级才有活力。但是,活动的素材总不会是每时每刻都存在,更多的时候要发挥学生的主体性,让他们来呈现活动内容,丰富活动的内容。从学生中来的活动,往往也是切合实际的,是鲜活的。

首先,班主任要练就一双"顺风耳",深入学生中间,多多倾听学生的呼声。这不仅能在第一时间发现问题,适时纠错引导,而且能走进学生的心灵,了解学生的心声,从而依据学生的需要,开展适应学生成长需要的道德活动。

其次,面对一些活动选题,交由班委会组织学生讨论,让他们从中提取活动的内容。因为我们日常教育的最终目的,是为了帮助学生逐步学会自我管理与自我教育,让学生发自内心地感到道德成长的快乐。我们相信,这样从学生中来,再回到学生中去的活动内容才最适合学生,班主任组织起来才会得心应手,活动效果才会如期达成。

2. 精心组织为活动助力

前面,我们探讨了如何选择最合适的活动内容。在这里,我们将与大家探讨如何组织好这样的活动。有合适的活动内容,而没有好的组织,教育力同样为零。

精心组织活动,就在于严格制订好活动的计划。没有计划性的活动必将是"无本之木、无源之水、无果之花",无论表面形式多么热闹荣

光,都仅仅是一种形式而已。既然是活动,就一定要有一个计划,不管这个计划是否翔实周密,它都决定了活动效果。越周密的计划,在实施活动过程中越能够游刃有余、有的放矢。当然,这个要依据具体活动内容而定,不排除"粗线条"的活动计划,即通常我们所说的"纲目"。

还有一个最主要的问题:计划由谁来确定?有的人可能会感到很奇怪,班级活动的计划,难道不应该由班主任全权负责吗?笔者认为,这可不尽然。班级活动的主体是学生,学生是班级的主人翁,自然也是班级活动的掌柜,由"当家的"来制订自己的活动计划不是天经地义的吗?所以,这里要谈的不仅仅是如何制订计划,制订什么样的计划,还有更重要的一个环节,由谁来制订活动计划?这三个方面的内容就直接决定了实施的班级活动的实效性。

组织好一次活动,就等于是进行了一次高效的教育。不难想象,合宜的内容,加上精心的组织,会给学生带来多么深刻的影响啊。

原规则:活动组织的有效性,更能放大活动内容的教育功能,让学生经历一次神奇的教育之旅。

在我们的经历中,往往觉得班主任亲自组织活动仿佛是天经地义的。但我们也发现,班主任组织的一些活动,学生往往不买账。自然,活动效果也就会大打折扣。今天的课堂教学强调师生双边互动,强调落实学生的主体地位。其实,在班级活动的组织中,落实学生的主体性,可能也会提升教育效果。因为,让学生认识到自己才是活动的主体,参与活动才会更积极,投入的感情才越多,自然,所受到的启发也越大。

如果班主任精心设计、适时引导、放手发动学生,你会发现,孩子们的能力和才智远远超乎你的想象,你会发现你平时认为木讷愚笨的学生身上竟蕴藏着你从未曾发现的潜能。还有那些看似平常的孩子,

能够在你给予他的舞台上充分发挥自己的聪明才智,自由展示自己的风采。他们策划出来的活动,也肯定能够引起他们绝大多数人足够的重视,也能够踊跃施展他们的才华和能力。而且,学生根据自己的兴趣、爱好和特长,自愿地去选择自己感兴趣又适合自己的活动,自然就能使特长和能力得到充分的发挥。学生是班级活动的主人,有很多的班级活动需要交由他们自己来设计、组织、管理,班主任充其量只是班级的一分子,只是一个参与者,绝对应该警惕不能越俎代庖。

班级纪实

BAN JI JI SHI

新课程理念指出:"把班级还给学生,让班级成为学生成长的家园,让每一个孩子都能在班级中成长。"一个"还"字包含着这样的一个理念:班级的主人是学生,班级原本就是属于学生的,他们对这个集体负有一切责任。但是,在班级管理中,大多数的班主任是"放不开"的,有的认为学生年龄小,没有什么策划与组织能力;有的怕"放权"纵容了学生,万一他们策划出来的活动只是他们喜欢的,但却是班主任尤其是校领导不喜欢的;还有的怕有些活动存在风险,万一出现意外,班主任同样要承担责任……种种的"担心"致使班主任依然如小脚女人一样迈不开腿脚,依然在搞"一言堂",依然地像孤独英雄在行动。学生参加什么活动,什么时间,什么方式,哪个场地,谁来做活动的领头人,事无巨细都是由班主任来安排。班主任的确是运筹帷幄,事必躬亲,但是在很大程度上却抹杀了学生的积极性,也渐渐地丧失了他们参与的热情,同时失去的还有组织策划能力、思维和辩证能力……相对来说,学生的责任意识也被削弱,学生仅仅是在班主任的指挥和安排下参加了活动,少了对活动组织的感受与体验。学生失去了发展自身的机会,自然也品尝不到成功的快乐。

→ 案例5-4

新年游园活动

元旦将至,学校给各班布置了一项任务:报上二至三项"新年游园活动"项目,活动内容和形式必须有趣,可以用我们的传统项目,也可以自己创新,但是要求每个班不得重复。

结果,李老师连续报了三次,都跟先提交活动计划的其他班"撞车"。于是李老师灵机一动:我何不让我们班那帮机灵鬼一起来想办法呢?

事实证明,李老师的决策是英明正确的。孩子们的奇思妙想真多,他们想出了十几项,每一项都充满了创意,就以"神奇沙包"为例吧:用沙包投掷黑板前悬挂的小玩具,投中什么玩具即可拿走什么。瞧,够神奇吧?

黑板前面的细绳上挂满了形形色色的小玩具,全是学生捐助的!孩子们把自己家里积存的小玩具贡献出来,作为游戏奖品。

在征集活动项目的时候,他们已经设计了活动的步骤和"道具"。甚至,他们还有李老师预料不到的细节安排。中队长常博识说:"同学们,我们尽量地不要把好玩的玩具都投到自己怀里去,把它们留给别的班同学,我们去他们班赢他们的奖品去!"

呼啦啦,班里大多数同学霎时跑出了教室,都到教学楼其他班级去玩了。一批又一批"串门"的别班同学拥了进来。李老师突然发现班里有几个小女孩没有离开,李老师开始以为她们是没有胆量去"抢"别班的奖品呢。后来才明白,她们是在为外来的同学服务,帮着发沙包、捡沙包、发奖品……李老师看着这一幕,不由得有点感动:不知道是班干部事先安排的,还是她们自发留下的,总之,这些已经不重要了,因为这些同学都值得班主任感动感慨!

教室里的人越来越多，从黑板前到教室的后门，排了长长的一条龙，还夹杂着好几位老师，在跃跃欲试想投走那几个可爱的毛绒玩具。"服务人员"不知道什么时候已经换了，是副班长李家镇领着三个男生，同时还负责维持秩序。要不然，这个教室里非炸锅不可。

让李老师感到更诧异的是：绳上的玩具被赢走了，为什么还会有源源不断的其他没有见过的玩具及时补挂上呢？

事后，李老师才知道，自己班孩子把自己挣来的奖品全部主动上缴，变成了本班的游戏奖品，让别班的同学一个个给抱走了。

"你们的奖品都变成了别人的奖品，你们不觉得可惜吗？"李老师问大家。

同学们摇摇头，脸上都是笑。

"比得到奖品更快乐是——我们能看到更多的别人的快乐！"班长像老学究一样意味深长地说出这么一句话。

游园活动结束了，快乐的气氛在教室里荡漾了许久许久。以致很多天之后，在李老师的眼前还有孩子们做"服务人员"的身影在浮现，耳边也一直回荡着其他班老师和同学们留在这个教室里的欢笑声。

活动以后，班级里大家相处更加紧密了，彼此帮扶，整体成绩明显提升，各项工作也大幅度上了新台阶。李老师为自己能拥有这样的班级而欣慰。一次游园活动，却投射出很多的东西，是我们在课堂上看不到，也很少得到的东西。

一线解读
YI XIAN JIE DU

文体活动是学生喜闻乐见的学校活动方式，因为是学生所熟悉的，相对来说策划和组织就比较容易，放手给学生完全没有问题。而且，在班主任"放手"的同时，相应地，学生就会从心底里感觉多了一份

"责任"，自然也会积极履行自己的职责。让学生参与策划活动，学生更能正确认识个人与集体、个人与他人的关系，从而培养他们的集体主义精神和对集体的责任感、义务感，也更能够让他们设身处地替别人去想。与某些班主任担心的事实正好相反，那些爱好刺激性、挑战性项目的男同学在策划活动时，反而更能考虑到另一人群的需求，也会有意识地照顾女生的兴趣爱好；不同性格爱好的同学也竟然都在从全局出发，替别人着想。

俗话说，众人拾柴火焰高。班主任一个人的力量是有限的，只有发挥集体的力量，班主任才可能把自己解放出来，也才能发挥学生的主观能动性。上述案例中，当班主任无法想出更好的活动时，放权于学生。可以说，学生也正因为班主任的信任和放权而找到了用武之地，于是人人献计献策，出力出汗。尤其是放手让学生去组织时，他们更会群策群力，全身心地动起来，共同投入活动中，打好这场活动的"围歼战"。事实上也正是如此，学生参与积极，主体性得到发挥，活动效果甚佳！

很多时候，班主任不要唱独角戏。要时刻想到，我不单单是"班主任"，还是"班主人"，学生也是"班主人"，老师和学生都有参与活动的机会和权利。活动的开展是为学生服务的，让他们自己去组织，去策划，让其主人翁地位充分显现出来，他们才会感到"我是班级小主人"的这份荣耀，那么，活动的组织与开展就能取得高效。

行动指南
XING DONG ZHI NAN

学校教育教学活动中，教师为主导，学生为主体的原则，已被广大教师所认可。同理，在班级活动中充分发挥学生的主体作用，让学生成为班级活动的主人，班级活动的教育作用才能达得良好的效果。那

么,如何精心组织活动,让学生在班级活动中更好地发挥其主体作用,从而提升班主任的组织领导艺术呢?

一是要敢于"放"。以放风筝为例,紧握手中的引线不放,风筝就飞不起来,即便飞起来也飞不高。班队活动的组织中,班主任也要敢于"放手"。敢于把组织的权利下放给学生,让他们积极发挥自己的聪明才智,商讨、琢磨、组织、实施,这比班主任一个人在那里冥思苦想效率要高得多。

当然,敢于"放",不是无限制地"放"。放风筝时,若无限制地放线,就可能控制不了风筝的平稳性从而导致风筝出现事故(或者栽了跟头跌落毁坏,或者被树梢缠绕,或者断了线腾空远去)。在活动的组织中,班主任敢于"放",也不是完全地"放"。怎么放,放到何种程度,必须智慧地加以掌控。并非我们不相信学生,因为学生毕竟是学生,他们的阅历、知识水平、经验等方面存在着不足,他们的组织能力也有限,所以还需要我们老师的适当掌控和适度引导。

敢于放手,也在于班主任以合适的姿态出现在组织者中间。比如,偶尔淡出他们的视野,时而又出现在其中。其火候全在于班主任对整个活动的了解和把握。

二是要适时"扶"。学生还是成长中的人,他们有很多方面可能有所欠缺,对于活动的组织,他们也可能有力不从心之时。此时,尤其需要班主任的帮忙、扶助。

尽管放手让学生组织,但班主任仍是参与者,不可以完全袖手旁观,必须讲究一个原则,那就是"放权不放任",该出手时还得出手,真正做到放与收的合理衔接,达到收放自如的境界。

学生在组织活动的过程中,总会遇到这样或那样的问题,也总会有思维受阻之时。他们迫切需要有人助他们摆脱"山重水复疑无路"之境,而首先会想到的人,还是班主任。当学生求助于身为班主任的

你我时,我们就及时站出来为他们指点迷津。当然,仍不应该是包办,而是巧妙点化,不露痕迹地捅破那层窗户纸,助他们走向柳暗花明又一村。

三是要善于"合"。有了适宜的活动内容,就需要有精心的组织来落实。否则,我们所设想的活动效果就会落空。完全放手让学生组织,缺少班主任的及时扶助,都不会达到预期的效果。

学生组织活动的过程中遇到的问题,也有可能是教师的点化无法让他们明白。班主任又不能包办,否则,会削弱活动的有效开展。面对此种情况怎么办?班主任应及时与学生站在一起,成为学生团队的合作者,集思广益,共同完成活动的组织及开展。

当然,班主任与学生的合作,同样应遵循一个原则,那就是班主任不可独占鳌头,不可喧宾夺主,因为主体还是学生,只是尽可能多地帮助他们出谋划策,提供思路引导他们突破瓶颈完成活动。

第三节　借势突破,构建新基谋发展

关于"突破"一词,字典给出了如下两种解释:一是集中兵力向一点进攻或反攻,打开缺口;二是冲破,超过。班级管理活动的组织中,班主任不能固守过去,不能陷在经验里消沉,必须不断地超越自我,不断突破旧有的限制,让自己破茧而出。

班级管理需要"技巧",活动的组织同样如此。肯定地说,一个乐于成长的班主任,总会在每一天的管理中汲取经验。但如果陷入经验里固步自封,那就很难走向"成熟",赢取真正的成功。

在本章中,我们论述的主题是"班级活动组织新突破"。所以,谈到"突破",这里冠以一个"新"字。新突破,自然是指在原有基础上的

突破。那么,如何突破?怎样的突破才是"新"的?原来又突破了什么?从哪些方面去突破?等等问题,都是我们必须探究的话题。诸多问题,但限于篇幅,我们着重讨论的是从哪些方面去进行新的突破。其间顺带讨论相关内容。

在班队活动的组织这一层面,我们倡导无突破不开展。当然,突破总是有根基的,是在原有基础之上,或者借原来的发展之势。放弃了对原有内容及形式的尊重,所谓的突破就可能不合学生的胃口,甚至破坏学生的胃口,活动的组织也就没有实在的意义了,甚至会成为学生发展的羁绊。无论是哪方面的突破,我们都需要借势,借原来的发展之势,借新的发展之势,来建构新的发展之基,让发展多些根基,多些理由。

1. 内容设置上有突破

前面小节中我们谈到,对于活动内容的选择,我们要求要合宜。但是,对一些活动,尽管也很合宜,但还是容易产生审美疲劳,使学生失去兴趣,从而降低了活动的成效。

内容决定形式。只有从活动内容着手,才能为之确立合宜的形式,才能使活动最终成为发展学生的有效牵引。

对于内容上的突破,应该说,"突破"只是一个切点,一个起点。到底从哪里突破,突破到什么程度,依旧需要我们认真探索。

比如,班级开展的室外活动,无外乎是走出教室来到操场,或校园内的其他地方开展一些相关活动。虽然学生走出了教室,到达一个更新更广的天地多少会令他们感觉到新奇,但久而久之,一味地这般设计安排活动,学生也会感到索然无味。倘若我们在此基础上加以突破,变身为校外拓展训练,那么,设计的活动就更受他们的欢迎了。因为拓展训练是一项集求生、惊险、刺激、娱乐、教育于一体的极限运动,

此项运动已被许多国家的各级学校所喜爱,并有了专门的训练内容和方法。对在校青少年进行针对性的品质、意志、信念的训练,帮助受训者克服恐惧心理,坚定求生信念,建立团队精神,从而以无畏精神更好地面对学习、工作和生活。

长江后浪推前浪,一浪更比一浪高。内容上的突破,也不是对过去的完全否定,它最终呈现给我们的,是原有内容的发展,能看到过去的影子,但又高于过去的活动,具有与时俱进的特点。新的活动,应该要承担起"承前启后,继往开来"的历史使命。

原规则:班级活动重内容创新,更能唤起学生新一轮的活动兴趣,把教育推向更高层级。

年年岁岁花相似,岁岁年年人不同。社会处于发展变化之中,身处其中者,尤其是学生,他们也同样处于发展变化之中。尽管不少的传统活动也有其生命力,但对于发展中的学生而言,长期面对相似的活动,总会产生疲劳感和倦怠感。唯有不断在此基础上加以突破和创新,不断为活动注入新的"活水",才能使学生不断生发新的参与欲望,从而使活动持续有效进行,并不断丰富活动的内涵。

学生学习是学校教育的核心,班级管理最终也是为了学生的学习,学习做人、学习共处、学习做事、学习生活、学习各项知识和技能。在活动内容上有所突破,不断创新,让活动与今日今时的学生相融,符合此时教育现场的要求,无疑会给学生提供更加广阔的活动空间,让他们在这样的活动中不断地突破自我,超越自我,发展自我。这便是我们开展活动的终极目的。

班级纪实
BAN JI JI SHI

很大程度上说,班主任在班级管理中,也知道活动对于管理学生、

发展学生、推动班级良性发展的重要性,也在时不时地开展着活动。但也往往是为了应对学校团支部(少先队大队部)提出的要求而制订活动计划,并且为了应付检查,而不得不再按部就班地根据检查细目及分值一一对应着开展活动。这当中,有不少班主任,也是在学校相关科室的活动安排的基础上来安排本班的活动,年复一年,好像只是在重复那些活动。有的是自己设定的一些活动,有的是按相关的节气(节日)安排的活动。应该说,这些丰富多彩的活动是学生所需要的,但年年如此,没有新意,学生对此也就失去了参与的积极性,活动要么成了一种摆放,要么成了一种累赘。不是学生不喜欢活动,而是活动的内容唤不起他们内心的热爱和参与的激情了。

在相当一部分班主任的理解中,只要活动在开展,就是他们在好好管理班级。这其实是一种误解。他们只是重外在,重给人的所谓印象,而没有真正深入活动现场,深入学生的心中,搞的活动也只是浮光掠影。其实也是班主任失去了负责活动的主动性,失却了探究意识,从而成为了活动的奴隶。因此,在活动内容上进行突破,应该成为班主任每次活动前必做的功课。

▶ 案例5-5

"拉练"

那是好多年前的一件事,年轻的女教师李老师是小学毕业班的班主任。因为都是独生子女,孩子都是家庭的掌上明珠,都快要上中学了,书包还要家长整理。包括学校生活中的做事拖拖拉拉和嫌脏怕累,学习上的怕吃苦及不愿动脑等,独生子女的种种弊端都暴露无遗。

学校组织秋游的时候,李老师向学校提出建议:我们不参加学校组织的游园活动,而是进行"拉练",徒步行走50公里。李老师很想试一试用这样的方式来锻炼学生的坚强意志,增强抗挫能力,增强班级

凝聚力,建立良好的班级秩序。

开始时,同学们很兴奋。走了约5公里的路之后,有几个女孩子开始放慢了脚步,大家也不再叽叽喳喳,背包变沉了,太阳似乎也不那么柔和了,孩子们脸上开始滴滴答答流汗。

后来,速度越来越慢,掉队的人越来越多。体育老师侯老师带着还有一些精神气的男孩子继续前行,李老师则和另外的一些孩子远远被落在后面。

当走过一条土堤的时候,由于雨后土地变得松软,疲惫不堪的孩子们不知不觉牵起来手,小心翼翼地迈步向前。再也没有一个人说话,他们只是在机械地迈动着双腿。

"你们走吧,我说什么也不走了,我真的要死掉了!"高高瘦瘦的陈一鸣一屁股坐在了地上。

同行的几个女孩子见状,也一屁股坐在了田埂上,丝毫不顾洁净与文雅。

李老师用眼睛盯着陈一鸣,一句话也不说,盯了好大会儿,陈一鸣无奈地站起身,继续往前走。其他女生也只好站起来继续往前走!毫不夸张地说,他们就像被打垮的兵卒一样,丢盔弃甲,狼狈前行。

太阳落山之前,最后一批拉练者终于回到学校。看见老校长站在门口用关切的眼神来迎接大家归来,李老师筋疲力尽地挥一下手,什么话都没力气说了。

"真没想到!"老师们都这么说,家长们也这样说。其实年轻的班主任李老师心里也在这样说。

第二天的班会上,这句话又成了大家的开头语。

"真没想到,我们竟然能够步行那么远!"

"真没想到,我竟然坚持下来了,我太棒了!"

"真没想到……"

其实，李老师也沉浸在巨大的成就感之中，没想到本来身体并不是很健康的她竟能跟着孩子们走完全程，没想到仅仅一天的户外活动让孩子们有那么多的感触和收获。

整个行程中，发生的点点滴滴都在李老师的脑海中盘旋，马路上的交通警、田间秋收的农民、煤矿里下井的劳改犯工人……帮着女生背包的男生，不自觉间挽起手连成的长龙……

那样的时刻，一定有一个坚强的信念在学生们心里，那就是：坚持。一定还有一个新的信念在大家心头涌起，那就是：团结。这样的集体才是一个真正的团队，正是有了团结友爱的班集体，学生们才更深刻地体会到集体的温暖、集体的凝聚力、集体的伟大。

班里奇迹般变得秩序井然，充满了家庭般的温暖。

当遇到困难的时候，学生们会说："这还能有拉练难吗？那个时候我们都挺过来了！"；当班级内出现矛盾的时候，总会有人帮着回忆拉练之中彼此手拉手的情景；当学校组织竞赛的时候，他们班总会以一种无比强大的凝聚力而笑傲对手。

原本只是想借助这样的"苦差"，让学生懂得坚强，懂得坚持，去掉娇气和自私，没想到，大家竟然同时收获到一个团结奋进、秩序井然而如此优秀的班集体！

一线解读
YI XIAN JIE DU

面对当今竞争激烈的社会，团队意识也越来越被人们所重视。拓展活动已经成为各大小企业对员工培训的重要手段。这样的活动，让团队成员更能深刻地体验个人与企业之间，下级与上级之间，员工与员工之间唇齿相依的关系，从而激发出团队更高昂的工作热诚和拼搏创新的动力，使团队更富凝聚力，更有无穷的斗志。同样，我们的教育

更需要学生具有良好的品质和精神,我们的班级更需要具有向心力和凝聚力,这是树立良好班级秩序,树立良好班风必不可少的因素。在学生中开展这样的拓展活动,也能达到这样的教育效果。这比单纯的说教要有效得多。

上面的案例,为什么会出现如此巨大的效果? 一个很明显的变化就是,班主任在活动内容上有了突破。学校组织秋游的内容是游园,虽然也是学生的最爱,但年年如此,学生的收获也有局限。因此,班主任在此基础上有新的突破——进行"拉练",徒步行走50公里。活动内容有了突破,学生在这样的活动中磨炼了意志,团队精神得到了培育,班级凝聚力得到了增强——这是游园活动远远不能达到的效果!

班主任不要做井底之蛙,要有敢于跳出井底的勇气。跳出的过程,则是超越自己的过程。跳出之后所获得的,就不仅是空间和视野上的改变,更是观念上的更新。观念的更新,就必然会带来行动上的变化,那么对每次班级活动内容的突破,就会成为习惯。

行动指南
XING DONG ZHI NAN

班主任心里,应该始终有这样的观念,学生始终处于动态的变化之中,活动的内容也应该处于更新的状态。唯有不断地为活动注入活水的意识,活动才真正具有生命力,真正服务于学生和班级的发展。为此,我们给出如下建议:

一是活动内容的突破在于与时俱进。时代的发展总是为我们的学校教育注入新的元素,自然而然,班级活动的内容也应该紧紧地围绕这些元素进行。

传统的道德教育活动,有其积极的一面,而且对当时孩子的道德品质的培养和发展也充分发挥了载体作用。如果我们一直满足于过

去那些活动,沉醉其间不能自拔,那么,学生的道德素养永远不能适应时代的需要。万里同志说:"教育体制改革的根本目的是提高民族素质,多出人才,出好人才。什么叫'好人才'？一句话,就是新时代所需要的人才。……这个新时代需要的人才,应该是有理想、有文化、有道德、有纪律,热爱社会主义祖国和社会主义事业,具有为国家富强和人民富裕而艰苦奋斗的献身精神,才能真正成为新时代的主人和人民的公仆。……"我们的班级活动应该自觉地担负起这个责任。

今天的班级活动,内容的突破也应该从现代社会所需要的价值观念、效益观念、竞争观念、信息观念、人才观念、创新意识、平等意识、守信意识、自立意识,破釜沉舟的冒险精神,愈挫愈勇的进取精神,机动灵活的应变能力,明察秋毫的预见能力以及人际关系处世艺术等出发,让活动与时代同步。班主任在活动内容的突破上,也应从这些时代的要求出发,凸显与时俱进,培养出现代社会所需要的人才。

二是活动内容的突破必须彰显学生个性。学生自踏入校门的那天起,便被分到一个个班级,不同的班级活动也就影响着每一位学生的成长。每一个学生都是独立的个体,良好的班级活动有利于培养学生的主体意识和独立自主、不断探索的创造精神以及积极的情感态度,培养他们鲜明的个性。因此,活动内容的突破,也必须以此为宗旨。

今天,我们的个性教育,就是尊重学生的个性并发展学生个性的教育,其核心是学生创造精神的培养。每个班级的数十名学生,都是独立的"那一个",让"那一个"成为与众不同的"那一个",便需要媒介,这媒介就是班级活动。凸显个性的班级活动内容的突破,首先得突破"智育第一"、"分数挂帅"、"片面追求升学率"等不正确的教育思想和社会风气的影响,然后充分遵循学生的身心发展规律、个性发展特点,适应学生的年龄特征,符合学生的认知结构,用自己的智慧和研

究去寻求、筛选、确立。

比如,班级的室外活动,不能老是一些普通的跑、跳项目。如果在此基础上融入趣味性,例如有的学校边走边做的韵律舞,把原本枯燥的活动变得有趣味,也正是在这"变"的过程中,发挥了学生的聪明才智,彰显了他们各自的个性,并在活动中得以发展。又如,当学生意志消沉时,就布置学生搜集名人、科学家等刻苦成才的故事或者搜寻励志演讲、成功访谈等视频。然后,开展讲故事竞赛或者情景剧表演,看谁选的题材最好,讲演的故事最精彩,然后选出表演的最佳选手,相信这些活动一定会促进同学们的成长!

三是活动内容的突破需融入生活教育。教育即生活,生活即教育。这一著名论断有效契合了教育与生活的密切关系。有人说,教师必须是个学者型的杂家。同样的,我们也可以说,班级活动内容也应该是"杂"的。"杂"就是内容广博,涉及面宽,对人的教益和发展最有效。长期单一的活动内容已经远远不能够承载它应有的教育任务,必须让班级活动突破纯粹的学校教育(德育)内容的局限,走进更加广阔的空间。这广阔的空间便是"生活"。

在活动内容中融入生活,即是把学校教育与生活教育融合起来,我们的教育才有成功的可能。所谓"生活教育",就是教会学生把书本知识转化为生活能力,把学校教育与日常生活沟通,把时代的活水引入课堂,把教育的空间扩展到社会天地(选自李镇西《爱心与教育》)。打破活动的内容局限,引入生活这汪活水,让学生在活动中感知生活的真,体悟生活的善,发现生活的美,并由此受到熏染。

融入生活的内容,更容易唤醒学生心灵深处的活动欲望。因为活动与生活相融,让学生更有亲切感,犹如见到老朋友一样,参与度、参与热情自然都会空前高涨,这不仅会让活动效果更加显著,还能使活动增加新的活力,内涵得以更为广泛的提升。

2. 组织形式上有突破

好的内容,还需要好的形式来承载。就像有了好的素材,还需好的表达形式使之成文一样,表达形式不好,就直接浪费了好的素材。班级活动也是这样,有了内容上的突破,如果没有设计好与之相适应的活动形式,活动的效果自然也不会显现,对学生的教育效果也会远远低于我们的预期。好马配好鞍,即是指这个理儿。

人与人之间的距离,不是用物理长度来衡量的,而是由心与心的交融度所决定的。班级活动追求的就是班级团体内心的交融,班主任与学生之间真心的融通。用好的组织形式去开展班级活动,往往能使活动效果最优化,使班级活动的后续效果扩大,从而通过活动使生生之间,师生之间更有心灵上的默契,从而提升团队向心力,增强班集体的凝聚力,培养一种健康向上的团队氛围。

原规则:创新的活动形式,有效承载活动内容,能让学生从中获取正能量,才可称之为成功。

活动形式,是落实活动内容的重要保障。同样的活动内容,组织形式不同,可能获得的效果就不一样。打个比方,班级活动内容就像水一样,活动的组织形式就如装水的容器。好的容器,能增强视觉效果,让水的价值无形中得以提升。

活动内容的突破,能唤起学生的参与欲望。如果再从组织形式上加以突破,更会增加活动的新奇感,使学生带着一种渴望,一种期盼而积极参与活动。如此的活动,就像是催化剂,把存在于学生灵魂深处的"真与善"唤醒并彰显出来,而且,也能由此形成一种轰动效应、带动效应,使整个班集体因为这样的活动形成一种"百花齐放"的良好氛围。

班级纪实

BAN JI JI SHI

班级活动,通常由班主任拟订活动计划,确定各学期的活动方向,具体的活动内容,然后按部就班地执行。也有的班级,将活动的安排交给班干部,让班干部们轮流着主持班队活动。如遇到学校科室来检查,或上级有人来访,则由班主任出面组织。由于缺少整体的考虑,以及长期的磨炼,即使班主任亲自上任,依然也是在"重复昨天的故事",效果自然就"没有起色"。

每期的活动,以怎样的姿态出现在每一次的班级活动中,班主任似乎从未认真考量过。活动的组织形式也从未想到要去改变,只是"搞一次活动交一次差",得过且过。有一些班级的活动,由于学生组织不得法,加之班主任又极少指导或指导不力,导致形式散乱,根本无法承载起班队活动的使命,简直形同虚设。

组织形式的陈旧,直接导致的是内容的崩盘。一次陈旧的内容,犹如活动被五马分了尸一般,看不出主题,缺少主线,泥沙俱下,一片混沌。

➡ 案例5-6

学生"道德银行"

北京东四九条小学,三年级以上的孩子们都拿到了一本绿色的"道德银行储蓄存折",道德存折与真正的存折一样,有账号(班级)、户名(姓名)和开户行(东四九条小学道德银行)。学生成为"储户"、班主任成为"出纳员",今后孩子们必须每学期往道德银行里存入一定数量的道德分值,否则将不能升学、毕业。暑期参加了一个半月女垒开幕式训练的100多个孩子今天就在"银行"里存入了5分。"道德银行"记录的不是荣誉性的奖励,而是学生为社区、学区做的公益活动,好人好事、特别贡献也能折成道德分数。学生每学期必须得到3分,

即至少参加 3 次校级公益活动,否则将不能升入高一年级。

➡ **案例5-7**

没有预设的无主题班会

这是李老师曾经在小学三年级时进行的一次班会。这次班会的特殊之处在于三个方面:一是家长和孩子一起参加班会;二是班会内容没有预设(事实上,只是学生不清楚,班主任肯定是成竹在胸的);三是没有给班会定明确的主题。

当时,李老师那个班 35 名同学,除了 4 位女生之外,有 31 位活泼顽皮的小子,管理难度可想而知。全校最皮的、最犟的、最横的悉数囊括其间,老师们戏谑地说李老师的班成了"吉尼斯大全班"。就那个夏宝宝,别看个头不大,胖乎乎的,最擅长斗狠,打遍全校无敌手。经过多次教育,还是屡教不改,批评教育的时候答应"好好好""改改改",一到了"场上"就把自己的誓言忘得一干二净。还有种类众多的、形形色色的孩子以及"案件",常常让李老师有一种"黔驴技穷"的悲哀感。

班会开始了。

李老师说:"班会内容——济宁外校国三班的一天。我要和班长一起来主持。"

班长孔明用困惑的眼神看着李老师,因为之前李老师没有给他安排任何准备的任务。

李老师在孔明耳边悄悄说了一句:"你随便点演员来表演。先是早晨到校,注意校服穿着和文明礼貌。"

孔明不愧是"小诸葛",一点就透。他心领神会,快速站到了讲台前,精神振奋,声音很干脆:"现在,李老师要和我们表演的是:早晨,校门口。有请刘璇和陈冰同学参与表演。"

两个文文静静的女孩站起身,两个人都穿着整洁的校服,戴着鲜

艳的红领巾。她们两个对视了一眼，就朝李老师走过来："老师早！"毕恭毕敬的样子。李老师微微欠身还礼："小朋友早！"

"现在，夏宝宝和李振涵两位同学也来到了学校门口。"孔明朝后排的夏宝宝望去，他本来正在跟同桌的李振涵偷偷挤眉弄眼，听到叫自己的名字，慌慌地站起来。夏宝宝一边起身一边使劲把耷拉在外面的衬衣角往裤子里塞，李振涵则红了脸，东张西望："我的红领巾呢？我红领巾哪去了？"两个人狼狈的样子，引得后面的家长们哄堂大笑。两个孩子更加不好意思，好不容易收拾妥当，脚步匆匆朝李老师走过来："老师早！"李老师还礼，并且帮夏宝宝整理一下衣领，他的脸更红了。

"阳光体育时间，"李老师悄悄地对孔明示意，"还是叫夏宝宝，另外再叫两个男生，一起表演打球。"

"第二节课后，阳光体育时间。地点：操场上。男生在踢球。由夏宝宝、刘大壮、范洋洋三人表演。"三个男孩子站到台前，拿过准备好的篮球模拟打球。刘大壮其实是个又瘦又小的小男孩，据说是夏宝宝的"拳击手套"。他胆怯地望一眼夏宝宝，又回头看李老师一眼，不知道自己该怎么表演。"夏宝宝，刘大壮也想跟你一起打球哎！"李老师招呼了一声。夏宝宝愣了一下，回头看了刘大壮一眼，又看了教室后面的家长们一眼，不知道自己该怎么做。"刘大壮的个子太小了。"孔明说。夏宝宝突然明白了，把篮球塞到了刘大壮的手里。刘大壮一下子被突如其来的"幸福"搞得不知所措，愣在那里。聪明伶俐的孔明鼓起掌来，下面的家长和同学们也使劲鼓掌。刘大壮连声说"谢谢！谢谢！"原本顽劣无比的夏宝宝竟然哭起来。

教室里突然异常地安静。因为，大家谁也没想到他竟然会在这时候哭成了泪人；还有，谁也不知道他因何而哭泣。

后来，在李老师和孔明的"导演"与合作下，学生们再现了上课、课间、路队、兴趣课等各种情景，家长了解了自己的孩子在学校里的生

活,学生们也在自导自演中逐步明辨了是非对错,对于学校一日常规更加地了解,同时也深刻反省了自身,树立了规则意识。

这次活动之后,同学们之间的友情变得更加深厚。尤其是夏宝宝,竟奇迹般地变得讲文明,很有礼貌了,因为他爱好广泛、知识面广,又讲义气,身边的朋友越来越多,成绩也有了可喜的进步。

一线解读
YI XIAN JIE DU

两个不同的案例,承载的都是道德教育的主题。但组织形式有创新,学生参与的积极性得到了彰显,自然效果就特别明显。

建立道德银行,其实质也是在对学生进行着道德教育。而道德银行这一创新的形式,把原本集体组织学生去参加的社区活动等变成了学生自觉去完成的一项活动。学生所参加的公益活动,能换取一定的分值存入道德银行。这样的活动形式本身所蕴含的教育因素,不是由集体的共同参与来转化成学生的道德行为,而是学生去主动参与,主动完成,从而熏染了他们的德行,让他们在成为有道德的人的路上走得更远。现在,不少学校也在完善这种道德银行的方法。根据学生的表现,分别给予不同金额的快乐币、人格币、学习币等,各币种也有不同的兑换方法,三种道德币达到一定的数值就会享受不同的待遇,被授予不同级别的荣誉。

案例5-7中的班会,虽然表面看起来没有确定主题,但在班主任的心中却始终是明晰存在的,只不过没有公布出来罢了。也正是因为如此,循着班主任的组织开展下去,相应的学生便受到了教育。也正如案例最后所说的那样,"这次活动之后,同学们之间的友情变得更加深厚。尤其是夏宝宝,竟奇迹般地变得很有文明很有礼貌,因为他爱好广泛、知识面广,又讲义气,身边的朋友越来越多,成绩也有了可喜

的进步。"显然,活动的效果是相当显著的,极大地改变了学生,改变了班风。这次活动,因为有家长的参与,又是没有预设的活动,学生所表现出来的,就是他们日常生活中的本色表现。家长也看到了自己孩子在学校的真实表现,也会在孩子回到家后配合老师给予适当的教育,一定程度集合了教育的力量,提升了教育的效果。

叶圣陶先生说:"文章本天成,妙手偶得之。"其实,可以这样说,创新的组织形式本来也存在着,只需班主任运用自己的智慧技巧去获取它,并运用于相关的班级活动中。每次班级活动前,班主任完全有必要进行充分的"备课",着力思考面对本次活动内容,应当采取怎样的组织形式会更好,会更利于活动的开展及活动成果的彰显。班主任要善于给自己确定几种组织方案,并综合考虑方方面面的情况进行筛选。尤其是要还原曾经类似活动内容的组织形式,然后再考虑本次将进行什么样的突破,从哪个点突破才有利于此时的学生和此类活动内容。对于活动组织形式的突破,班主任首先应将这样的意识植根于自己的心中,并在每次活动组织的过程中进行有机磨炼,逐步习惯于逢活动必考虑组织形式突破的问题。要相信,唯有突破,才有创新,才有活动的有序开展,才有效果的可圈可点,才有学生发展的可喜可贺。像上面两则案例,如果没有班主任对班队活动组织形式的探索与突破,断然不会出现这样新颖的活动形式。

行动指南
XING DONG ZHI NAN

苏联教育家苏霍姆斯基认为,我们的教育对象的心灵绝非一块不毛之地,而是一片已经生长着美好思想道德萌芽的田地。因此,教师的责任首先在于发现并扶正学生心灵土壤中的每一株幼苗,让它不断壮大,最后拔除自己的杂草——缺点。同时,他还十分注重"集体"这个有力的教育工具,特别强调集体中"共性"与"个性"的辩证统一。可以说,我

们的班级活动,就是一种集体主义教育。绝大多数的活动,都是在全体学生在场的情况下得以开展的。也正是通过一次次活动的开展,清除学生心灵上的杂草,让他们的心灵长出富有希望的"庄稼"。因此,每一次活动所应获得的教育效果都是不容忽视的,非常有必要在组织形式上不断突破,与活动内容契合,以提升活动的教育效果。

一是活动形式的视野里要有家长。常规的活动开展中,常常是教师和学生参与其间,有时可能有学校的领导,但几乎没有这样一类人的出现,那就是——家长。

苏霍姆林斯基说:"两个教育者——学校和家庭,不仅要一致行动,要向儿童提出同样的要求,而且要志同道合,抱着一致的信念,始终从同样的原则出发,无论在教育的目的上、过程上,还是手段上,都不要发生分歧。"所以,我们的学校教育,尤其是班级的教育活动,完全有必要得到家庭教育的配合。可以这样说,家庭教育既是学校教育的基础,又是学校教育的延续与升华,而学校教育则是家庭教育的指导与深入。我们的班级应该在家庭与学校间架起一座金色的桥梁,使学校教育与家庭教育有机地结合起来。在我们对班级活动的组织中,应该针对相应的内容,尽可能邀请更多的家长来参与。

家长的参与,有可能只是成为一名观众,但这应该只是组织形式突破的一个初级阶段。如果老是让其坐在观众席上,活动又可能会陷入另一种僵局。那么,随着组织形式的突破,我们还应该让家长参与到班队活动中,成为和学生一样的活动主体,甚至参与活动的策划与组织。这样的形式,才能更有效地集合家长的教育力,让班队活动更深入更持续地开展下去。

二是让班队活动走入学生家中。传统的活动,除了教室中,就是校园内。前面我们也论述了,组织活动时,我们还可以让孩子们开展社会实践活动。但是,事实上我们却较少在学生家里开展活动设计。也许很多老师认为自己绝不能出风头。其实,我们提倡并鼓励各位班

主任老师积极地设计活动,把学生家庭也纳入班队活动主阵地中来。因为这是班队活动开展的一种新形式,一个必然要经历的阶段。

把活动放在学生家里开展,一定程度上更能激活学生的参与欲望,也更能有效解决活动所提出的问题。当然,由于活动空间的转移和变化,更需要班主任进行周密的组织。还要事先征得家长和学生的同意,以不影响其家庭生活为前提。同时,也必须从尊重该生及家长的立场出发,精心设计活动的环节,使活动环节连贯紧凑,精炼活动时间,提高活动效率。

笔者和同事们的多次实践证明,这样的活动确实能够解决实际问题。所以,活动内容的选择,必须与这种形式紧密结合,这正是内容决定形式的要旨所在。

三是让活动形式更加丰富多彩。活动组织形式的突破,目的在于触及学生内心的世界,有效提升学生的道德素养。活动的开展,其形式应该更加精彩丰富,更具有多样性。这样,才能把一次次班级活动的主题用新的形式表现出来,用适合它的形式呈现,让学生的道德发展有更丰富的依托,发展得更为轻快。

比如,写班级日志,写班级周记(或随笔),写活动实录,写活动总结,写书面调查。又如,召开座谈会,举办班级优秀人物评选颁奖会,大家畅所欲言,全员参与。还如,请劳模举办讲座,参加社会实践,班级文艺汇演,集体生日庆典,调解家务纠纷,班务实话实说,班干部组织的家长招待会,我们的宿舍文化流行风(展览)……

我们每个班主任应该建立一个"活动形式资源库",把历次活动的文字、道具、录音、图片、影像等加以详尽归类,妥善保存,以便在遇到相应的活动时,可以随时调用借鉴,并且让其突破有根基,也让活动不断变换形式,在形式的突破中达到更高的目标。

第六讲　班级个性培育新趋势

"年年岁岁花相似,岁岁年年人不同。"不同的班级,不同的学生,真应了那句话:"铁打的营盘流水的兵"。每个学生都有自己的个性,每个班级都有它固有的特性。只有学生的个性得以张扬,班级的特性得以发展,为学生自我成长提供空间,为学生个性才情提供平台,我们的教育目标才能够得以达成。

（一）

班级总在动态生成中凸显个性特色。事实上,学生整齐划一、唯命是从(即所谓的"听话")却是大多数老师的理想追求。因为,管理这样的班级不用太多的费神思量,不用太多的操心,容易被班主任所掌控,这样的班级看起来也更稳定、更踏实。但是,真正从学生发展的角度看,这其实是一个才情泯灭,个性压抑,死水一潭的班级,即使暂时有着较稳定的纪律,有着较高的学习劲头,有着较好的升学趋势,也难以发挥学生真正的聪明才智,也难以让学生的个性、才情得以最大程度的发展,难以实现学生真正的成长。

（二）

"因材施教",是一个备受世人推崇的教育铁律,与当前教育界所倡导的"以生为本""素质教育"不谋而合。凸显班级个性特长,不仅要把班级看成一个个鲜活的生命体,更要视每个学生为一个充满生机

活力、不断发展的个体。把"发展"作为班级个性特长新趋势的衡量标尺，把塑造学生高尚人格、呵护学生健康心灵，让学生健康成长、和谐发展，作为班级个性特长发展的最终归宿。通过特色班级的构建，培养学生健康的人格，唤醒学生的内在自我，激发学生的个性才情，让班级成为学生起航的平台，为以后的人生之旅奠定根基。

（三）

充分彰显学生的个性特长，无疑是班级个性培育新趋势，无疑是未来班级构建的新模式。对学生个性特长的培养，是实现未来教育的必然要求。形塑学生健康人格，唤醒学生自我，点燃学生个性激情，让班级管理动而有序，静而生慧，活而不紊。

本章，我们将对学生个性特长培养的管理策略做一浅显引领，希望诸君能够受此启发，有自己独到的探索，从而使自己的班级管理工作卓有成效。

第一节　健康人格的培养

"做事要靠本事，做官要有官德，做人要有人格。"人格是做人应有的品质，也是一个人之所以为人的重要衡量标尺。当教育陷入"应试"、"分数"的泥淖之中，忽视了学生健康人格塑造的时候，必然是教育之殇。苏霍姆林斯基说，教育培养的是一个个身心健康的完整的人。所以，构建特色的班级，培育个性，必然要先从培养学生健康的人格开始。这是班级个性培育新趋势的首要条件。古人有云：教弟子如养闺女，最要严出入，谨交游。若一接近匪人，是清净田中下一不净的种子，便终身难植嘉禾矣。其实，这一点所说的也正是学生健康人格的教育和养成。

然而，事实上，有些老师既承认人格之重要性，同时又畏惧人格之复杂性，不敢越雷池一步，不敢有所作为；也有为师者相信"树大自直，人大自然好"，从而忽视人格的培养；更有人觉得自己的教育管理应在考试与分数的范围内，至于人格的养成，并非属于自己的教育职责，并不是自己应承担的责任。实际上，每个学生的人格都是在生活和教育中逐渐造就的，如果教育放弃了这方面的培养，学生的人格形成就会受到社会负面因素的影响，也许就会变得混乱和无序。教育的真谛在于通过教师的外力碰撞，触动学生的心灵，激起情感的火花，达到对学生健康人格的塑形。

健康人格外化，是思想的高度与行为习惯的表露。提升学生思想的高度，让高尚的思想品质、高远的理想信念占据学生的心灵；培养学生的行为习惯，以良好的行为习惯、优质的言行优化学生的气质品行。

1. 提升学生思想的高度

宗教上有个词语叫"礼拜"，"礼拜"也叫"崇拜"，是指"尊崇、敬畏、钦佩"之意，它是发自内心的对上帝的崇敬，并通过俯伏敬拜、跪拜等仪态表现出来。一定时期的礼拜活动，会让教徒们接受思想的洗礼，在其内心深处渗入自己所信仰、所崇拜的宗教信念，在行动上践行自己信仰的宗教思想。"没有信仰的人生是可悲的。""人，总得有点精神。"这里提到的"信仰"、"精神"，其实就是一种"理想信念"。

构建特色班级，必须从提升学生思想高度，树立学生的理想信念入手。当我们为学生树立起理想信念，并持之以恒地融入到学生的一言一行中时，学生的思想高度也会随之提升。班级管理不能仅仅以"管理"为手段，更不能以"管理"为目的，创建具有生命力的班集体，提高学生的精神境界，既是班级成长，更是学生个人成长所必需的。

对于学生思想认知的提升，需要有具体的思路和方法，以精神家

园来填补学生认知的空白,矫正错误,提升认知,给学生的思想认知以洗礼,引领孩子们的思想认知和茁壮成长。

原规则:播下理想的种子,坚定积极的信念,方能用强大的理智驾驭顽劣的情绪。

美国著名教育家爱默生说:"思想就是行动。"每个人的言行总在思想的指引下呈现。一个有思想的人,能够用强大的理智驾驭顽劣的情绪。当一个人失去了前进的方向,犹如大海中失去航标的孤舟,面对茫茫的大海,不知所措,在迷茫中横冲直撞,却始终找不到正确的航向,最终只能无奈地听天由命。赋予孩子们积极进取的思想和远大宏远的目标,如同茫茫大漠中跋涉者心中那希望的绿洲。为了心中美好梦想的早日实现,他们能自觉约束好自己的行为,理智驾驭自己的情绪,调整好自己前进的步伐勇往直前。

清除杂草的方法有许许多多,多避免不了"春风吹又生"的情况。彻底清除杂草最有效的方法则是种上庄稼。以强大的理智驾驭顽劣的情绪,最有效的方法是坚定积极的信念,播下理想的种子。

班级纪实
BAN JI JI SHI

呈现在我们面前的很多校园,没有校园本应有的伊甸园似的诗意,缺乏我们所希望看到的一派生机的青春身影,不是我们所能看到的情趣盎然、生命律动的成长摇篮。是的,在现实中,我们总是在感叹,如今的学生一届不如一届,学习不像是他们自己的事,倒像是老师、家长的事,皇帝不急太监急。整天是一副无所事事的样子,缺交作业或者不交作业、上课睡觉、不做笔记、顶撞老师、随时接话茬、故意洋声怪调、扰乱课堂等现象时有发生,学习热情不高,缺乏进取精神,课堂沉闷枯燥、学生萎靡不振、学风每况愈下等等,已经成了学校和班级

的顽疾,也成了科任老师和班主任们难以放下的一个沉重的精神包袱。

目前,学生们所处的社会环境,让他们的视野比以往的学生宽广得多,接受信息的渠道也多得多,而所受的影响也同样比以往的学生复杂得多,加上家庭教育的缺失和滞后,他们不知道自己的人生目的是什么,不知道自己的路究竟该如何去走。面对未来,他们既有着无限的憧憬,又有着无奈的怯懦,眼神里充满了对外界的向往,内心流露着脆弱地卑怯。小小的年纪,就开始讲究吃喝,讲究结圈子,交朋友,过生日,比名牌,谈"恋爱"……浑浑噩噩,混天度日,把大好青春时光花费在一些无谓的人、事、物上面,对挥霍的青春没有丝毫遗憾和顾惜,把宝贵青春当做一个无限的存折任意支取,实在可惜、可恨、可怜。

21世纪教育有四大支柱,即学会认知,学会做事,学会共处,学会做人。这正好与我们的班级个性培育新趋势不谋而合,也说明了我们提升学生思想高度的重要性和必要性。

➡ 案例6-1

"精英班"的成长

今年又带初三普通班,注定又要和一群桀骜不驯的小家伙度过一个学年。这些孩子中很多在初一初二就放弃了学习。惹是生非、不求上进,不学无术……俨然就是他们的代名词。尽管有多年带普通班的经验,但面对今年这一届几乎集结所有闻名全校的"精英分子"的特殊班级,说实话,心里还真有点"怵"。

我拿到学生名单后,就找所有学生初二时的班主任了解他们的情况,有的老师们给我介绍这些学生的具体情况之后,还特意给我提醒了几位"刺头"学生,反复告诫我重点关注。然后,我又利用一周时间对每位同学进行电访,认真了解了学生们的家庭情况,在家表现情况,

性格特质等。同时,我还深入到学生当中,细致观察他们的行为表现,一个星期下来,对每位同学的情况已经有了一个基本的了解。

为激发学生斗志,我制定了班级规划,其中涉及的班级发展宗旨为:点亮心灯,激越奋进。即:让孩子们树立目标、明晰目标,让他们在目标的支撑下奋发起来,形成要学习、要奋进的精神状态。预期目标在于提升班级自主管理能力,塑造学生积极健康的心理,培养良好的学习和行为习惯,点亮学生心中的明灯,营造充满生机活力、奋发向上、团结互助、情同手足胜似一家的班集体。接着,我又组织同学们制订出班训:不抛弃,不放弃。开展主题周活动,如第一周为"我的地盘我做主"周,目的在于通过"自我风采展示"、"目标制定"、"班规制定"等一系列活动,提升学生参与班级管理的自主意识。第二周为"我奉献,我精彩"周,目的在于通过"志愿者在行动"、"每天一好事"等活动,激发学生的奉献精神,培养他们的爱心。第三周为"高效生活,延伸生命的长度"周,目的在于通过"我为高效提建议""一分钟竞赛"等活动,培养学生的效率意识,提高他们在学习、生活、工作方面的效率。开展图书互助、互换交流阅读活动,通过师生共读一本书,每月读书体会交流会等形式检阅学生的读书效力;实行课前一故事活动,每次上课前都给学生讲一个小故事,引领他们从小故事中去感悟人生的哲理;确立了我班的班本课程:"小故事大智慧好人生"、"励志影视伴我行"、"好书齐读"、"励志歌曲唱响每一天",同时利用班会课、课前5分钟、自习课及其他课余时间,和学生分享这些班本课程,品味哲思小故事、励志歌曲、励志影视及书籍带来的人生启迪,让学生的精神世界变得更加丰富,让他们的心灵得到极好的滋润;建立合理的激励机制,如目标制订活动:班级目标——小组目标——宿舍目标——个人目标的制订,让学生在目标的制订中厘清奋斗的目标并为之努力。每周班级形象大使、感动班级十大人物评选、各种独具特色的竞赛活动、授衔

制等等,把班级倡导的思想理念和人文价值渗透到这个评价平台中,让评价多元化,让学生找到并强化了自己的闪光点。

在班级文化的熏陶下,在励志教育的推动下,同学们的心灯被逐渐拨亮,他们曾经消沉的心也变得逐渐"燥热"起来,他们的激情开始燃烧起来。尽管他们的基础非常差,但初三这一年,他们确实尽力了。因为"不抛弃,不放弃"的班训每天在他们的心里喊出,在他们的耳边回响,"战胜自我,做最好的自己"每天鼓励着他们挺直身躯,"不做过去的自己,我和他们不一样!"在时时鼓舞着他们。人需要一点精神,同样地,班级也不能缺少精神!

一线解读
YI XIAN JIE DU

有言:为师一日,当思生一生。转变学生心态,激发学生斗志,唤醒学生沉睡的激情,则是何其重要! 从班级全面发展的大处着手,首先就要制订班级发展规划,让同学们看到进入普通班,并不等于被一棍子打死,而是让我们的普通班变得不普通,让他们看到自己的前景,树立自信。在此基础之上,再着手进行班级文化建设,通过一系列的班级活动,诸如主题周活动、图书互助互换交流阅读活动、班本课程开发与运用、每周班级形象大使、感动班级十大人物评选、各种独具特色的竞赛及授衔制等等,极大调动了学生积极向上的精神状态,让消极、懒惰、自卑、堕落等诸多消极情绪得以逐渐退化。

走近学生,沟通心灵,在和学生思想的碰撞中实现生命的交融、心灵的回响,提升学生的思想认知,让学生认知到自己的行为举止、待人接物中的不妥之处,弥补学生认知的空白,从而矫正学生认知中的不足。这样,既让学生学到了应有的知识,又廓清了学生认知上空的阴霾,达到一箭双雕的效果。

提升学生的思想高度,激发学生斗志,唤醒学生沉睡的激情,在班级个性培育新趋势中是极为重要的。营造学生的精神家园,首先就要制订班级发展规划,通过精神的洗礼,洗去同学们思想上的污垢,还他们以健康的思想和晴朗的天空,让他们在健康的精神营养中快速成长起来,成熟起来,成为一个自觉的自我精神建构者。

行动指南
XING DONG ZHI NAN

班级的成长是一个动态的过程,激发每位学生的斗志,让每位学生的激情燃烧绝非一朝一夕所能达成,需要给予思想的洗礼、文化的浸润和群体的认同。教师是塑造学生灵魂的专业人士,而班主任则是战斗在一线阵地最前沿的战士,是一班之魂。管好一个班,犹如搞好一个系统工程,班主任从任职那天起,就要有十分强烈的"质量"意识,要在真正培养学生高尚情操、塑造学生美好心灵上多下功夫。为此,我们给出以下建议:

一是建立精神家园。人无精神必将萎靡不振,班级无精神必将松懈散乱。作为班级个性培育新趋势的要求,必然要特别注重班级精神的培育,让整个班级精神振奋起来。这一点上,我们可以有一些具体的规定。如,班级桌椅的摆放要整齐,学生的坐姿要端正;班训、班级格言、班级目标等要铭记在内心,落实到行动。当然,更重要的是熏陶渐染,以精神激励精神,以优秀带动优秀。我们可以建立一个图书角,鼓励同学们把自己认为值得推介的好书带到这里来,大伙互相阅读,交流读书的感悟。这样,既可以让同学们多了一些阅读的机会,也让他们从这些读物中找到共同的话题,以这些优秀的文字来感染学生。我们还可以给同学们推荐名人传记,甚至一些网络上最新的有关道德思想、纠正认知错误等方面的书籍,让他们讨论并审视自己,找到自己

的认知空白,认识到自己存在的问题;或者给学生介绍一些最新的科技知识,给同学们一个想象的空间,既让学生了解到一些专业的知识,又可以鼓励学生把自己的精力放在学习上。我们可以在教室或是校园的四周,悬挂一些名人画像,张贴一些名言警句,让这些精神的激励,洋溢在学生周围,让学生的身边多些积极的因子,少些消极的影响。人的精力毕竟是有限的,当同学们都把自己的精力、心思用在这些方面的时候,其他的问题就不会考虑太多。能正确处理事情,同学们就少了做错事的机会。我们相信,在这样的环境中,在这样的氛围里,学生思想不受到积极的影响是不可能的。春风化雨,润物无声,构建精神家园,就是给同学们提供良好的营养大餐,提供温暖健康的成长摇篮,让他们在这样的温馨的家园里,茁壮成长。

二是提升思想认知。学生为什么精神不振,为什么失去进取心?其根本原因在于学生的思想认知出现了问题。仅从学习这一角度而论,影响学习的因素有四个,即是学习动机、学习方法、学习过程和学习效果。四个因素中,学习动机可以说是一个极为重要的因素。当然,有了很高的学习动机,如果没有好的方法与过程,也未必会有好的学习效果。但是,没有较高的学习动机,只是外在的驱动。一般而言,学习的效果也不会太好,即使是一时的优秀,那么也很难保持。所以说,提升学生的思想认知,是培育班级个性的关键。学生惰性、颓废的认知占了上风,积极、进取、上进、充满斗志的精神就会处于下风,甚至会被传染,像瘟疫一样让正面的精神变得消极,影响确实不可低估。同样,学生其他方面的认知,也需要我们去填补,去矫正,去引领。在这方面,我们可以采取诸多的方式。如采用"每周一辩"的方式,让学生自己轮流当主持人,自己从生活中找素材,每周进行一次时间不用太长的辩论会。通过辩驳,让学生明辨是非美丑,明辨善恶对错。当然,方法多多,取善以用,关键是效果。

　　三是经营班级文化。一个人的涵养需要文化底蕴予以滋养，一个人的气质也需要文化来铸造。同样，一个积极进取的班级，离不开班级文化的滋润。培育班级个性，构建特色班级，班级文化必不可少。其实，班级文化建设是一个内在的表现，是一个班级的灵魂。一个班级所表现出来的精神状态、整体风貌，都是班级特色的具体表现。相对于中学阶段而言，除了学习上的引导之外，还要注重引导学生对外界事物的认知及如何处理和他人的关系，如何掌握做人的基本原则等。营造班级文化，可以用文化系列让同学们明白这些问题上的分寸，明白自己应该如何提升自己，成为一个人格健全的中学生。我教过十多年的学生，多少届的学生在毕业后，还保留着自己中学时期的誓词，自己的博客上还写有当年的班训。甚至，毕业多年的学生相聚，还要像中学时期一样，同时起立，兴致勃勃地温习当年在班级宣誓的情形。这样的影响，在学生心中是永恒的。在这个方面，班级的班训、誓词、班歌、班级座右铭和规章制度，都可以结合自己的班级特色来润色，修改。长期的熏染，能够让无形的精神转化为有形的行动。

　　班级文化的重要性是不言自明的，它是无言的精神力量，能够激励学生远离无聊和空虚，踏实努力，身正心专，积极向前。

2. 注重良好习惯的培养

　　习惯者，逐渐养成而不易改变的行为也。

　　《大戴礼记·保傅》云："少成若性，习贯之为常。"西塞罗说，"习惯能造就第二天性。"爱比克泰德说，"是否真有幸福并非取决于天性，而是取决于人的习惯。"由此可见，习惯对于一个人成长的重要性。

　　培育班级的个性特色，是学生健全的人格培养的具体体现，良好习惯的培养是构建特色班级的有力抓手。通过培养学生良好的学习习惯、生活习惯，逐步建立起学生规范的行为举止、做人处事的风格气

度及独立自理的学习生活能力。

原规则：学生良好习惯的培养，应以学生为研究对象。

特色班级的构建，应切合学生的性格和心理发展特质予以积极引导，养成符合学生个人学习、生活环境的良好行为习惯。而良好行为习惯的培养，是一个渐变的过程，也是一个长期的工作。如果没有一个科学的谋划，没有符合学生生理和心理特点的指导与引领，学生良好习惯的培养，也可能只是一纸空文。所以，良好习惯的培养，务必是落实的过程，务必是一个从身边小事做起的过程，一个从一点一滴做起的过程。切合学生实际，处处从学生需求出发，把发展中的学生作为研究对象，是培养班级良好个性的根本。

班级纪实
BAN JI JI SHI

随着社会的发展，家庭结构、社会集成、人口建构等外在环境出现了极大的变化，学生所处的学习生活环境也各有不同，学习习惯也相差甚远。所以才有老师感叹，"如今的学生越来越难管了，学生的素质一届不如一届。"确实，目前学生所处的社会环境与以往相比，已有了很大改变，他们的眼界与思绪，也与以往的学生大不相同。即便是年龄相仿的不同届的学生，相互间也有着不同的认识与感受。正是因为受这些因素的影响，学生的学习、生活习惯也变得极不相同。再加上一些家庭教育的缺失，学生中间表现出来的学习生活习惯，有的已经严重制约了学习效果，影响到了学生的发展，有的甚至可能导致学生误入歧途。如，有的学生把学习视同儿戏，视上网为生活所在，甚至为此而放弃学业。有的学生以享受为中心，学习仿佛与自己无关。迟到、早退如家常便饭，而一旦遇有老师管教，稍不如意便叛逆。有的学生不知道如何为人处世，总是以自我为中心，集体活动不参加，班级劳

动不参与,只求享受,不愿承担责任等等。如果这样的行为习惯得不到矫正,学生就有可能走向平庸,甚至导致一生的失败。这样的习惯如不改变,班级良好的个性培育也只能是纸上谈兵。所以,认真研究学生的家庭、学习背景,认真分析学生的心理特点和成长经历,根据学生的自身的特点加以积极引导,让学生从不良的学习生活习惯的泥淖中走出来,养成良好的行为习惯,对于学生的终身发展有着重要的意义。

→ 案例6-2

帮助孩子养成好习惯

尽管每个人都知道小宇是个聪明的孩子,但是,他却总是让人操心。

已经上初二了,还不知道下工夫努力学习,整天乐哈哈地不知道天高地厚。课堂上时不时和同学偷着说笑,不认真听课;作业也不用心,全然一个应付了事。每次考试,基本上在及格线上漂浮。对他进行批评吧,他低着头一言不发,倒是惹得老师和家长气鼓鼓的。可是小宇呢,过不了多久,就又回归“真我的风采”了。

小宇家里只有父母和他三个人。父母都是工人,平时忙于工作,对小宇疏于管教。囿于沟通的方式和方法,和孩子的沟通偏少,对于孩子的问题,也不知道如何管理。随着孩子年龄的增长,小宇有了一定的逆反心理,说得多了,他更加不听。万幸的是,这个孩子还不算太倔强,脾气也不算太坏。要不然的话,还真不知道家里会是一个什么样的情景呢。

我对小宇做了认真分析。

小宇虽然学习上不太用功,但是,考试基本上都能及格,说明这个孩子的理解和接受能力还不错;上课爱和其他学生说话,但做起作业

来,也蛮认真的,说明这个孩子也有一定的责任心,只是坚持的时间不是太长;学习上松紧不一,老师或家长督促紧了,或是要考试了,就能紧上一段时间,一旦没有了压力,就会明显放松。种种迹象表明,小宇这个孩子缺乏学习动机,基本上是外在驱动。如果他能够尝到学习上的甜头,有了兴趣,也许就能唤醒他的内在动力。我觉得可以试一试。

我和小宇的父亲商定了一个方法:用习惯来培养他的兴趣。具体的做法,就是每天晚上孩子在家里学习的时候,父亲就在他的旁边陪着。这既是对他的一种监督,也是一种鼓励。一旦看到他的进步,就及时给予表扬和鼓励。坚持一个多月的时间,大概也就差不多了。一般而言,一个人的习惯的养成需要23天左右的时间。因为担心小宇在这么短的时间里不能适应,我还特意让家长做一个多月的打算。

于是,每天晚上,小宇在自己书房学习的时候,父亲就在他的旁边看自己的书。家里的电视不再响了,父母也基本不在家招待其他的同事或老乡了。小宇学习的桌子上,除了学习用品外,平时吃的、玩的东西统统给收拾起来了。

由于有父亲的陪伴,小宇无形中多了一份约束。刚开始的几天里,小宇还确实不太适应。坚持不到二十分钟,身子就开始扭来扭去,但是,一看到旁边一动不动看书的父亲,他又不好意思,就在那儿磨磨蹭蹭的,效率反正是不高。"尽管是这样,我还是表扬了他"。后来,小宇的父亲笑着对我说。

在父亲的陪同下,小宇集中精力学习的时间慢慢长了,基本上能达到半个小时了。但是,中间也有几次,小宇实在是坐不住了,又怕父亲批评自己,竟说去上卫生间,一待就是十几分钟,他甚至近二十分钟。父亲心里明白,仍然装做不知道的样子,一直在耐心地等着他。

不过,还好。慢慢地,小宇学习的积极性比当初高多了,感觉到了学习的甜头。他的父亲后来跟我说,大概坚持近一个月的时间,小宇

基本上不用再催了,只要到了学习的时间,他自己就会主动学习。甚至,再也不让别人进书房了,担心有人在会打扰他。

小宇的课堂习惯也有了明显的改进,学习的时候比较专心,时间遵守也比较不错,效率也高了。更为重要的是,小宇已经不再需要他人的陪伴,自己能够进行自我调控,自我学习了。当然,后来的成绩就有了明显提高。中考时,他竟然以超出录取分数线40分的成绩被示范高中录取。

其实,很多时候,学生良好的学习习惯一旦形成,他就会真正地爱上学习,自己就会成为学习的主人。

良好的习惯不仅有利于当前的成长,即使是对学生的将来,也有着不可低估的作用。

（选自《河南教育》2011 年第 6 期,作者:郭力众,有改动）

一线解读
YI XIAN JIE DU

叶圣陶先生说过,教育就是培养习惯。的确,如果没有良好的学习和生活习惯,教育几乎就是失败的。正如爱因斯坦所说,教育就是走出学校以后剩下的东西。走出学校多年以后,我们的教育留给学生的,还能有什么呢? 不就是思想和习惯的沉淀吗?

由于学生个体的多样性,人性的多样化,加大了平时班级管理的难度。班主任要以锐利的眼光观察每位同学的性格特征,认真分析这样的性格特征中的优点和不足,结合学生实际,积极加以引导,及时督促和落实,让每个学生都能够在自己的生活环境和自身的实际情况下,慢慢养成良好的学习、生活习惯,为以后的全面发展,为班级良好个性的培育,打下坚实的基础。

案例中的小宇,相对于一些出格的学生来说,总体还是不错的。

最起码,他只是在学习方面习惯不太好,还没有发展到失去了"学习力"的时候。而很多学生,因为积习难改,长期的负面效应,自己的学习根基已然坍塌,根本没有再跟上队伍的可能性,这样的学生极有可能从此脱离学习这一阵地,让自己贫瘠的心灵上长满了荒草,一事无成。对于这样的结果,无论是对学生而言,还是对家庭而言,都是一个永远的伤痛。而这样的伤痛,已经越来越多地成了生活中的现实,不能不说是教育的悲剧。

鉴于小宇的特点,我们把习惯培养作为突破点。通过习惯养成,让小宇找到了自己前行的方向,找到了前进的信心和勇气。也正是在这个不良习惯的改变过程中,小宇建立起了良好的习惯。他品尝到了成功的喜悦,而这样的喜悦又强化了他良好的行为习惯,从而进入到一个良性的循环中。从后期的发展来看,小宇三年的高中生活过得都非常顺利,在班级中既能融入集体,又能比较自信地处理好与他人的关系,而这些表现,都是以成绩的提升作为前提的——成绩的提升,让小宇找到了自信,他越来越能够进入良好的学习、生活状态。

要除去杂草,最好的办法就是种上庄稼。除去不良的行为习惯的方法,就是养成良好的行为习惯,同学们养成了良好的习惯,才有教育满园的风景和金灿灿的收获。

行动指南
XING DONG ZHI NAN

教师的爱是滴滴甘露,即使枯萎的心灵也能苏醒;教师的爱是融融春风,即使冰冻了的感情也会消融(巴特尔)。班主任是担负特殊使命的教师,其所有工作最终目的都是教育影响学生,使他们健康成长。为此,我们给出以下建议:

一是加强了解和沟通。兵法云:知己知彼,百战不殆。了解学生

的学习生活习惯,也不能打无准备之战,需要老师深入了解学生。了解的途径是多样的,比如通过调查问卷,勤于找学生谈心,经常到学生宿舍和学生聊天,积极开展班级活动多和学生共处,才能够确切地知道学生的性格特点,才有可能洞悉学生的习惯症结之所在,才能找到相对应的好策略和好方法。

二是扬长避短,积极引领。每一个学生都是一个独立鲜活的个体,都有着自己的性格特点和行为习惯。班级要立足于学生的终极发展,扬长避短,积极引领。比如通过书香班级建设,营造良好的班级读书氛围,让学生在书香熏陶中,自觉与不自觉地褒扬好的性格特质,抑制不良习惯的滋长。也可以通过有效的激励机制,调动大部分同学的积极性,让他们自觉地把自身优势发挥出来;还可以开展丰富多彩的活动,让学生积极融入班集体当中,以班级整体优势来带动少数学生习惯的矫正和养成。

三是督促落实,注重成效。良好行为习惯的养成,是一个长期的过程。这个过程中,反复的可能性是极高的。如果没有充分的思想准备,试图通过一两次的努力改变一个人长期养成的习惯,只是一厢情愿的幻想。所以,工作要具体,督促落实要到位,要注重成效。在这些方面多下工夫,不要把这些当做是空挂口头的一句口号,要把学生良好习惯的养成落实在日常的学习生活中,相信,希望的教育效果很快就能实现。

中小学时期,正是学生身体、心理和人格形成的重要时期。作为教育者的班主任,一定把握好这个黄金时期,注重正确的思想认知提升,注重良好的行为习惯的养成,培养和塑造学生健全的人格,为学生们以后的发展奠定良好的基础。

第二节　开启自我教育之门

教育是什么？古今中外各教育大家有很多观点和看法，"仁者见仁，智者见智"。陶行知先生认为"教育就是培养习惯"。当前的养成教育就衍生于此。德国的著名教育学家斯普朗格认为："教育的最终目的不是传授已有的东西，而是要把人的创造力量诱导出来，将生命感、价值感唤醒。"苏霍姆林斯基也认为，教育是一种唤醒。"按照'各尽所能'的原则而进行教育工作，能为提高学生集体的水平创造有利的条件。"教师要有"唤醒学生潜能的能力"。苏霍姆林斯基又提出"真正的教育是自我教育"。这两种教育观是当前教育界所认同的主流教育观。

唤醒学生就是要唤醒学生自我提升的意识和精神，认识到"自己才是自己的救世主，只有自己才能救自己"，从而在主观意识上深化对自我的认同。唤醒学生就是要唤醒学生自我提升的方法，在老师的积极引导下，从学习、生活等方面自觉主动地参与，充分发挥自己的主观能动性，懂得自主学习和自主生活。如此，特色班级必然是一个学生自我意识强大，自我管理能力突出的班级。

1. 唤醒自我意识

自我意识是一个人对自己的认识和评价。一个人只有具有自我意识，才能对自己的思想和行为进行自我控制和调节，才能形成自己完整的个性。没有学生自我意识的唤醒，就不会有学生的成长，就不会有教育的成功。让同学们认识到自我成长的价值，对于发挥学生学习生活的积极性，对于调动学生的潜力，都有着极其重要的意义。

　　陶行知先生在为他的学生讲课时，曾演示了生动的一幕：他手抓一只鸡走进教室，在讲台上撒下米粒，向下按着鸡头强迫鸡吃米，鸡拧着脖子，坚决不从；陶行知先生又扒开鸡嘴，往里面硬灌米粒，鸡还是昂着头，挣扎着不吃；先生松开了手，只见鸡在讲台上甩甩头，抖抖毛，自由活动了一会儿，便悠闲自得地吃起米来。陶行知先生十分直观地阐述了只有符合学生需求，学生自愿接受和参与的教育才能很好地显现它的效果。

　　只有发自学生内心的需求，学生才会形成内在的自我驱动，才能有良好的自我成长动机。人们通常所说的"兴趣是最好的老师"，就是一个很通俗的解释。因为有了兴趣，学生就会自觉去做自己愿意做的事，就会充分调动自己的聪明才智，就会充分发挥自己的潜能，就能够较好地完成任务。培育班级良好的个性，构建特色班级，就要注重提高学生的学习兴趣，充分发挥同学们当家做主的积极性，从而营造发挥同学们内在积极性的良好学习氛围，让学生学会自我接纳，学会扬长避短，懂得自我调控，享受学习和生活。

**　　原规则：引导唤醒自我、认识自我，从让学生成为自我成长的主人开始。**

　　唤醒学生的自我意识，是学生自身和班级发展的关键点。在这一点上，需要引导学生唤醒自我，认识自我，发挥学生的聪明才智和潜力，让学生成为自我成长的主人。针对目前中学生的现实，我们所提倡的唤醒学生的自我意识，主要是指学生在学习方面的自我意识。由于诸多因素的影响，现实生活中，各个校园里面，都存在着不想学、不愿意学甚至不能学的学生群体。在这个本应该认真学习，努力汲取知识营养的黄金时期，却大肆挥霍着自己的青春。这不仅制约了学生自身的成长和发展，而且还会给整个家庭甚至社会带来负面的影响。对于班级个性的培育，对于特色班级的构建无疑是有百害无一利的。

让学生成为自我成长的主人,需要通过有效的方式方法来唤醒学生的学习欲望和学习热情,唤醒学生对学习的深度认识,唤醒学生的学习体验,唤醒学生的学习潜力,让他们把主要的精力投入到学习中,形成作风正、学风浓的班集体。通过唤醒,让学生看到自己未来的天空和希望,看到通过学习给自己带来的变化和新生。

让学生成为自我成长的主人,就要从学生自我内心需求出发,使其摒除外在诱惑的干预,自觉进入自己的学习生活,就能够让学生成为自己学习的主人,成为主宰自己成功的主人。通过自我意识的唤醒,让学生走上自我成长的良性轨道上来。没有唤醒,就不会有积极主动的学习,就不会有教育质量的提升,就不会有教育效果的达成。正如斯宾塞说:"硬塞知识的办法经常引起人对书籍的厌恶;这样就无法使人得到合理的教育所培养的那种自学能力,反而会使这种能力不断地退步。"

让学生成为自我成长的主人,需要积极地接近学生,需要努力、认真地倾听学生心声,需要了解学生的成长背景,明白学生的内在倾诉,从而给其合适的助力。

当学生成为自我成长的主人时,班级个性的培育、班级特色的构建就能够在自主有序中生成,教育的晨曦就能够露出迷人的笑靥。

班级纪实
BAN JI JI SHI

"少而学,壮而行,上到致君,下泽民。"学习本是学生的天职,然而,"为谁而学"这个问题并未被许多学生明白。他们追求所谓的"自由",举着"叛逆""个性"的大旗,在父母的苦口婆心中,在老师的唠叨啰唆中苦心度日。他们厌学、叛逆、自我放弃、惹是生非、纪律散漫……

缺乏自我意识的学生,通常会觉得学习都是别人的事,是父母让自己上学的,只是他们的一厢情愿,而自己的兴趣却不在于此。所以,他们对于学习中遇到的困难,不会积极面对,总是绕着困难走。他们根本看不到自己的将来,认识不到学习对于一个人成长的意义。平时的学习中,缺少动力,缺乏激情,甚至把学习看作是可有可无的事情,学习与否主要看自己的心情。更有甚者,完全置学业于不顾,打架斗殴,惹是生非,老师不能管,家长不能说,把班级搞得一团糟。这样的情况,就是自我意识被完全封闭的一个表现,就是没有理想,没有精神支柱的一个典型。

相反,如果有了良好的自我意识,就能认识到学习对于自己成长的意义,就能认真地投入自己的精力,就能正视自己面临的困难和任务,积极想办法,精神百倍地投入到学习生活中。

案例6-3

蜕变的小琪

小琪,一位活泼好动的小姑娘,脸上总带着迷人的笑容,谁也看不出她出自一个单亲家庭。一次,办公室聊天,英语老师李老师笑着对我说:"你们班的小琪到了初三好像变了个人呢,你用了什么招数,让她改变这么大?"

这不禁让我想到了刚开学时,当我站在新组建的三(3)班的教室里,我说:"同学们,今天我们进入了初三,我们开始了一个新的起点,一切重新开始。我们过去怎样只能代表过去,现在的你才是最真实的你……"我分明感到一双炽热的目光向我投来,充满希冀和期待。我扫视了全班同学,小琪特别引起了我的注意,迷人的微笑中略带几分羞涩,端正的坐姿,那么与众不同。我轻轻走到她身边说:"小琪同学,有什么想说的吗?"她惊讶地看着我,也许是因为我第一次见面竟能叫

出她的名字,也许是我让她第一个回答。她站起来,略一沉思说:"老师说得对! 新的班级新的起点,我们要把握现在,以崭新的姿态,度过最具有挑战性的初三。"我带头鼓掌:"小琪同学,说得真好!"教室里马上响起了热烈的掌声。

我很清楚,初一、初二时的小琪,是一个桀骜不驯、反复无常的小女生。尽管她也曾有过上进之心,尽管她刚升入初中时的成绩并不差,却因父母闹离婚,特别是在初二父母离婚之后,她完全变成了另外一个人:上课趴桌上睡觉,经常缺交作业,沉迷网络难以自拔,甚至一度陷入了网恋……这一切让她的成绩每况愈下,她曾经的班主任郑老师和她的妈妈,虽经努力但无济于事,只有干着急却无计可施。

为激发同学们的斗志,我想了很多办法和他们沟通,写德育日记成了我们沟通的一个重要手段。一次,小琪在日记中说:"老师,我很想认真学习,但我的基础实在太差了,我该怎么办呢?"当天晚休时,我特意把她叫到教室外,询问她的学习情况。她说:"老师,回过头来,我对初一初二的自己感到很后悔,浪费了太多时间。现在,到了初三,我一定要努力,但我觉得我的基础太差了,感到好吃力。"我说:"过去的既然已经过去,再后悔也没什么意义,把握当下才是最重要的。其实,要想弥补也不是不可能,只是你付出的要比别人多得多罢了。功夫不负有心人。你现在面临的问题就是基础差,所以必须要想法打好基础。我给你的建议就是一切从零开始,步步为营,各个击破。每天老师讲的知识务必当天解决,不会的一定要问老师,还要拿出一些时间去温习初一初二的课本……"小琪听完后,眼里充满坚毅的目光。

曾经散漫惯了的小琪,会不会只是一时的热情呢? 一旦热情一过,或者成绩不理想是否又"再回到从前"呢? 为此,及时的跟进是必不可少的。每当巡班时,我都会有意无意打开她的作业看看,有做得比较好的,会不经意地表扬她。在和其他同学聊天时,我也会流露出

对她的肯定和期望,在此表扬一番。小琪特别喜欢看书,有时她问我有什么好书可以借给她看,于是,我借给她《中学生高效学习的秘诀》、《做最好的自己》、《改变自己一生》……有介绍学习方法方面的,也有心理励志方面的书籍。

小琪就如一颗开始发芽的种子,终于开始成长起来。但我总是担心,生怕一不小心她就夭折,所以,我总是小心翼翼地倍加呵护。中期考成绩出来了,小琪成绩虽然有了一定的进步,但没有达到我和她期待的目标。我发现她开始有意在躲避我,上课也开始变得心神不宁。此时,如果不把她的心态调整过来,以前的一切努力可能都将付诸东流。我决定找她好好谈谈。经过我的精心设计,一天放学后,我和她在校园里"不期而遇"。她说这次中期成绩不很理想,觉得挺对不起我,自己也付出了很多,成效不明显,很是失望。我告诉她,其实,这次试题挺难的,能有这么大的进步已经非常不错了。不能期待一步登天,量变与质变是一个积累的过程,当量变达到一定的过程时就会发生质变。正如一朵美丽的花,怒放终有时。要学会耐心处事,静待花开。接着,我和她聊起了平时她是怎样学习的话题。从她的谈话中,我发现她的学习有这么几个问题,一是为做作业而学习,初三作业有点多,为了赶作业出成绩,于是忽视了预习和复习环节。二是缺乏思考的学习,每节课学完就不管了,从没思考学到了哪些,哪些没有弄懂,只是跟着进度走,但是学习越来越吃力,导致包袱越背越重。于是,我和她约法三章,每天做作业之前务必先复习所学内容,完成作业后必须及时预习新课,不懂的问题要思考,并做好记录,想方设法搞懂每一道题,每一个知识点。为了更好地提醒她自己,我建议她专门准备一个作业本,一是登记当天的作业,同时对预习、复习、上课难点及疑点予以简单记录,我将不定期进行检查。

经过一段时间的跟踪观察,效果很明显,小琪的成绩在不断进步,

她也变得更加自信了，学习也变得更加认真了。不思进取、不听课、沉迷网络、和同学经常闹矛盾的小琪已经一去不复返，走来的是一个自信勤奋、活泼阳光的快乐女生。

一线解读
YI XIAN JIE DU

学生的主要责任是什么？孩子们会毫不思索地回答："学习！"然而，我们发现很多同学厌学情绪严重，甚至想放弃学习。如果孩子们不把精力放到学习上，他们就会把精力放在扰乱课堂纪律、违反班规校纪上。此消必彼长，如何引导他们把精力回归学习十分重要。案例中，小琪同学初一初二时自由散漫，缺乏斗志，精力游离于学习之外，"上课睡觉，经常缺交作业，沉迷网络难以自拔，甚至一度陷入了网恋……"成为她精神的凝聚点。升入初三后，她把精力聚集到了学习上，此时"不思进取、不听课、沉迷网络、和同学经常闹矛盾……的小琪已经一去不复返，走来的是一个自信、勤奋、活泼、阳光的快乐女生——小琪。"由此可见，积极引导学生关注学习、自主学习是何等重要。

激发学生斗志，让他们在心底燃起学习的欲望，是引导学生积极投入自主学习的第一步。案例中的"我"接新班时，首先就提出了一个观点：让过去的永远过去，一切从零开始，把握当下，现在才是真实的你。让学生放下包袱，轻松上阵，为他们冲锋陷阵做了心理缓压。激发斗志绝非一朝一夕的事，需要多方面的措施综合作用。案例中，老师特别注重各种激励机制的制订，同时还不忘及时和孩子们沟通，这是营造良好学风必须做的。案例中的"我"，为激发小琪的斗志进行了经常性的沟通，针对她爱看书的好习惯，借给她一些学习方法和心理励志方面的书，同时，经常性地进行直接和间接的鼓励，一则可以帮助她寻找适合自己的学习方法，二则可以激发她内在的动力，达到持久

的效果。

心理学上有种效应叫"习得性无助"，这种效应是指通过学习形成的一种对现实的无望和无可奈何的行为、心理状态。一次又一次的失败让学生变得很绝望，从而会放弃学习。因此，指引学生自主学习，让学生体验成功的快感尤为重要。案例中的小琪，中期成绩不理想，"我"在校园里精心设计的"不期而遇"中，和她认真分析原因，指引她调整好学习方法，并且进行跟踪观察，让她从迷茫中走了出来，这种功效是巨大的，既给了小琪心理上极大的安慰，又为她廓清了学习思路，为她下一步的学习指明了方向。在一次又一次的进步中，让她体验到成功的滋味，这比什么都重要。

是什么原因让同学们课堂发言不积极？是什么原因让课堂教学的气氛死气沉沉？是什么原因让我们的教学了无生机？是什么原因让同学们越来越远离教育的本质和本真？是什么原因让他们如此抵触学习呢？除了没有掌握好自主学习的方法之外，另外一个重要原因就在于没有唤醒学生学习的自我意识。

与之相反，同学们之所以情绪高涨，热情倍增，主动参与学习，主动讨论，主动解答问题，并不是因为其他因素，而是因为这样的学习发自他们的内心需要，源于他们对自我学习的需要。说到底，这样的效果就是因为同学们成了学习的主人。

唤醒学生的自我意识，让学生真正地成为学习的主人，对于学生成长来说，对于培育班级良好的个性、构建特色班级来说，其重要性是不言而喻的。

行动指南
XING DONG ZHI NAN

作为班主任，指引学生自主学习，唤醒沉睡的奋斗因子，努力达成

心中愿景,让学生体验成功的快感,应该时刻铭记在心。为此,我们给出以下建议:

一是以优点作为唤醒的引子。"世界上没有才能的人是没有的。问题在于教育者要去发现每位学生的天赋、兴趣、爱好和特长,为他们的表现和发展提供充分的条件和正确的引导。"苏霍姆林斯基的这句话,可以用来作为开启我们唤醒行动的序幕。在唤醒学生的自我意识中,首先要发现学生身上存在的优点,以此作为鼓动和激发学生情绪的引子。我们知道,每个人都有自我展示的需求,都有自我成功的愿望,都有希望得到他人认可的内心愿景。发现学生的优点,承认学生的优势,实际上就是对学生的一种认可,就是对学生愿望的一个满足。这种认可和满足,能够给人以前进的动力,让人看到自己的意义和价值。用优点激发学生斗志,点燃他们的心灵之火,营造良好的学习氛围,就能为培育班级的良好个性,为特色班级的构建点燃希望之灯。

二是科学指引,及时跟踪。尽管学习方法千差万别,但科学的学习方法是有规律可循的。"授之以鱼,不如授之以渔",让学生明白最基本的学习习惯,并不断地强化培养。如可以专门设置一门班本课程——《解开学习的密码》,用来专门指导学生学习,让学习程序化、秩序化,简单易行,高效实用。

科学指引不仅仅停留在学习方法的传授上,更要深入学生实际,有针对性地解决学生遇到的各种问题。比如,当一次又一次努力之后,学生成绩依然难以提高时;当学生意志不坚定,出现松懈时;当学生因为考得不理想而失去动力,迷茫无措时,作为班主任一定要"眼观六路,耳听八方",不是把方法讲完了事,而要做好跟踪观察,适时干预,指点迷津,引领学生走出迷途。

三是用目标和成就作为唤醒的催化剂。"目标的坚定是性格中最必要的力量源泉之一,也是成功的利器之一。没有它,天才也会在矛

盾无定的迷径中徒劳无功。"目标和成就往往能够触动学生的心灵,让学生产生前行的渴望和动力。

马斯洛著名的需求理论告诉我们,尊重的需求和自我实现的需求是最高的需求。而这些最高的需求也是目前这些成长中的孩子们所需要的。而目标和成就,既是激起这种需求的一个较好的起点,又是实现这种需求的一个较好的途径。基于此,唤醒学生的自我意识时,不妨给学生制订一些阶段性的,通过自己的努力可以实现的目标。对于学生取得的成就,即使是很小的成绩,也要给予充分的肯定,让这些目标和成就,产生一种催人奋进的力量,成为学生自我成长的动力和催化剂。

2. 培养自我管理能力

20 世纪 60 年代,美国斯坦福大学心理学教授沃尔特·米歇尔(Walter Mischel)设计了一个著名的关于"延迟满足"的实验。研究人员找来数十名儿童,让他们每个人单独待在一个只有一张桌子和一把椅子的小房间,桌子上的托盘里有一些儿童爱吃的东西。研究人员告诉他们可以马上吃掉糖,或者等研究人员回来时再吃就可以再得到一颗糖作为奖励。他们还可以按响桌上的铃铛,研究人员听到铃声会马上返回。对这些孩子们来说,实验的过程颇为难熬。有的孩子为了不去看那诱惑人的棉花糖而捂住眼睛或是背转身体,还有一些孩子开始做一些小动作——踢桌子,拉自己的辫子,有的甚至用手去打糖。结果,大多数的孩子坚持不到三分钟就放弃了。而大约三分之一的孩子成功延迟了自己对棉花糖的欲望,他们等到研究人员回来兑现了奖励,差不多有 15 分钟的时间。从 1981 年开始,米歇尔通过跟踪调查发现,当年马上按铃的孩子无论在家里还是在学校,都更容易出现行为上的问题,成绩分数也较低。他们通常难以面对压力,注意力不集

中，而且很难维持与他人的友谊。而那些可以等上 15 分钟再吃糖的孩子，学习成绩上比那些马上吃糖的孩子平均高了 210 分。

为什么会出现这样的差距？为什么能够做到"延迟满足"的学生会有如此突出的成绩？其实，这个实验折射的是学生的自我控制、自我管理能力。

自我管理就是对个体的自我行为的一种管理，表现在对自己的目标、思想、心理和行动等各方面在无需外力束缚的自我管理、自我约束、自我激励。自我管理能力提高的过程，就是对自我生活自觉规划、有序运作的过程。自我管理是一种自制能力的强大掌控，是对自己理想、前途和命运的有力支撑。对于成长中的中学生来说，学会自我管理，培育自己的良好的自我管理能力，是成长道路上一个十分重要的因素。自我管理绝非漫无目的地横冲直撞，而是有目的、有规划地审视自己，约束自己，管理自己，规范自己的举止言行，合理安排自己的学习生活，统筹自己的事情和时间的能力。学会了自我管理，培养了自我管理的能力，同学们就有了成长的根基，班级良好个性特长的培育、特色班级的构建就有了落实。

原规则：学生自我管理能力的形成，是学生成长成熟的标志，也是特色班级构建的标志。

培养学生的自我管理能力，让学生学会自我管理，合理支配自己的时间，学会合理安排自己的学习和生活。斯宾塞说："教育中应该尽量鼓励个人发展的过程。应该引导儿童自己进行探讨，自己去推论。给他们讲的应该尽量少些，而引导他们去发现的应该尽量多些。"斯宾塞强调的"鼓励个人发展""引导儿童自己进行探讨，自己去推论"，就是鼓励学生提高自我管理的能力。教育的最终目的，在于引导学生具有最优的自我发展状态，引导学生学会自主管理，在自主管理中优化学生的个性品质，形成良好的个性品质，革除不良的品质，从而形成成

长的良性循环。

班级个性的培育、特色班级的构建，是建立在全体同学的统一认知、统一规范、统一行动的基础上的，需要面对全体学生共同遵循的契约拷问。每位学生的个人行为，总在直接与间接中影响着班级契约的建立与运作，制约着班级的健康发展。把班级交给学生来管理，在管理中培养学生的自我能力，在自我能力的培养中，促进特色班级的构建。这是特色班级发展的一个重要模式。

积极关注学生自我管理能力的形成，积极培养学生的自我管理能力，充分发挥每个学生的个性特长，让每个学生积极参与到班级管理中来，让学生成为班级管理的主人，这也是"以人为本"的一个具体体现。

班级纪实
BAN JI JI SHI

目前的现实生活中，很多学生自我管理能力差，自制力不强，容易受到周围环境的影响，难以抵制形形色色的诱惑，个人行为常常出现各种各样的偏差。

如果你走进校园，也许看到的不仅仅是校园的风景，可能还会看到一些与校园的旋律不相吻合的音符。也许你会看到牵着手的一对年龄不大的男女学生，也许你会看到在校园的某个角落里手夹香烟、正悠悠地吐着烟圈的学生。当然，教室里，你也许还会看到一些倒伏在课桌上的，正在做梦的学生，还可以看到本来应该安静着上自习的班级，却是人声鼎沸，喧嚣阵阵。

我们不得不承认，这些镜头也许与教育二字相距甚远。但是，我们也不得不承认，这样的情景就是现实中校园里的真实镜头，这样的情景就是我们不得不面对的尴尬和苦涩。

◆案例6-4

开办道德银行

我班开设了一个"道德银行",选出行长,把班级分成若干个组作为"班级银行"的分行,并任命了"分行行长"。每位学生都有一张"道德储蓄卡","道德储蓄卡"里存的不是钱币,而是同学们日常行为中表现出的德育量化考核得分。同学们根据《班级德育量化考核方案》,在各方面对表现好和有进步的学生按规定在"道德储蓄卡"里存入德育量化得分,称为德育收入。若有同学违纪则按规定"支出"德育量化分,所有的"收入"与"支出"均要由各"分行行长"及当事人认可才有效。有争议的问题,由班级银行行长召开各分行行长会议,共同商量,讨论决定。当事人若有异议,可向班级银行的行风督查员提出,再作解决。每周班会课上,由行长通报道德储蓄卡的德育分值情况,评出"十大德育富豪",得分最高的为"首富",将成为本周的班级银行的行长,其余同学任"分行行长",由他们负责班级学生道德储蓄业务。每月对储蓄卡上的德育储蓄给予一定的利息,利息即为储蓄分值乘一定的百分比。储蓄卡的分值将作为学生评优评先的首选条件,每月的道德储蓄高分者,可评选班级阶段之星,在班级光荣榜上展出。通过"班级银行"这一举措,同学们能严格要求自己,争先恐后地让自己成为道德富豪,争做道德的强者。

（选自张家港市大新中学孙清芬博客）

一线解读

YI XIAN JIE DU

培养学生良好的自我管理能力是一个过程,是一个学生成长的过程。这个过程,对同学们来说,既是一个学会认知的过程,又是一个体验情感的过程,也是一个自我动手动脑的过程。

　　培养学生良好的自我管理能力,需从学生的学习、生活方面入手,注意调动学生参与的积极性和主动性。在这个过程中,出现问题是极为正常的,要注意管理过程中出现的问题以及应对问题的方法和策略,不能因为问题出现而影响了同学们自我管理的积极性。

　　向学生开设"道德银行"这一方式,就很有特色。老师避开了空洞的说教,灵活采用了同学们乐于参加的方式。更为可贵的是,在这个过程中,采用了同学们自我管理的方法,老师不再加以更多的指挥和影响,有争议的问题由班级银行行长召开各分行行长会议,共同商量,讨论决定。当事人若有异议,可向班级银行的行风督查员提出,再作解决。这样的方式,利用学生的进取心,调动同学们的主动性,也锻炼了同学们的管理能力。

　　尽管,这只是自我管理的一个小小的尝试。但是,我们相信,有了这样的尝试和努力,就有了学生自我管理的切入点,有了良好习惯的养成,有了良好的自我管理的开端,也就有了特色班级的形成。

　　也许,现实会让人联想到教育者的失职。社会不正风气的影响,不良成人的破坏,家庭教育的缺失,让很多的学生早早地就沾染了世俗的污浊,早早地成了社会的世俗之人。

　　其实,同学们之所以形成这样的现实,除了各种客观原因之外,没有清醒的自我意识,没有良好的自我管理能力,也是形成这个局面的极为重要的主观因素之一。

　　唤醒学生的自我意识,培养学生良好的自我管理能力,才能够有效地改变这样的局面,才能让我们看到教育的希望之光,才能让人们看到校园的美丽晨曦。

行动指南

班级是班级授课制的产物。班集体是教育者与受教育者、学生个人与学生集体的有机统一体,有其自身发展的规律。创建优秀的班集体,让学生成为优秀集体中的一员,需要班主任更多的管理智慧和不断付出。所以,好老师比比皆是,出色的班主任却是为数不多。班主任是班集体的灵魂,是几十名学生紧紧围绕的核心。实现学生自我管理的过程中,班主任根据实情及时灵活地把握尤为重要。为此,我们给出以下建议:

一是充分了解学生特点,做到人尽其才。班主任是班级管理中的引领者,是班级管理的"脚手架"。在引领学生自我管理的过程中,班主任首先要能够充分了解每个学生的性格和能力特点,这是开展自我管理的基础。没有这个基础,自我管理就极有可能陷入混乱,给班级管理带来负面影响。有了对学生性格和能力的充分了解,就有了人尽其才的可能,就有了因人司事的可能。这样的管理才能"物尽其用,人尽其才",这样的管理,才能充分发挥学生的个人特长,才能够让同学们情绪盎然地投入到自我管理之中,才能收到较好的管理效果。

二是充分相信学生,把权力交给学生。要充分相信学生,把班级管理的权力交给学生,让学生成为班级管理的主人。这句话很好说,事实上做起来很不容易。学生做班级的主人,就意味着班主任地位的削弱,意味着班主任角色的淡化,意味着班主任在班级管理中主体角色的淡出。很多时候,我们已经适应了班主任自己把握班级管理权的习惯,积重难返。要想在思想上一下子转过这个弯,还真不太容易。事实上,同学们自己是有能力管理好班级的,学生也能够学会自己管理班级,也有管理的潜力。我们平时很多时候的行为都是越俎代庖,

恰恰剥夺了学生的管理权利,也削弱了学生的管理能力。

三是热情关注,注重引导。相信学生,把管理的权力交给学生,并不意味着班主任老师不作为。相反,作为"平等中的首席",对于班级的管理起着不可替代的作用,其中的一个重要表现就是积极的、主动的引领。没有班主任老师的有效引领,自我管理可能就会走向混乱,走向极端。在这个方面,班主任要多和学生交流、沟通,在充分了解学生的基础上,正确把握学生的心理及生理阶段特征,明确学生的自我约束和自我管理能力,准确预测学生的发展及走向,积极地引领,让学生的自我管理朝着更高的层次发展。

第三节　点燃学生个性激情

班级个性特长成长新趋势,强调的是班级的整体效用,同时又突出每个个体的优势发展,学生在激情饱满中展示自己的个性特长。

班级犹如一个万花筒。性格各异、兴趣爱好各异、长相外表各异、言行举止各异的充满个性的个体,构成了一个独特的班集体。一个出色的班主任,应该把班级还给学生,为他们大胆地展示搭建平台,让班级个性张扬,点燃学生的个性激情。

班级的精神,源于每位学生内心激情的迸发,源于学生激昂向上的斗志,教师尤其是班主任要善于激活这座蕴藏于学生内心深处的"死火山"。

营造自由成长空间,让班级合而不同,就是要"尊重个性,张扬个性"。在充分展示自我,充分发挥每个成员优势的前提下,为班级秩序更好地建立和发展添砖加瓦,让班级充满生机活力,朝气蓬勃。

充满个性特长的班级也许看似无序,却分工明确,各司其职,致力

于班级整体的发展和进步。班级里一个个鲜活的个体，就如同春天里万紫千红的朵朵鲜花，虽名儿不同、开姿各异，却一同装扮着美丽的公园，充满芬芳，共同织成姹紫嫣红的美丽画卷。

1.营造自由成长空间

班主任是浇灌花圃的园丁，期待"一枝独放不是春，百花齐放春满园"，这就决定了园丁必须为所有花儿营造自由成长的空间。把班级还给学生，整体上把握，个体上指导，以开放的心态、宽阔的心胸面对每个学生。

自由成长的空间是一个充分尊重学生个性发展，并为他们的成长提供强有力支撑的空间。每个人都有优缺点，点燃学生进取之心，点亮学生的向上心灯，就是要充分调动全体成员的积极性，充分发挥每个人的优势特长，百花齐放，把班级营造成一个充满生机与活力的班级。

如果，把班级比做一个大熔炉，那么每个成员在这个大熔炉打磨、熔炼，最终形成了一个个毫无区别、缺乏特性的复制品，这不能说是一种成功，而是一种摧残。营造班级自由成长空间，并不等于放任自由，而是在规范中自由，在自由中规范。班级发展的内涵，更注重为每一个有个性的个体提供各施其能、各展其才的成长空间，促进班级的和谐发展。

原规则：化有形之"手"为无形，打造自由成长空间，是促进班级个性成长的必要前提。

市场经济的发展，看似无序却有序，根源在于其背后有市场这一无形的大手。计划经济的发展，看似有序却无序，根源在于计划这一有形的大手往往难以跟上经济发展的内在要求，难以适应社会发展、经济发展的变化。只有发现规律、遵循规律，所言所行才能游刃有余，

才能取得预期的效果,班级建设何尝不是如此呢?

一个没有个性的班级,也就难以培养出充满个性的个人,一个缺乏个性班级,也不能说是一个成功的班级。打破陈规,不为平庸所束缚,需要创新思维,大胆破旧,积极创新,高屋建瓴地把握班级发展总趋势,充分发挥教师无形的"手",教师由台前走向幕后,让学生成为舞台的主角,为他们的成长打造自由空间,精心演绎着教育的美丽和传奇。

班级纪实
BAN JI JI SHI

传统的班级管理,特别注重班级的平稳发展,学生听老师的话,不惹是生非,不违反校规校纪,能认真听课,按时完成作业。通常来说,这样的班级,往往是老师们心目中最理想的班级,也是学校领导、家长们评判一个班是否优秀的核心指标。班主任为了"让家长满意、领导满意",也极力以此为标准努力打造自己的班级,却从来没有考虑过学生是否满意。这种班级模式,只是为追求所谓的统一,压抑的却是学生的个性,整个班级就如一潭死水,缺乏生机与活力。

在成绩决定成败的今天,许多班主任不再组织开展课外活动,不再组织"第二课堂"。一切以学习为重心,任何与学习无关的行为都是班级所禁止的,一切与学习无关的活动也是为班级所不允许的。如此环境下,学生的个性被无情禁锢,学生的特长也无用武之地,如此班级中有的是学生拼命埋头苦读,有的是学生想方设法破坏纪律,惹是生非,以消耗他们过剩的能量。

案例6-5

成长中的班级社团

把班级创建成"人人快乐,个个幸福"的幸福班级,是我班的建设

目标。为了达到这一目标，班委多次召开会议，大家积极建言献策，最终决定组建班级社团。

一天之后，学习委员交来了"关于开展拜师学艺活动"的草案，大致内容是选出班级成绩最优秀的前10名同学组成"班级学习专家团队"，每位专家带学徒2人，专家负责指导学徒的学习，检查和督促学徒的学习情况，根据学徒进步情况每次大测评选出优秀学员和优秀专家导师。宣传委员和文娱委员交来了"关于组建班级社团"的草案，根据同学们的兴趣爱好组建班级社团，如文学社、文艺社、体育社……各社团每月开展一次活动。如文艺社中美术爱好者每月开展一次画展；文学社每周撰写一篇文章投稿，交流写作心得与读书心得等；体育社每月组织一次体育竞赛活动等。班长交来了"班级志愿者在行动"的行动方案，把班级工作进行细分，招募志愿者，自觉开展班级活动。

在班委的组织下，我班举行了隆重的"开社仪式"，授予10位同学"班级学习专家"称号，并颁发聘任证书，课桌上张贴"班级学习专家"字条，授予文学社、文艺社、体育社各社社长和副社长聘任证书。班级学习专家团队团长和各社社长就各团队工作计划发表了就职演说。整个会议在隆重、热烈的气氛中结束。一学年以来，在班级学习专家团队的推动之下，班级学习氛围大大增强，同学们的学习主动性也有了很大提升，各学习团队之间你争我赶，每次月考成绩节节攀升。团队专家成员之一——小云在德育日记中说："自从加入了班级学习专家团队，更加严格要求自己，很怕下个月不能评上，生怕学员问到的问题自己不会，生怕别的团队会超过自己团队，不努力学习真的不行，这既是压力也是动力。"学员阿锐说："我很荣幸成为学习专家团队中小雨的学员，小雨成绩优秀，是我学习的榜样。在他的鼓励、鞭策和帮助下，我的成绩大幅度提高，我很开心。"

文学社是文学爱好者的聚集地，同学们怀着对文学的痴迷和爱

好,执著于文学创作。他们每周撰写文章一篇,投稿于校刊、班报和各种报纸杂志,一学年以来共发表文章三十来篇。每当有文章发表,全班同学都向作者表示祝贺。同学们体验到成功的喜悦,参与的热情更加高涨了。体育社成员清一色的男生,他们是体育的爱好者,一学年以来组织了班级篮球赛 4 场,班级乒乓球赛 3 场,班级羽毛球赛 2 场,还专门开展了体育讲座 2 场。文艺社由美术和音乐爱好者组成,每月一次画展,不定期的音乐欣赏会,为提升同学们的审美能力提供了很好的平台。同学中涌现出了一批艺术爱好者,有十多位同学参加了艺术生的中考,人人中榜。班级志愿者不抱一点功利之心,只为班级作贡献,协助班级管理、学习督促、活动筹备等工作,干得有声有色,从无丝毫抱怨。

"不能做一个优秀的参与者,就做一个优秀的鼓掌者。"这是我班的又一格言。同学们充分发挥着自己的特长,展示出自己的魅力,整个班级在一种积极向上的氛围中前进。班级活动拉近了同学们之间的距离,和谐了人际关系,丰富了同学们的课余生活。

一线解读
YI XIAN JIE DU

为学生的个性成长打造自由空间,充分调动每一个充满个性的成员的积极性,充分发挥每个成员的个性优势,融洽师生关系、生生关系。让每位同学都能从班级中找到自己的位置,根据自己的优势、特长发光发热,增强同学们的自信心,提升班级的幸福指数和成就感。案例中,同学们"充分发挥自己的特长,展示自己的魅力,整个班级在一种积极向上的氛围中前进"。正是充分发挥了同学们独特的个性,积极开展各种活动,张扬了学生的个性,才带来了班级的勃勃生机,焕发出无限活力。

　　班级是全体同学的班级,充分发挥每位同学的主观能动性十分重要。案例中,身为班主任的"我"在确定了班级目标之后,召开班级大会围绕实现班级目标出谋划策,积极发挥班委的作用,制订好各社团的章程,选好社长,自主开展工作。教师较少参与其中,只是作为一个"引领者"适时予以指导,做一个"幕后工作者",及时跟踪班委和各社团工作情况,了解他们的需求,竭尽所能帮助解决。这一切是保证各社团工作顺利开展,发挥应有功效的有力保障。

　　主观上要重视,客观上要引导。案例中"我"举行了隆重的"开社仪式",并颁发了聘书,让全体同学感受到老师对这一活动的重视程度。"我"及时跟进各社团开展的各项活动,让同学们感受到开展这些活动并非是走过场,而是实质性的跟进,让他们感受到老师的关注和关爱。

　　自愿为原则,爱好为出发点,自觉参与。案例中"我"班的社团,是在同学们需求的基础上设立的,有较强的群众基础,同学们参与也是以自愿为原则,爱好为出发点,没有任何的强迫。学生感到的不是任务,也不是压力,而是兴趣和爱好。这样的活动,才能真正体现班级个体的需求,才能更好地发挥他们的特性。

　　提供平台,展示自我。案例中"我"很注重给各社团提供展示的平台,如"班级学习专家团队"的拜师学艺活动,引入团队之间竞争制,而且团队成员每月一次调整,富有挑战性,既有压力也有动力,再加上一定的激励机制,大大激发了学生的潜力。文学社每周一次作文,并投稿于班报、校刊和各类报纸杂志,发表了大量文章,让同学们真切地享受到了成功的喜悦,激发起他们的文学梦想。还有文艺社的每月一次画展,定期开展的音乐欣赏会,体育社自主主办的各类球赛……通过这些活动,同学们"八仙过海,各显神通",营造了一种积极向上的良好氛围。而"班级志愿者"让那些没有特长的同学"做一个优秀的鼓掌

者"，成就了班级的一种积极的精神。

跳出来吧，解放学生，解放自己，培育班级个性，构建特色班级。

行动指南
XING DONG ZHI NAN

打造学生自由成长的空间，要能够看到集体是一个取之不竭的活力源泉。激活这个活力源泉，是培育班级个性特点，构建特色班级的关键所在。为此，我们建议如下：

一是把活动育人进行到底。每个学生都蕴藏着巨大的宝藏，需要一定的渠道去发掘；每个学生有着自己的能量，需要通过一定的途径去释放；每个学生都有着自己的特长，需要一定的平台去展示。而活动，就是这个渠道，就是这个途径，就是这个平台。只有活动才能解决这一切！积极开展班级活动，开展适合学生各种特长的班级活动，让学生在活动中找到自己的价值，释放青春，展示自我、表现自我。

围绕班级发展目标，要制订出适合学生成长的一系列活动，层层推进，不断深化。

二是让学生找到自己的位置。每个学生都是一个独立的、充满个性的个体，不让每个学生掉队，让每个学生找到属于自己的位置，才能让他们以自己独特的优势展现自我，为自己的成长加油，为班级的发展添砖加瓦。当学生找到了自己的位置坐标，就会用心去做自己喜欢的事，就会找到自己的价值，就会变得更加自信起来。班主任要善于引导学生，发现自己的闪光点，让他们找到自己的位置。

三是由"老师"走向"导师"。学生是班级的主人，问题来自学生，解决方法也同样靠学生。让每个学生找到自己的位置，绝对不是班主任一个人单打独斗所能做到的。勤开班级大会，勤开班委会议，把权力下放给班委，让他们组织各种活动；任用各种独具专长的人才，让他

们在班级工作中独挡一面;协助孩子们找到自己的位置,让学生主动开展自己喜欢的活动。班主任要完成由"老师"向"导师"的转变,由班级管理的台前走向幕后,指引学生开展各项活动,跟踪班级活动的开展情况。因为学生毕竟还是学生,在组织和开展活动中总免不了出现一些问题,班主任"导师"的角色还要存在,这样,可以更好的引领学生走向成长的道路。

2. 合而不同共成长

班级个性特长新趋势是遵从学生性格特征,提升学生思想高度,塑造学生健康人格,培养学生自主学习能力,引导学生自觉自我管理的必然要求。

将性格、爱好、能力、品行以及心理需求各不相同的员工聚合在一起,为了共同的目标,彼此协调配合从事着各自的工作。哲学上将此称为"合而不同"。班级健康成长,总有它固有的规律,班主任以先进的教育理念为指引,以班级成员为依托,带领全体同学充分展示他们的个性特长,"心往一处想,劲往一处使",让班级发展目标成为同学们成长的共同责任,成为学生成长中不可分割的一个部分,我们也许就能看到班级良好个性之花的绽放,就能品味到特色班级构建所散发的芳香。

一首励志歌曲这样唱道:"一支竹篙呀,难渡汪洋海,众人划桨哟,开大船;一棵小树呀,弱不禁风雨,百里森林哟,并肩耐岁寒……"团结就是力量。特色班级的建设离不开全体同学的"众人划桨"和并肩努力,无论个人的个性如何突出,无论同学们的个性如何张扬,绝不能超越班级利益之上,不能背离班级发展目标。各自为政,只能是一盘散沙,汇众人之智为一体,方能到达成功的彼岸。

原规则:让每一个学生的长处得以充分展示,正能量方

才淋漓尽致。

班级的发展就好像机器的运转,虽然每个零件各司其职、各具特色,但它们都有共同的目标,都在为机器的运转服务。班级中,每位学生就如机器中的每个零件,他们虽个性各异,异彩纷呈,但却相互配合、相互协调、和谐共进。发挥学生个体特长的同时,还要和班级整体发展结合起来。班级的个性特长发展,绝不是毫无原则的发展,需要积极引导学生,把自己的言行依附于班级的发展,以班级全局利益为重,扬长避短,趋利避害。

让班级发展成为每位学生共同的心声,以班级利益为最高利益,这是班级向心力形成的重要标志。

合而不同,求同存异。

班级纪实
BAN JI JI SHI

优秀班级总有一个共同的特征:班风良好,正气十足;学风浓郁,勤奋进取;课堂活跃,协助合作;纪律严明,严格自律;个性张扬,活力十足;团结奋进,和谐友爱。达到学习与娱乐,行动与安静,个人与团队,个性与共性多方面的统一。

很多的学生在家养尊处优,被娇宠着、惯纵着,自我中心十分强烈,他们追求个性,崇尚个性。但有些学生对个性的理解,往往有所偏颇,比如怪异的发式,奇异的装式,粗俗的语言,另类的行为……这些行为往往和班级目标背道而驰,也是学生守则和日常行为规范所不允许的。

有些班级也经常开展各种活动,学生也十分钟情这些活动,但他们却好似野马,易放难收,有时同学之间甚至因此会发生冲突和矛盾,让很多的班主任为之担心。

案例6-6

老师,我要剪头发

在德育处,我见到了我们班里的阿玄,尤其是那刺眼的"金正日式"发型。我走到他面前问:"阿玄,怎么啦?""陈主任叫我站在这里,说叫我家长过来领我回家剪头发。"他低垂着头说。这时,校长办公室陈主任放下了电话,对我说:"王老师,来得正好。你看他这个头型,太离谱了,他家长马上就过来了,一定要把头发剪了再回学校。"我点了点头:"行,服从学校安排吧。"

回到班里,我一直在思索,开学以来,有一个顽疾一直未能解决,学生把校裤改成扎脚裤现象十分风行。还有学生别出心裁,在校服上画了一个很大的图像,写着"加油"、"冲刺"诸如此类的字眼,看起来好像挺励志。而今天,冒出个"金正日发型",仅这几项就不知道扣了班级多少分了,再这么下去可不得了。我决定专门就这个问题召开一次主题班会。

于是,我立即召开班委会议,我向班委转达了我的意思,要求班委这两天立即拿个方案出来,好好准备本周的班会活动。两天后,班长把班会方案交给了我,其中涉及这么几个环节:1.小品表演(有关穿扎脚裤、画校服,搞古怪发型的);2.小组讨论点评;3.分析出现这些行为的原因;4.小品再现(有关于正确对待个性流行的)。看过班长交给我的方案,就班会活动中一些要求和细节,我谈了自己的一些看法,活动中一些注意事项,我还同班长进行了深切交流。

班会课准备十分仓促,仅仅一天时间。周四的第7节课,在班长的主持下,我班召开了以"我有我型,个性与班级共存"为主题的文艺班会。同学们被滑稽可笑的小品表演逗得捧腹不已,整个班会气氛十分热烈。同学们还探究了最近流行穿扎脚裤、画校服、弄古怪发型的

原因,阐明了这些行为只是顾及个人感受却忽视了对班级影响的意见。在此基础上,同学们又分享了美的内涵,美的真谛,提出了个性与班级共存的观点。在最终达成共识的前提下,完善了班规,规定了对一些危害班级的行为的惩戒措施。

在德育日记中,阿玄说:"这个星期四,我班召开的班会课给我很大启示。爱美之心,人皆有之。心灵美比外表美更重要,我们毕竟还只是学生,追求个性的同时,还不能危害班级。我以后会注意自己的言行,不给父母添麻烦,也不给班级抹黑。老师,我要剪头发!"

一线解读
YI XIAN JIE DU

追求个性是孩子们的天性。正确引导他们张扬个性,形成健康的人生观与世界观,是每位班主任应尽的职责,也是特色班级建设的必然要求。案例中,同学们把校裤改装成扎脚裤,将校服乱涂乱画,头发追求另类等行为,凸显了他们对个性事物的追求和向往。但他们这些行为,不利于班级健康发展,属于忽视班级利益和荣誉的个性行为,需要教师加以有效引导。

学生个性张扬与班级利益不协调,一定有它的内在原因,如能找到原因,解决起来就轻松多了。案例中事件根源在于学生没有认识到个性行为与班级利益、他人利益之间的关系,身为班主任的"我"并不是简单粗暴地横加干涉,或者打压施暴,而是把主动权让给学生,通过学生组织、开展主题班会,引导学生明辨是非。学生参与、组织班会的过程,就是一个自我分析自我教育的过程,这对于解决班级中一些阻滞班级发展的问题是很有意义的。

没有沟通就没有理解,没有沟通就没有管理。良好的沟通,往往让问题的解决事半功倍。身为班主任的我们,一定要学会和学生沟

通,学会在沟通中解决问题。班会课是一种沟通,德育日记也是一种沟通。案例中我正是很好地运用了这一法宝,在和风细雨中达到了预期的效果。通过班会课一则表明立场,个性张扬不能以牺牲班级利益为代价,个性张扬要与班级发展共存,要和班级目标相一致;二则提高认识,所谓真理不辩不明,通过同学们的探讨、争论,辩明了究竟应该如何张扬个性;三则制订规则,以规定矩,对今后工作中出现的新情况有很大的监管、指导、纠正作用。通过班会研讨,顺理成章地完善了班规,为防止继续出现个性与班级整体相冲突事件做好铺垫。德育日记,往往是学生自我心声吐露的介质,也是搭起师生心灵之间的一座桥梁,达到心与心的交流。

化解学生对班级发展不利的个性展示,并不在于压制学生的个性。案例中提出的个性与班级共存的观点,目的就在于此。尊重学生的个性,积极引导他们在张扬个性的同时,又能自觉地从班级目标、班级利益出发,这是相当重要的。否则,就会陷入为压制个性而压制的误区,致使学生不敢张扬个性,展示自我,进而导致班级陷入循规蹈矩却是一潭死水的境地。在这一点上,班主任一定要把握好这个度。

行动指南
XING DONG ZHI NAN

班级发展,没有永远的格式。我们唯有不断地关注现实,积极发现问题解决问题,才能及时引领班级走向正规。为此,我们给出以下建议:

一是精神引领,目标可触。人无精神不立,班无精神便会一盘散沙。一个班级是否优秀,只有你进入班级,才能感受得到。好的班集体学生积极向上,班级各项工作井然有序,同学之间团结互助,合而不同。班主任一个重要的任务就是要培养这种精神。班级精神是班级

秩序发展的灵魂,它引领着班级发展的方向,彰显出班级的精神风貌。不管班级成员的个性如何异彩纷呈,不管班级成员的性格特质差别有多大,只要有了这种精神的引领就不会迷失方向,就能凝聚全体成员走向优秀。

班级目标是班级发展的向心力,是班级前进的方向。班级奋斗目标,是一种理念的渗透,一种思想的浸润,把班级目标具体化并进行细化,通过一个个小目标,有计划,有步骤,层层深入地开展,集中发挥每位同学的优势,最终引领班级健康向上发展,凸显出特色班级风采。

二是激发潜能,个性飞扬。每位学生都蕴含着巨大的潜能,都具有自己特有的个性特长,能否激发同学们的潜能,充分发挥学生的个性特长,为班级发展所用,既关系到学生对班级的认同感与归宿感,又直接决定班级的发展方向。

作为班主任的我们不要一味想着怎样让班级纪律好、学习好,怎样确保学生不惹事,因为这是治标不治本的治班思维。真正的治班应以如何激发学生潜能,如何张扬学生个性,如何通过培育班级文化达成培养班级精神,如何引领学生对班级产生归宿感和依恋感为要。但个人的力量是有限的,走进学生中极力发掘学生的资源,拨动他们积极的神经,让学生之才能为班级管理所用,让班级的活力激荡起来,无疑是培育班级个性的妙方良策。

三是因势利导,化"堵"为"疏"。倡导个性,合而不同,融为班级的共性。然而,追求共性的过程中,往往会出现一些不和谐的音符,他们往往被简单的外在追求遮蔽了双眼,看不清怎样向前,势必会阻滞班级的发展。这些学生虽然人数不多,但影响却很坏。此时,班主任需要冷静思考,充分依靠学生,发动学生,引导学生积极地解决问题,借力发力,化"堵"为"疏",合而共赢。

后记　贵在思想　贵在创新

　　一群人，历经半年多的努力，几易其稿，才将这一本关于班级管理策略的书稿敲定。向精品奋进，是我们一贯的主张与行动。为此，我们敢于否定，敢于超越，正因为如此，我们才颇感身心疲惫。不过，心中有你们——尊敬的读者朋友，我们累并快乐着！

　　我们深知肩上的责任。所以一直不忘"唯盼天下班主任尽优秀"的目标。写作中，无时无刻都感觉读者朋友就在眼前，我们是在用文字与你们有针对性地展开一次深入心灵的长谈。所以，一次次写至夜深甚至黎明，一句句修改不厌其烦，一回回为了斟酌字句表达真正思绪而蹉叹发愁，我们都能坚持着唯唯诺诺向前迈进，以求能够写出一些真正的东西来回馈给各位读者同行，祈愿此举对教育事业有一个微微的促进，此愿足矣。

　　为写出高质量的书，我们一直在努力；为践行"贵在思想，贵在创新"的理念，我们也付出了很多。我们的班级管理也是如此，只有敢于坚守"做有思想的班主任，能积极地在工作中大胆创新"的理念，并为此全力付出，才会开拓出一条属于自我的成功天路。

　　没有团队的协同作战，没有团队成员的精诚团结，《班主任管理新策略》不可能在短短的半年时间内结稿。我们的教育原规则研究团队，2006 年成立，最初只有张朝全、代安荣与我三个人，能走到今天实属不易。在此，非常感谢我们的团队总编——"2011 年感动重庆十大人物"之一张朝全老师，无论是学问和才华，还是职业道德和人品，都永远值得我和大家敬重。也感谢团队顾问——代安荣老师，因为他的鼓励才让我们坚持了下来。

　　在我们这个团队中，可以说人人都是教育精英，个个都具有超强

的,自身特有的,他人无法比拟的特长。他们之间,最大的特点便是具有互补性。如杨风利(河南安阳)扎实的文字功底,王东光(广东佛山)、肖凯(华中师大博士)深厚的学术造诣,杨宏杰(甘肃庆城)、张爱敏(河南新乡)、王洪春(重庆万州)、张慧芳(河南安阳)、管宗珍(湖北武汉)等强大的洞察力等,他们的特长在策划、初稿及后期的修改中,都得到了很好的发挥。

实实在在地说,书稿中的一些观点,多源于主编的经历与长期的积累,但最终成为文字性的东西,是团队中十多位成员近半年夜以继日辛勤劳作的成果。因为团队以出精品为宗旨,为此,完成这本书稿,付出心血最多的还是团队的朋友们。在此书写作过程中,我们每一章节里的稿子,差不多都经由二位主编的精细策划,然后交由团队成员完成初稿,再由主编一修或重写,副主编二修或三修。最后,书稿经由主编统稿后,再交给张慧芳、杨风利、邓凯、郭力众、杨宏杰等再进行一次完整的大修改。真可谓,巨大的工作量,苛刻的写作流程,若是没有团队成员们的坚强毅力,几乎就没有这一本书稿。

严格地说,本书每个章节中的内容,已经不再专门属于某一个人了,它已是我们教育原规则研究团队集体智慧的结晶。因为,每一个章节的内容,都已经过团队中 3～5 人多次修改而完成。同时也特别申明,在版权页中署名的每一个人,他们都曾参与了书稿中的某一部分内容的写作与修改,都拥有这本书的著作权,都拥有全书的署名权。

郑 重 声 明

为保护广大读者的合法权益,打击盗版,本图书已加入全国质量监督防伪查询系统,采用了数码防伪技术,在每本书的封面均张贴了数码防伪标签,请广大读者刮开防伪标签涂层获取密码,并按以下方式辨别所购图书的真伪:

电话查询:8007072315

短信查询:编辑 FW + 密码发送至 1066916018

网站查询:www.707315.com

如密码不存在,发现盗版,可直接拨打 13121868875进行举报,经核实后,给予举报者奖励,并承诺为举报者保密。